Sébastien WASP

Maîtriser Power Apps pour des apps métiers optimisées

Au cœur de Microsoft 365

Copyright

Toutes les marques citées sont la propriété de leurs détenteurs respectifs.

Je suis ouvert à toute suggestion ou correction concernant ce livre et son contenu. N'hésitez pas à me contacter directement à l'adresse sebastienwasp@gmail.com.

Vous pouvez télécharger l'ensemble des fichiers utilisés dans cet ouvrage en suivant ce lien raccourci :

`https://tinyurl.com/38ae4cx4`

Si vous préférez utiliser directement l'URL complète (à saisir en une seule ligne dans votre navigateur), voici le lien direct :

`https://drive.google.com/file/d/1t6HyIWVPIYku`
`tlwigmxyGwq5kPBizlQD/`

AVANT-PROPOS

Depuis plusieurs années, j'interviens comme formateur et consultant pour aider mes clients à prendre rapidement en main des outils techniques. J'ai également écrit plusieurs ouvrages consacrés à ces domaines, toujours en privilégiant une démarche pédagogique graduelle qui vise l'efficacité concrète. Les retours très positifs que je reçois me confortent dans l'idée que cette méthode porte ses fruits.

Avant de détailler la manière dont vous allez créer, paramétrer et publier des applications métiers avec Power Apps, j'aimerais vous poser une petite devinette : *lorsque vous faites vos courses, mettez-vous systématiquement tous les articles du magasin dans votre chariot ?* Si votre réponse est oui, vous risquez d'être déçu : ce livre ne vise pas l'exhaustivité, mais plutôt la compréhension approfondie des fonctionnalités clés de la conception d'applications avec Power Apps.

Pourquoi ce choix ? Parce que l'écosystème Power Apps est en constante évolution, et qu'il est facile de se perdre dans les mises à jour et les nouveautés. J'ai donc préféré concentrer mon propos sur le cœur du sujet, afin que vous puissiez vous approprier rapidement des méthodes fiables et construire des applications utiles. Certains thèmes, comme l'automatisation personnalisée avec Power Automate ou l'utilisation poussée de la connectivité Dataverse, seront abordés dans des versions futures pour ceux qui souhaitent aller plus loin.

Cet ouvrage a été conçu pour rendre Power Apps accessible à chacun. Au lieu de vous inonder dès le départ de concepts trop abstraits, je vous propose un parcours progressif, agrémenté d'exemples concrets dès le début, pour acquérir rapidement les compétences indispensables. L'objectif : concevoir des applications efficaces en toute autonomie, quel que soit votre profil (débutants, techniciens, décideurs fonctionnels...).

L'ensemble des manipulations ou exercices présentés ici a été réalisé début 2025 sur la dernière version de Power Apps disponible en Europe (3.25012.14). Il est possible que vous constatiez quelques différences si vous utilisez une mise à jour ultérieure, par exemple en novembre ou décembre 2025. Toutefois, ces écarts devraient rester limités... en tout cas, je l'espère !

Ces pages devraient vous permettre de maîtriser l'essentiel de Power Apps, de créer des applications efficaces et, surtout, de prendre plaisir à découvrir de nouvelles possibilités. Bonne lecture et bon apprentissage !

AVERTISSEMENT

L'environnement cloud évolue constamment, et Power Apps ne fait pas exception. Les fonctionnalités, les interfaces et les connecteurs peuvent être mis à jour, améliorés ou modifiés par Microsoft **à tout moment**. Ce qui fonctionnait parfaitement hier peut nécessiter des ajustements demain, que ce soit en raison d'un changement d'interface, d'une mise à jour des permissions ou d'une modification des connecteurs.

Ces évolutions peuvent entraîner un *décalage entre les manipulations décrites dans ce livre et la version actuelle de Power Apps*. L'enchaînement des tâches, l'intitulé des options ou encore l'apparence des captures d'écran peuvent différer de ce que vous observez dans votre propre environnement. Il est donc essentiel d'adopter une approche *flexible et analytique* lors de la mise en œuvre des exercices et des scénarios.

Si une action, une interface ou un menu ne correspond pas exactement aux instructions, prenez le temps d'explorer les outils. L'objectif de ce livre est de vous fournir des concepts *solides et des méthodologies durables*, qui restent pertinents même si des ajustements sont nécessaires pour s'adapter aux évolutions de la plateforme.

INTRODUCTION

Pourquoi choisir Power Apps ?

Présentation de Power Apps

Power Apps est une plateforme de développement d'applications proposée par Microsoft, conçue pour permettre la création rapide et simple d'applications métier personnalisées, sans nécessiter de compétences en programmation avancées. Son rôle principal est de démocratiser le développement d'applications en rendant accessible la création de solutions métier à un large éventail d'utilisateurs. Lancée dans le cadre de la Power Platform, Power Apps est devenue un outil incontournable pour les organisations cherchant à automatiser leurs processus sans nécessiter d'expertise technique approfondie.

Historique et évolution

Power Apps a été lancé en 2015 dans le cadre de l'initiative de Microsoft visant à démocratiser l'accès au développement d'applications. Initialement conçu pour offrir une alternative simplifiée aux environnements de développement traditionnels, Power Apps a évolué pour intégrer des fonctionnalités avancées telles que l'intelligence artificielle, la connectivité avec des bases de données complexes, et une intégration complète avec l'écosystème Microsoft.

Comparaison avec d'autres solutions

Comparé à d'autres outils *low-code*, Power Apps se distingue par son intégration native avec les produits Microsoft tels que Excel, SharePoint, et Dynamics 365. Tandis que d'autres solutions concurrentes peuvent offrir des fonctionnalités similaires, Power Apps se démarque par sa courbe d'apprentissage rapide et sa compatibilité avec les outils déjà largement utilisés dans les entreprises. Cette synergie réduit les coûts de formation et facilite l'adoption.

Avantages de Power Apps

Simplicité d'utilisation

Power Apps est conçu pour être accessible même aux utilisateurs sans compétences en programmation. Grâce à son interface intuitive basée sur le glisser-déposer, les utilisateurs peuvent concevoir des applications en quelques clics. Les modèles prédéfinis et les connecteurs facilitent également la création d'applications prêtes à l'emploi.

Intégration avec l'écosystème Microsoft

L'un des principaux atouts de Power Apps est sa compatibilité avec l'écosystème Microsoft. Il fonctionne de manière optimale avec des outils tels que Office 365, Azure, et Power BI. Par exemple, une application Power Apps peut travailler avec des données d'Excel ou de SharePoint, tout en affichant des rapports visuels grâce à Power BI. Cette intégration fluide améliore la productivité et réduit les efforts nécessaires pour connecter différents systèmes.

Flexibilité et personnalisation

Power Apps offre une flexibilité exceptionnelle, permettant aux utilisateurs de personnaliser leurs applications en fonction de leurs besoins spécifiques. Qu'il s'agisse d'un formulaire de gestion de stock ou d'un tableau de suivi des performances ou des horaires de service, Power Apps s'adapte à toutes les situations. De plus, la possibilité d'ajouter des fonctionnalités avancées pour les développeurs techniques garantit que l'outil reste pertinent pour les besoins complexes.

Comment utiliser ce guide

Structure du livre

Ce livre est structuré pour offrir une progression claire et pédagogique à tous les utilisateurs, qu'ils soient novices ou intermédiaires. Chaque chapitre est conçu pour renforcer vos compétences tout en vous permettant de créer des solutions adaptées à vos besoins professionnels. L'objectif est de vous guider pas à pas, avec des exemples concrets et des exercices pratiques.

Explication des niveaux de difficulté

Le livre est divisé en trois niveaux de difficulté : débutant, intermédiaire et avancé. Cette approche vous permet de progresser à votre rythme tout en consolidant vos connaissances à chaque étape. Les débutants apprendront à créer leurs premières applications en utilisant des modèles simples et des connecteurs de base. Les utilisateurs intermédiaires se concentreront sur l'intégration de sources de données externes et l'utilisation de fonctions et contrôles avancés pour étendre les fonctionnalités des applications. Les utilisateurs avancés approfondiront essentiellement la gestion fine des applications.

Comment naviguer entre les chapitres

Chaque partie commence par une présentation des notions à connaitre et se termine par des exercices pratiques. Vous pouvez choisir de suivre le livre dans l'ordre, ou de vous concentrer sur les sections qui répondent directement à vos besoins. De nombreux renvois sont inclus pour vous orienter vers les chapitres connexes, facilitant ainsi une navigation intuitive et efficace.

Lien hypertexte

Pour des raisons typographiques, les liens hypertextes peuvent être répartis sur deux ou plusieurs lignes dans ce livre. Cependant, lorsque vous les entrez dans la barre de votre navigateur, ils doivent être saisis sur une seule ligne, sans espaces. Ils sont également distingués par une police spécifique.

Par exemple :

```
https://docs.google.com/spreadsheets/d/1qdpwP
MJdqKri90x326_8G9w_Rvs2pXUC/
```

Quand cela est possible un lien court est proposé, comme :

```
https://tinyurl.com/4t6ak2b8
```

Si, pour une raison quelconque, le lien court ne fonctionne pas, vous pouvez utiliser l'appareil photo de votre téléphone sur le lien long. La plupart des smartphones disposent d'une fonctionnalité permettant de sélectionner le texte à partir d'une photo et d'ouvrir directement le lien hypertexte.

Avant de commencer : ce qu'il faut savoir

Avant d'explorer les concepts et fonctionnalités de Power Apps, il est important de s'assurer que vous disposez des connaissances et des ressources nécessaires pour tirer pleinement parti de cet ouvrage.

Ce livre s'adresse aux professionnels en entreprise qui sont déjà sensibilisés à l'écosystème Microsoft 365 et qui possèdent une compréhension de base des outils comme Excel ou SharePoint, fréquemment utilisés comme sources de données pour les applications Power Apps.

Aucune compétence en développement n'est requise, mais une bonne logique de conception ainsi qu'une curiosité pour l'optimisation des processus métiers seront des atouts précieux.

Enfin, pour expérimenter les concepts abordés, un accès à Power Apps via une licence Microsoft 365 ou un plan spécifique est nécessaire.

Application canevas

L'approche adoptée ici repose exclusivement sur les applications *canevas*, qui offrent une grande liberté de conception et permettent de bâtir des interfaces entièrement personnalisées.

Contrairement aux applications pilotées par des modèles, qui exploitent une structure prédéfinie au sein de Dataverse, ou aux Power Pages, qui visent la création de sites web interactifs, les applications canevas sont plus flexibles et adaptées à une large variété de besoins métier.

En conséquence, ce livre ne traitera ni des applications pilotées par des modèles ni des Power Pages. Si ces sujets vous intéressent, vous pourrez vous orienter vers d'autres ressources spécifiques.

C'est parti !

Partie I : Niveau débutant

Chapitre 1 : Découverte des possibilités de Power Apps

L'intérêt de Power Apps est de pouvoir créer des applications personnalisées, sans être informaticien. Les utilisateurs peuvent concevoir des applications sur mesure adaptées aux besoins spécifiques de leur organisation, contrairement aux solutions génériques souvent proposées sur le marché. Cela permet d'intégrer des particularités métier précises.

Afin de vous aider à envisager les possibilités offertes par cet outil, voici quelques exemples d'applications métier créées avec Power Apps.

Certaines de ces applications reposent aussi sur des flux Power Automate et des rapports Power BI pour leur fonctionnement. Power Automate, conçu par Microsoft, permet de créer des flux de travail (*workflows*) en ligne, tandis que Power BI, également développé par Microsoft, offre des outils de visualisation pour élaborer des rapports et des tableaux de bord interactifs.

Ces quelques exemples montrent la polyvalence de Power Apps pour répondre aux besoins métiers.

Gestion des demandes clients

Application permettant de suivre les requêtes clients, d'attribuer des tâches aux équipes et de mesurer les temps de résolution.

Enquête de satisfaction des patients

Solution pour recueillir les retours des patients après leur visite ou hospitalisation.

Gestion des budgets projets

Outil pour suivre les dépenses par projet, comparer les coûts réels aux budgets prévisionnels et générer des rapports.

Suivi des déchets et recyclage

Application pour enregistrer les volumes de déchets collectés par type (papier, plastique, organique) et analyser les efforts de recyclage.

Intégration des nouveaux collaborateurs

Application pour guider les nouveaux employés dans leur intégration avec mise à disposition de listes de contrôles, documents à signer et ressources utiles.

Catalogue produits et gestion des commandes

Solution mobile permettant aux commerciaux de présenter les produits aux clients, de vérifier les stocks et de saisir les commandes.

Inspection des bâtiments

Outil pour enregistrer les observations lors des visites, joindre des photos et générer automatiquement des rapports d'inspection.

Gestion des inscriptions

Application pour permettre aux étudiants de s'inscrire à des cours ou programmes et pour suivre les places disponibles.

Suivi des livraisons

Application pour enregistrer les statuts des livraisons en temps réel, collecter les preuves de livraison et suivre les retards.

Chapitre 2 : Premiers pas avec Power Apps

Installation et configuration initiale

Avant de commencer à utiliser Power Apps, il est essentiel de configurer correctement votre environnement de travail. Cette étape garantit une expérience utilisateur fluide et vous permet de tirer le meilleur parti des fonctionnalités offertes.

Accès à Power Apps

Si vous possédez une licence adaptée, vous pouvez accéder à l'application *Power Apps* directement depuis un navigateur web à l'adresse suivante :

```
https://make.powerapps.com
```

Figure 1 Page d'accueil de Power Apps (extrait)

Ce site web offre la possibilité de créer et d'exécuter des applications Power Apps. Cet ouvrage est dédié à son exploration et à son utilisation.

Power Apps Mobile

En outre, sous réserve de disposer des autorisations nécessaires, vous pouvez télécharger l'application mobile

Power Apps depuis l'App Store d'Apple, Google Play pour Android ou le Microsoft Store pour Windows.

Cette application vous permet d'exécuter les applications publiées sur Power Apps après vous être connecté avec vos identifiants Azure Active Directory.

Vous aurez accès à vos applications publiées, ainsi qu'à celles créées par vos collègues qui les ont partagées avec vous, vous permettant ainsi de les exécuter.

Si une application requiert l'accès à une source de données ou l'autorisation d'utiliser des fonctionnalités de l'appareil, comme la caméra ou les services de localisation, votre consentement sera nécessaire avant de pouvoir l'utiliser. En général, cette demande d'autorisation ne vous est adressée qu'à la première utilisation de l'application.

Licences

Le fonctionnement des licences dans le cloud est un sujet complexe. D'autant plus que la politique tarifaire et le fonctionnement des licences évoluent dans le temps. Vous trouverez ci-dessous les grandes lignes des pratiques les plus usuelles. Toutefois, sachez qu'il existe d'autres possibilités spécifiques.

Premièrement, il est important de noter que les licences Microsoft 365 pour entreprises incluent les fonctionnalités de Power Apps. Toutefois, celles-ci sont limitées à la création et à l'exécution d'applications utilisant des connecteurs standard.

Il peut parfois être nécessaire de disposer d'une licence spécifique Power Apps. Toutefois, ces cas demeurent des exceptions plutôt que la norme au sein des organisations, même si la situation évolue rapidement.

Les licences spécifiques disponibles incluent le plan par utilisateur (*Power Apps Premium*), qui permet de créer et utiliser un nombre illimité d'applications, ainsi que le plan par application (*Power Apps par application*), qui permet à un utilisateur d'accéder à une application spécifique. Enfin, il existe aussi un plan de paiement à l'utilisation (*Power Apps pay-as-you-go*) qui permet à chaque utilisateur d'exécuter une application unique sans nécessiter de licence, grâce à un abonnement Azure.

Si votre application utilise des connecteurs premium pour se connecter à des sources de données telles que Salesforce, SQL Server ou des sources locales, un plan Power Apps est nécessaire. Les licences incluses dans Microsoft 365 ne couvrent généralement pas l'utilisation de ces connecteurs premium.

Pour stocker et gérer des données dans Microsoft Dataverse, *un service de données comparable à une base de données*, un plan Power Apps est nécessaire. Certaines licences Microsoft 365 offrent un accès limité à Dataverse, mais elles ne permettent ni la création ni l'utilisation d'applications personnalisées exploitant Dataverse.

Pour des fonctionnalités avancées ou l'accès à des connecteurs premium, un plan Power Apps est indispensable.

Cependant, dans la grande majorité des cas, les licences Microsoft 365 sont largement suffisantes. Cela est particulièrement vrai lorsque l'on débute, et, en réalité, reste valable la plupart du temps, même pour certains développements métiers avancés.

Configuration de l'environnement

Une fois connecté à Power Apps, il est recommandé de vérifier les paramètres de votre compte. Cela inclut la sélection de l'environnement dans lequel vous souhaitez travailler. L'environnement définit où vos applications seront stockées. Généralement l'environnement par défaut convient. Toutefois votre organisation peut vous indiquer des environnements différents. Le nom de l'environnement se trouve dans la barre violette en haut de l'écran.

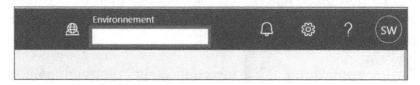

Figure 2 Environnement

Si votre organisation vous demande de travailler dans un autre environnement, il suffit de cliquer sur le nom de l'environnement en haut à droite de l'écran (voir Figure 2), puis de sélectionner le bon environnement dans la liste qui s'affiche.

Tour d'horizon de la page d'accueil

L'interface de Power Apps est intuitive et conçue pour maximiser votre productivité. Une bonne compréhension de ses menus et outils est essentielle pour créer des applications de manière efficace.

La page d'accueil (voir l'extrait de la Figure 1) est organisée de manière à vous laisser une grande liberté dans votre approche créatrice. Elle s'articule autour d'un ruban en haut de l'écran, d'un volet central au milieu et du volet de navigation gauche.

Elle est le point d'entrée principal où les utilisateurs peuvent accéder rapidement à toutes les fonctionnalités clés de la plateforme. Notamment, elle est conçue pour offrir une vue d'ensemble et guider l'utilisateur dans ses projets, qu'il soit débutant ou expérimenté.

La page d'accueil propose aussi une navigation vers les différentes options de création, comme un accès direct aux options telles que *Commencer par les données, Commencer par une conception de page ou Commencer par un modèle d'application.*

Par ailleurs, elle propose un aperçu des applications récentes avec un affichage des applications récemment créées ou modifiées pour un accès rapide.

Des suggestions et ressources sont proposés avec l'inclusion de tutoriels, d'exemples et de guides pour apprendre à utiliser Power Apps ou pour s'inspirer de cas existants.

Elle propose aussi des liens vers des fonctionnalités avancées, avec un accès à des outils comme les connecteurs, les environnements ou l'intégration avec Dataverse.

Elle offre aussi une vue personnalisée, grâce à l'affichage des applications et projets spécifiques à votre compte ou à votre organisation, facilitant la gestion.

La page d'accueil est un tableau de bord centralisé et personnalisable qui permet de commencer un projet, d'accéder aux travaux en cours, et de trouver des ressources d'aide. Elle vise à optimiser l'expérience utilisateur en simplifiant l'accès aux outils et fonctionnalités essentiels. Vous trouverez ci-dessous une explication plus détaillée des fonctionnalités proposées.

Ruban

Le ruban de la page d'accueil de Power Apps est un espace situé en haut de l'interface qui offre des fonctionnalités et des actions globales pour gérer vos projets et accéder rapidement à des outils essentiels. Il joue un rôle clé dans l'organisation et la gestion des applications et des ressources de la plateforme.

Le ruban propose un accès rapide à vos applications Microsoft grâce au *Lanceur d'applications*, en forme de grille avec 9 points.

Figure 3 Lanceur d'applications

Grâce à la recherche globale, il permet de rechercher des applications, des environnements, des solutions ou des ressources spécifiques dans votre espace de travail.

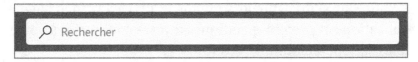

Figure 4 Recherche globale

Il offre aussi la possibilité de basculer entre différents environnements de développement, de test ou de production, pour mieux organiser vos projets (voir Figure 2).

Il permet d'afficher des notifications avec l'icône en forme de cloche (voir Figure 5 Bloc d'icônes à droite). Celle-ci affiche des alertes ou des mises à jour liées à votre compte, comme des partages d'applications ou des changements dans les environnements.

Figure 5 Bloc d'icônes à droite

Les *paramètres* sont accessibles à travers une icône en forme de roue dentée. Cette icône donne accès au Centre d'administration, aux plans (licences), aux paramètres avancés, aux détails de la session (utile pour le support), à des informations utiles pour les développeurs informaticiens (ressources), aux paramètres Power Apps (Langue de l'interface, Notifications, Choix du répertoire), sélection de la solution préférée. Elle permet aussi de changer de thème d'affichage, de changer de mot de passe, ou de changer les paramètres de son compte personnel.

Figure 6 Options des paramètres

L'icône avec un point d'interrogation est le support et l'aide. Elle propose des liens vers la documentation, des guides d'apprentissage ou le support technique.

Enfin, l'accès au compte utilisateur, symbolisé par vos initiales ou une image, permet de gérer les paramètres de votre compte, de modifier votre profil ou de vous déconnecter.

Ce ruban centralise des outils et des informations stratégiques, facilitant la navigation et la gestion rapide des tâches, tout en offrant une vue d'ensemble sur les ressources disponibles.

Volet central

Partie haute : l'Intelligence Artificielle

Au moment où ces lignes sont rédigées, la partie haute du volet central vous propose de décrire avec vos mots de tous les jours ce que doit faire votre application. Bien évidemment, une Intelligence Artificielle (IA) va prendre en compte votre demande.

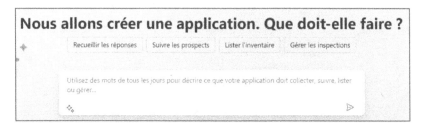

Figure 7 Volet central de l'accueil (partie haute)

En particulier, cette partie est une fonctionnalité interactive conçue pour guider les utilisateurs dans la création d'une application adaptée à leurs besoins spécifiques. Elle repose sur une série de questions ou d'options permettant de définir le but et les fonctionnalités principales de l'application.

Concrètement, cette section aide à formuler une idée initiale en termes simples et à la traduire en une application. Par exemple, elle peut proposer des choix ou des suggestions basées sur des scénarios courants, comme « gérer des contacts », « suivre des ventes » ou « automatiser une tâche spécifique ».

Même si cette approche présente un certain intérêt, je ne la recommande pas pour l'instant pour plusieurs raisons. Tout d'abord, elle implique souvent de créer un nouvel environnement, ce qui peut représenter une difficulté pour les débutants. De plus, l'application générée automatiquement repose sur des concepts et des mécanismes sous-jacents qui doivent être compris. Ces notions vont justement être abordées dans cette première partie, destinée aux débutants.

Partie du milieu : Autres méthodes

La partie du milieu du volet central propose des méthodes alternatives pour créer votre application : *Commencer par les données, Commencer par une conception de page, Commencer par un modèle d'application.*

Figure 8 Volet central de l'accueil (partie du milieu)

Commencer par les données

L'option *Commencer avec les données* dans Power Apps permet de créer une application directement à partir d'une source de données existante, comme Excel, SharePoint, SQL Server, Dataverse ou d'autres services connectés. Elle simplifie la création d'applications en exploitant vos données comme point de départ pour générer automatiquement une interface utilisateur fonctionnelle.

Cela implique plusieurs étapes. D'abord, il s'agit de se connecter à une source de données, où les données sont déjà structurées, par exemple un fichier Excel contenant des listes ou une base de données relationnelle. Ensuite, Power Apps génère automatiquement une application avec des écrans standard pour afficher, modifier et ajouter des données, sans nécessiter de conception manuelle. Enfin, l'application peut être personnalisée en fonction des besoins : ajout de fonctionnalités, ajustement des visuels ou inclusion de règles spécifiques.

Cependant, elle nécessite souvent de concevoir un nouvel environnement, ce qui peut s'avérer complexe pour les débutants.

Même si cette option est séduisante, il peut être plus pertinent de l'exploiter une fois que vous aurez assimilé les fondamentaux de la création d'applications Power Apps et acquis une vue d'ensemble plus complète du processus de conception.

Commencer par une conception de page

L'option *Commencer par une conception de page* dans Power Apps offre la possibilité de créer une application en partant d'une conception personnalisée et en construisant les écrans de manière manuelle, sans s'appuyer directement sur une source de données prédéfinie.

Elle est idéale pour ceux qui souhaitent concevoir une interface utilisateur sur mesure avant d'y intégrer des données ou des fonctionnalités.

En effet, vous commencez avec une page vierge, où vous pouvez ajouter des éléments visuels tels que des boutons, des images, des formulaires, des galeries ou des textes. Cela permet de concevoir librement l'apparence et la structure de l'application. Ensuite, vous intégrez des fonctionnalités et des connexions à des données au fur et à mesure que le design évolue, en ajoutant des interactions et des règles spécifiques selon vos besoins.

Cette approche est particulièrement adaptée pour les scénarios où l'apparence et l'expérience utilisateur sont prioritaires ou lorsque la structure des données n'est pas encore définie. Elle offre une grande flexibilité pour concevoir des applications uniques et adaptées à des cas d'utilisation spécifiques.

Cette méthode convient particulièrement aux débutants souhaitant non seulement développer une application, mais également comprendre et maîtriser l'ensemble du processus de conception d'une application Power Apps, du début à la fin.

C'est l'approche que je privilégie dans ce livre.

Commencer par un modèle d'application

L'option *Commencer par un modèle d'application* dans Power Apps permet de créer une application en utilisant un modèle préconçu fourni par la plateforme. Ces modèles servent de point de départ et incluent des écrans, des fonctionnalités, et des connexions aux données adaptés à des scénarios spécifiques.

En choisissant un modèle, vous accédez à une application préconfigurée pour répondre à des besoins courants, comme la gestion des contacts, le suivi des tâches, ou encore la gestion des incidents. Ces modèles sont conçus pour être fonctionnels dès le départ, ce qui signifie qu'ils contiennent déjà des structures de données et des flux d'interaction de base. Ensuite, vous pouvez personnaliser l'application selon vos besoins, en modifiant l'apparence, les fonctionnalités, ou les connexions aux données.

Cette option est particulièrement utile pour gagner du temps et pour les utilisateurs recherchant une solution rapide ou une inspiration pour démarrer leur propre application. Elle combine efficacité et simplicité, tout en restant flexible pour des ajustements ultérieurs. Malgré son intérêt, elle s'adresse plutôt à des utilisateurs qui ont une expérience éprouvée de la création d'applications Power Apps.

Partie basse : Vos applications

Cette partie basse du volet central est un espace dédié où vous retrouvez toutes les applications que vous avez créées ou auxquelles vous avez accès. Elle sert de tableau de bord personnel pour gérer vos projets, collaborer avec d'autres utilisateurs et accéder rapidement aux applications pertinentes.

Figure 9 Partie basse des applications

Cette section offre plusieurs fonctionnalités principales. Elle affiche les applications que vous avez développées, partagées avec vous, ou auxquelles vous avez été ajouté en tant que collaborateur. Vous pouvez également filtrer et rechercher vos applications par type, créateur, ou état (brouillon, publié, etc.). Enfin, cette section permet de gérer directement les applications : les ouvrir pour modification, les exécuter, les partager avec d'autres utilisateurs ou les supprimer si elles ne sont plus nécessaires.

Certaines applications, générées automatiquement et intégrées par Microsoft, répondent à des besoins très spécifiques. Il est préférable d'éviter de les manipuler, sauf si vous maîtrisez parfaitement leur fonctionnement. En particulier, il s'agit des applications comme *Gestion de Power Pages, Centre d'intégrité de la solution, Paramètres de l'environnement Power Platform* (voir Figure 9).

La partie *Vos applications* constitue un point centralisé pour organiser et accéder à vos projets dans Power Apps, facilitant la collaboration et la gestion de vos créations.

Tout en bas de l'écran : Apprentissage

La partie *Apprentissage pour tous les niveaux* dans Power Apps est une section dédiée à fournir des ressources pédagogiques adaptées à différents niveaux de compétence, qu'il s'agisse de débutants, d'utilisateurs intermédiaires ou d'experts. Elle a pour objectif de faciliter l'apprentissage progressif de la plateforme et de rendre les utilisateurs opérationnels rapidement, quel que soit leur point de départ.

Figure 10 Apprentissage

Vous trouverez des *tutoriels guidés* pour découvrir les bases de Power Apps, comme la création de votre première application ou la connexion à une source de données.

Il y a aussi des *vidéos explicatives* pour apprendre visuellement des concepts clés ou explorer des cas d'utilisation spécifiques.

Vous trouverez également de la *documentation détaillée* pour approfondir les fonctionnalités avancées, comme l'utilisation de *Dataverse*.

Par ailleurs, des *exercices pratiques* et des exemples sont proposés pour tester vos compétences et appliquer les concepts appris dans des scénarios concrets.

Cette partie est conçue pour encourager l'apprentissage autonome tout en s'adaptant aux besoins de chaque utilisateur, qu'il débute ou qu'il cherche à maîtriser des fonctionnalités avancées. Elle vise à rendre l'expérience d'apprentissage accessible et motivante.

Volet de navigation gauche

Le volet de gauche dans Power Apps est une barre de navigation permanente qui donne un accès rapide aux fonctionnalités principales et aux sections clés de la plateforme. Il sert de point de référence pour naviguer entre les différentes parties de l'interface sans avoir à revenir à la page d'accueil.

Figure 11 Volet de navigation gauche (extrait)

Voici les éléments typiques que l'on retrouve dans ce volet.

Accueil : permet de revenir à la page d'accueil pour accéder aux options de création, aux applications récentes ou aux ressources d'apprentissage.

Créer : permet de démarrer la création d'une application Power Apps, avec la méthode de votre choix.

Découvrir : donne accès aux modules d'apprentissages présentés plus haut.

Applications : affiche toutes les applications créées ou partagées, organisées par type ou statut.

Tables : permet de gérer les connexions à des sources de données comme Dataverse.

Flux : donne accès à l'automatisation des flux de Power Automate.

Solutions : permet de gérer des groupes de composants liés (applications, flux, tables) pour des projets complexes ou intégrés.

Plus : propose d'afficher / cacher des éléments supplémentaires dans le volet de navigation.

Power Platform : donne accès aux composants de la Power Platform, comme *Power Automate, Power BI, Power Pages, Copilot Studio, Centre d'administration Power Platform.*

Ce volet est conçu pour rester accessible tout au long de la session, offrant une navigation intuitive et rapide entre les sections importantes de Power Apps.

Comme vous le verrez à l'occasion d'une manipulation, il est personnalisable. Notamment, vous pouvez personnaliser les éléments de navigation.

Enfin, **repérez** l'icône du volet de navigation gauche, en haut. Cette icône représente trois lignes horizontales parallèles, souvent appelée « menu hamburger ».

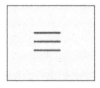

Figure 12 "Menu hamburger"

Un simple clic dessus permet de réduire ou d'agrandir le volet.

Application canevas

Dans *Power Apps*, un *canevas* désigne un espace de
conception visuelle qui permet de créer des applications en
positionnant librement des contrôles, des objets et des
éléments graphiques.

Ajouter un élément à partir du volet Insérer ou se connecter aux données

Figure 13 Canevas vide

Cette approche intuitive, qui ne nécessite pas de
compétences avancées en programmation, repose sur une
méthode de glisser-déposer combinée à l'utilisation de
formules simples pour ajouter des fonctionnalités.

Le canevas offre une grande liberté et personnalisation. Vous
pouvez définir précisément l'apparence des éléments de
l'application, comme la taille, les couleurs, ou les polices, et
configurer des interactions spécifiques grâce à des formules
similaires à celles utilisées dans Excel. Cette flexibilité est
idéale pour concevoir des applications qui nécessitent un
design unique ou une expérience utilisateur sur mesure,
comme des formulaires personnalisés ou des interfaces
spécifiques à un domaine métier.

Les applications basées sur un canevas s'adaptent à divers scénarios, en permettant une connexion à de nombreuses sources de données, telles que SharePoint, Excel, SQL Server, Dataverse, et bien d'autres encore. Ces données peuvent être utilisées pour afficher des informations, manipuler des enregistrements ou effectuer des mises à jour, offrant ainsi une intégration fluide avec les outils existants.

Une des forces du canevas est sa capacité à produire des applications multiplateformes. Les solutions développées peuvent être utilisées sur différents supports, que ce soit via un navigateur web, une application mobile ou encore dans des outils collaboratifs comme Microsoft Teams.

Par exemple, pour créer une application de gestion d'inventaire, le canevas permet de concevoir une galerie affichant les produits, un formulaire pour modifier les informations associées à un produit sélectionné, et un bouton pour enregistrer les modifications directement dans une base de données ou un fichier Excel. Le tout peut être librement organisé sur le canevas pour répondre à vos besoins spécifiques.

Le canevas se distingue des *applications basées sur un modèle* dans Power Apps. Ces applications s'appuient sur une structure prédéfinie basée sur le Dataverse.

En revanche, le canevas offre un contrôle total sur la conception, au pixel près, et convient particulièrement à des cas d'usage nécessitant une personnalisation poussée.

C'est pour cette raison que ce livre se concentre *exclusivement sur les applications canevas*. La création d'applications modélisées repose sur des concepts différents de ceux des applications canevas et, selon moi, demande une approche plus structurée et technique.

Si le terme *canevas* vous perturbe, imaginez une toile de peinture où l'artiste crée son œuvre. De la même manière, dans Power Apps, le canevas est un espace de travail qui vous permet de concevoir et d'organiser les éléments d'une application selon vos besoins, avec une liberté créative totale.

Chapitre 3 : Créer ses premières applications

La création d'une première application canevas avec Power Apps est un processus simple et accessible, même pour les débutants, grâce à une interface intuitive. Cependant, dans ce chapitre, vous ne réaliserez pas une seule application, mais trois ! Ce défi a pour objectif de vous familiariser avec l'environnement tout en vous aidant à distinguer clairement *Power Apps* de *Power Apps Studio*. Afin d'éviter d'alourdir l'apprentissage, ces applications seront créées vierges. Les chapitres suivants vous apprendront à les développer.

Accéder à Power Apps

Premièrement, **ouvrez** un navigateur web et **allez** sur Power Apps, grâce à cette adresse :

```
https://make.powerapps.com
```

Choisir un point de départ

À la fin de ce chapitre, vous aurez réalisé trois applications : la première permettra de sélectionner un revêtement de sol à partir d'une liste déroulante en cascade, la seconde d'envoyer des courriels, et la troisième d'importer un fichier dans une bibliothèque SharePoint.

Pour commencer, plusieurs options s'offrent à vous. Vous explorerez trois approches distinctes pour créer ces trois applications. Vous constaterez qu'au final, quelle que soit la méthode choisie, les fonctionnalités proposées par Power Apps sont identiques. **Prenez** le temps de les expérimenter en suivant les indications fournies.

Dans ce chapitre, les applications créées ne seront que de simples structures vides. Je comprends votre impatience de voir vos applications fonctionner, mais il est important de ne pas brûler les étapes. Par exemple, il serait regrettable de perdre tout votre travail simplement parce que vous n'avez pas effectué la première sauvegarde, essentielle pour activer l'enregistrement régulier et automatique de votre application.

Par ailleurs, l'objectif ici est avant tout de vous familiariser avec les bonnes pratiques et les fondamentaux de la création d'applications Power Apps. Ce sera également l'occasion d'explorer l'interface de Power Apps Studio. Dans les chapitres suivants, vous retravaillerez ces premières applications pour les enrichir et les transformer en trois véritables applications métier.

Créer une application Liste

L'application *Liste* est conçue pour permettre la sélection d'un revêtement de sol parmi une liste. Dans ce chapitre, vous allez créer une simple coquille vide. Le développement complet de l'application sera réalisé dans le *Chapitre 5 : Concevoir une application simple*.

Avec cette première méthode de création d'une application Power Apps, vous allez utiliser le menu *Accueil* du volet de navigation gauche.

Pour ce faire dans le volet de navigation gauche, **cliquez** sur le menu *Accueil* puis, dans le volet central, **cliquez** sur le bloc du milieu qui s'intitule *Commencer par une conception de page*.

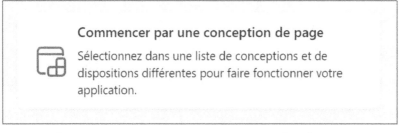

Commencer par une conception de page

Sélectionnez dans une liste de conceptions et de dispositions différentes pour faire fonctionner votre application.

Figure 14 Commencer par une conception de page

Une liste de conceptions s'affichera alors. Une conception correspond à un modèle. Le choix d'une conception générera une application avec un aspect et des fonctionnalités prédéfinis. Cette application sera entièrement modifiable et personnalisable. Toutefois, plus la conception est complexe, plus les ajustements nécessaires seront nombreux pour répondre à vos besoins. Il est donc recommandé, surtout au début, d'opter pour un modèle très simple et de l'enrichir progressivement.

Repérez la conception intitulée *Canevas vide* et **assurez-vous** que l'option *Tablette* est bien sélectionnée en dessous.

Canevas vide

Tablette   N° de téléphone

Figure 15 Conception 'Canevas vide'

Une fois cela vérifié, **cliquez** sur la zone blanche de *Canevas vide*.

Patientez environ 20 à 40 secondes.

Une fois la génération de l'application terminée, il est courant qu'une fenêtre contextuelle de bienvenue s'affiche dans Power Apps Studio. Cependant, en fonction de votre historique d'utilisation de Power Apps Studio, cette fenêtre peut ne pas apparaître, ce qui n'a aucune incidence sur le fonctionnement.

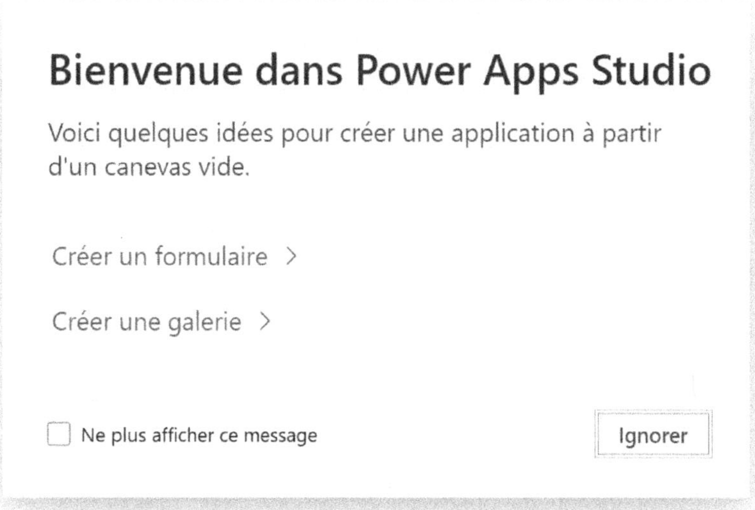

Bienvenue dans Power Apps Studio

Voici quelques idées pour créer une application à partir d'un canevas vide.

Créer un formulaire >

Créer une galerie >

☐ Ne plus afficher ce message   Ignorer

Figure 16 Bienvenue dans Power Apps Studio

Dans le pop-up, **cliquez** sur le bouton *Ignorer*. Les options proposées (*Créer un formulaire, Créer une galerie*) sont abordées en détail plus loin.

Vous allez à présent explorer les principaux aspects de *Power Apps Studio*, l'outil dans lequel votre application sera développée.

Power Apps Studio

Power Apps Studio est un outil accessible sous la forme d'une page web, conçu pour modifier et personnaliser votre application Power Apps.

C'est un environnement de développement intégré, intuitif et visuel, conçu pour créer des applications métier personnalisées sans nécessiter de compétences avancées en programmation. Accessible via un navigateur ou une application, il offre une interface conviviale avec des outils de glisser-déposer pour concevoir des interfaces utilisateur, configurer des flux de données et intégrer des sources externes. Grâce à son approche simple, il vous permet de transformer rapidement vos idées en applications fonctionnelles, optimisées pour les appareils mobiles ou de bureau.

Ne confondez pas Power Apps et Power Apps Studio. *Power Apps* désigne une plateforme complète dédiée à la création, au déploiement et à la gestion d'applications métier. Elle regroupe plusieurs éléments, notamment des outils de création comme Power Apps Studio, des connecteurs pour intégrer des données, ainsi que des options pour publier et partager vos applications avec d'autres utilisateurs ou équipes. *Power Apps Studio*, quant à lui, est un outil spécifique intégré à cette plateforme. Il constitue l'environnement de développement visuel, conçu pour créer et personnaliser des applications sans nécessiter de compétences avancées en programmation

Vous découvrirez progressivement les vastes possibilités offertes par *Power Apps Studio*. Pour l'instant, permettez-moi de vous guider vers certains aspects spécifiques de cette page qui méritent une attention particulière.

Figure 17 Power Apps Studio

L'interface de Power Apps Studio se compose de plusieurs éléments principaux, que vous allez découvrir.

La *partie supérieure* présente une barre de commandes comprenant des menus tels que *Précédent* ou *Insérer*, ainsi qu'un menu d'actions sous forme d'icônes situé à droite (*Édition, stéthoscope, disquette*, etc.). Juste en dessous, on trouve une liste de propriétés accompagnée d'une barre de formule similaire à celle d'Excel.

Figure 18 Barre supérieure à gauche (extrait)

Figure 19 Barre supérieure à droite (extrait)

Le *volet gauche* offre des options pour ajouter de nouveaux éléments à votre application, tels que des *contrôles* ou des connexions à des sources de données. Il permet également d'accéder aux fonctionnalités associées, comme la navigation entre les différents écrans et contrôles de l'application.

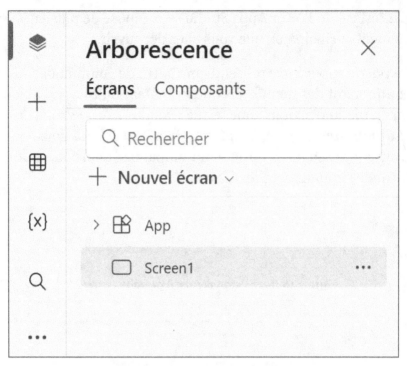

Figure 20 Volet gauche (extrait)

La *zone centrale du milieu*, qui s'intitule le *canevas*, constitue l'espace de conception visuelle, où vous pouvez configurer les écrans et les contrôles en utilisant la fonctionnalité de glisser-déposer.

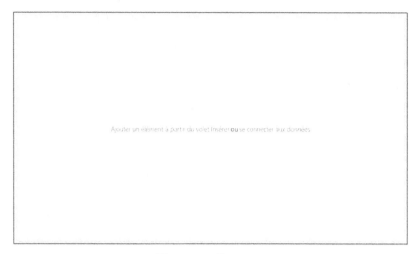

Figure 21 Canevas

Le *volet droit* sert à personnaliser les propriétés des écrans et contrôles et configurer les comportements.

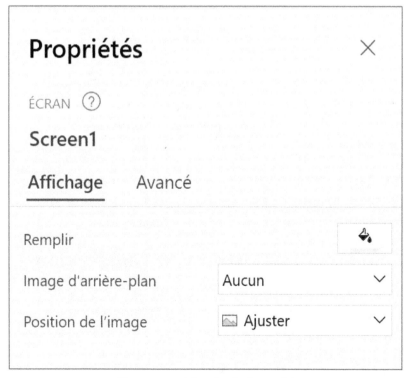

Figure 22 Volet droit (extrait)

Enfin, *en bas de l'écran*, Power Apps Studio offre un accès aux paramètres de l'application et à un agent virtuel sur la gauche. On y trouve également un sélecteur d'écran (par exemple *Screen1* dans ce cas) ainsi que des options pour ajuster la taille d'affichage du canevas.

Figure 23 Bas de l'écran à gauche (extrait)

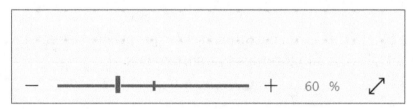

Figure 24 Bas de l'écran à droite (extrait)

Naturellement, vous aurez l'opportunité d'approfondir votre connaissance de Power Apps Studio au fil de votre progression dans ce livre, grâce aux manipulations proposées.

Pour l'instant, vous allez découvrir les actions essentielles du kit de survie Power Apps Studio du débutant : *Nommer, Enregistrer, Fermer et Lister* votre application.

Nommer et enregistrer votre application

Même si votre application est totalement vide pour le moment, il est crucial d'apprendre dès maintenant à l'enregistrer. En effet, comme vous travaillez en ligne, une coupure de connexion ou une erreur de manipulation pourrait entraîner la perte de votre travail.

Lors du premier enregistrement, il vous sera demandé de nommer votre application. Pour choisir un nom pertinent, il est conseillé de se baser sur son rôle. Cette application étant destinée à sélectionner un revêtement de sol dans une liste déroulante, elle sera nommée *Liste*. Cependant, pour identifier votre application de manière unique, il est recommandé de commencer son nom par votre prénom, vos initiales ou un trigramme, suivi du mot *Liste*. Par exemple, si vous vous appelez Sébastien, le nom de l'application pourrait être *Seb Liste*.

Pour enregistrer votre application la première fois, **cliquez** sur *l'icône en forme de disquette* qui se trouve en haut et à droite de l'écran, sous la roue dentée de Power Apps. Une méthode alternative consiste à *appuyer simultanément sur les touches Ctrl+S*.

Figure 25 Disquette de sauvegarde

Quel que soit la méthode, un pop-up apparait. Dans ce pop-up, **remplacez** le nom par défaut ('Application') par le nouveau nom comme *Seb Liste*.

Figure 26 Enregistrement de Liste

Puis **cliquez** sur le bouton *Enregistrer*.

Attendez quelques secondes. Vous pouvez éventuellement remarquer que l'icône de la disquette se transforme brièvement en un cercle tournant pendant la sauvegarde. Si cela vous échappe, pas d'inquiétude. Une fois la sauvegarde terminée, l'icône de la disquette devient grisée, indiquant que tout est enregistré et qu'aucune action supplémentaire n'est nécessaire. En revanche, lorsque vous apportez des modifications après une sauvegarde, l'icône de la disquette redevient active. Cela signifie qu'un nouvel enregistrement est requis pour conserver les changements effectués depuis la dernière sauvegarde.

De plus, votre application peut être automatiquement sauvegardée toutes les 2 minutes. **Sachez** que vous pouvez activer (ou désactiver) ce mécanisme grâce aux paramètres de votre application (voir l'écran correspondant dans la Figure 27). Les paramètres de votre application (et non pas ceux du site Power Apps) sont accessibles via la roue dentée, *tout en bas et à gauche de l'écran.*

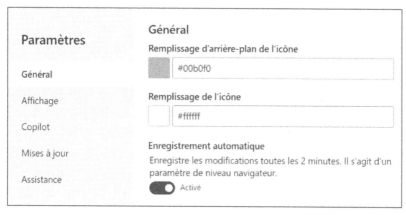

Figure 27 Enregistrement automatique activé

Fermer votre application

Votre application vierge *Liste* étant désormais sauvegardée, vous allez la fermer, ce qui vous permettra de découvrir comment quitter Power Apps Studio de manière *propre*. Ce sera également l'opportunité d'apprendre dans un instant à retrouver votre application.

Pour ce faire, **repérez** le menu *Précédent* qui se trouve dans la barre de commandes, *en haut et à gauche* de l'écran.

Figure 28 Menu 'Précédent'

Puis **cliquez** sur *Précédent* : un pop-up apparaît et vous demande si vous souhaitez quitter l'application.

Dans ce pop-up, **cliquez** sur le bouton *Quitter* : vous revenez sur l'écran de Power Apps.

Lister votre application

Dans le volet de navigation gauche, **cliquez** sur le choix
Applications : votre application est affichée. Si votre
application n'apparaît pas, **actualisez** l'écran du navigateur
grâce à la touche F5 de votre clavier. Si votre application
n'apparaît toujours pas, **patientez** 2 minutes puis
actualisez à nouveau l'écran du navigateur grâce à la touche
F5 de votre clavier. Les technologies 'cloud' nécessitent
parfois de patienter quelques minutes avant de voir le
résultat.

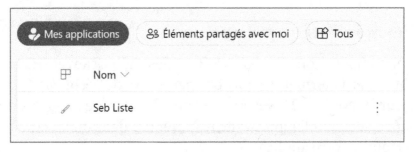

Figure 29 Affichage de votre application

Notez que vous pouvez toujours accéder à la liste de vos
applications en sélectionnant l'option *Applications* dans le
volet de navigation à gauche, dans Power Apps.

Maintenant que vous êtes familiarisé avec les
fonctionnements de base de Power Apps, vous allez pouvoir
créer une seconde application, grâce à une deuxième
méthode.

Créer une application Courriels

L'application *Courriels* doit permettre l'envoi d'un courriel
personnalisé à un utilisateur sélectionné. Dans ce chapitre,
vous allez créer une simple coquille vide. Le développement
complet de l'application sera réalisé dans le *Chapitre 6 :
Concevoir une application connectée.*

Avec cette seconde méthode de création d'une application Power Apps, vous allez utiliser le menu *Créer* du volet de navigation gauche.

Pour ce faire dans le volet de navigation gauche, **cliquez** sur le menu *Créer* puis sur le bloc *Application vide* dans le volet central, puis dans le bloc *Application canevas vierge,* **cliquez** sur le bouton *Créer.*

Ensuite, **donnez** un nom qui débute avec votre prénom et qui évoque l'envoi d'un courriel, comme *Seb Courriels* (si votre prénom est Sébastien). En effet, le rôle de cette application sera d'envoyer un courriel.

Figure 30 Création de l'application Courriels

Gardez le format *Tablette* et **cliquez** sur le bouton *Créer.* Le format sélectionné détermine la présentation des écrans. En particulier, le format *Tablette* est principalement adapté aux ordinateurs et tablettes, tandis que le format *Téléphone* convient davantage aux appareils mobiles. De plus, le format *Tablette* propose une plus grande variété d'options de taille, ce qui en fait un choix recommandé par défaut.

Patientez quelques secondes.

Lorsque la génération de l'application est terminée, un pop-up de bienvenue apparaît généralement. Si c'est le cas, dans le pop-up, **cliquez** sur le bouton *Ignorer*.

Cliquez sur l'icône en forme de disquette, en haut et à droite de l'écran, pour l'enregistrer et **attendez** que la disquette devienne grisée.

Ensuite, **fermez** proprement votre application ouverte dans Power Apps Studio en cliquant sur le menu *Précédent*, qui se trouve en haut et à gauche de l'écran.

Enfin, **cliquez** sur le bouton *Quitter* dans le dernier pop-up.

Dans le volet de navigation gauche, **cliquez** sur le choix *Applications* : votre application est affichée. Si votre application n'apparaît pas immédiatement, **attendez** réellement 2 à 3 minutes, puis **actualisez** l'écran du navigateur en appuyant sur la touche F5 de votre clavier. Pas d'inquiétude, votre application finira par s'afficher. Ce phénomène, un peu perturbant, n'est pas rare.

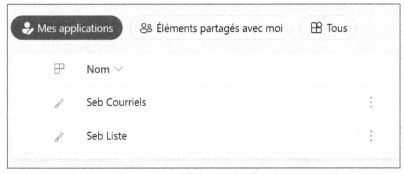

Figure 31 Lister l'application Courriels

Créer une application Import

Avec cette dernière méthode de création d'une application Power Apps, vous allez utiliser le menu *Applications* du volet de navigation gauche.

Pour ce faire dans le volet de navigation gauche, **cliquez** sur le menu *Applications* puis, dans la barre de commandes en haut de l'écran, **cliquez** sur *Nouvelle Application*.

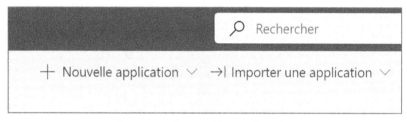

Figure 32 Nouvelle application

Dans la liste déroulante qui apparaît, **sélectionnez** *Commencer par une conception de page*.

Repérez la conception intitulée *Canevas vide* et **assurez-vous** que l'option *Tablette* est bien sélectionnée en dessous. Une fois cela vérifié, **cliquez** sur la zone blanche de *Canevas vide*.

Au bout de quelques secondes, le pop-up de bienvenue devrait s'afficher. Dans ce pop-up, **cochez** la case *Ne plus afficher ce message* puis **cliquez** sur le bouton *Ignorer*.

Le rôle de cette application sera d'importer des données de sources externes. Aussi, son nom débutera avec votre prénom et évoquera l'import, par exemple *Seb Import* (si vous vous prénommez Sébastien).

Cliquez sur l'icône en forme de disquette, en haut et à droite de l'écran : un pop-up apparait. Dans ce pop-up, **remplacez**

le nom par défaut ('Application') par le nouveau nom comme *Seb Import*.

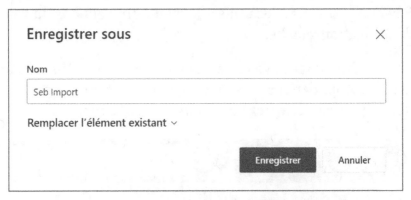

Figure 33 Enregistrement de Import

Attendez que la disquette devienne grisée.

Ensuite, **fermez** proprement votre application ouverte dans Power Apps Studio en cliquant sur le menu *Précédent*, qui se trouve en haut et à gauche de l'écran.

Enfin, **cliquez** sur le bouton *Quitter* dans le dernier pop-up : votre nouvelle application s'affiche dans la liste des applications. Si ce n'est pas le cas, **pensez** à patienter et à actualiser.

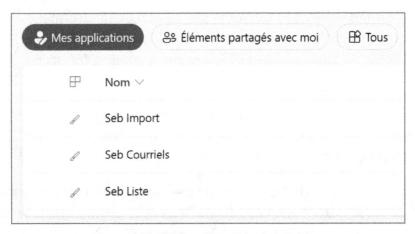

Figure 34 Afficher l'application Import

Avec ces étapes, vous pouvez rapidement créer une application. Maintenant, vous allez apprendre à les modifier afin qu'elle fonctionne réellement.

Chapitre 4 : Notions de base

Concepts sous-jacents

Avant de commencer à développer réellement votre première application, il est essentiel de connaître les concepts fondamentaux de Power Apps. Heureusement, ces notions sont peu nombreuses, ce qui rend leur compréhension accessible et rapide.

Prenez le temps de parcourir ces explications sur les notions de base. Par ailleurs, vous êtes évidemment libre d'expérimenter et de faire vos propres manipulations, mais l'objectif des paragraphes suivants est avant tout de vous inviter à lire le plus attentivement possible, sans nécessairement passer à la pratique immédiatement.

Ouvrir une application canevas en modification

Toutefois, pour mieux comprendre les explications, je vous recommande d'ouvrir une application canevas Power Apps en mode modification, comme expliqué ci-dessous. Cela vous aidera à suivre et à repérer facilement les objets manipulés dans l'application.

Dans ce scénario, vous allez ouvrir l'application *Liste*, précédemment créée.

Si l'application *Liste* n'a pas encore été créée, **créez-la** maintenant en suivant les indications de la section *Créer une application Liste* du *Chapitre 3 : Créer ses premières applications*.

À nouveau, plusieurs options s'offrent à vous.

En particulier, dans le volet de navigation gauche, **cliquez** sur le menu *Applications* : la liste de vos applications s'affiche dans le volet central. **Cliquez bien** dans le menu *Applications*, et non pas Accueil, car toutes les options ne sont pas présentes dans Accueil. La liste de vos applications peut éventuellement s'afficher dans un ordre différent de celui présenté dans la capture d'écran ci-dessous.

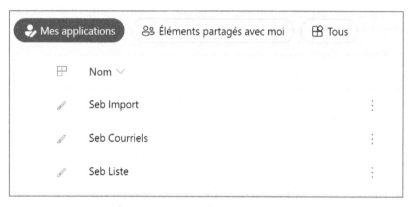

Figure 35 Liste des applications

Pour modifier l'application *Liste*, **survolez** tranquillement l'application *Liste* avec la souris, et **gardez** la souris sur la ligne de l'application <u>sans cliquer dessus</u>.

Figure 36 Survol de l'application Liste

Notez l'apparition d'un cercle devant le nom de l'application et deux nouvelles icônes au bout du nom. La première icône en forme de crayon sert à modifier l'application (mais **ne cliquez pas** dessus), tandis que l'icône en forme de triangle sert à lire (= exécuter) l'application. Pour l'instant, **cochez** la *case d'option* (le cercle) devant l'application *Liste*, et

constatez l'apparition de nouvelles options dans le menu horizontal supérieur.

Figure 37 Menu horizontal supérieur (extrait)

Ensuite, **décochez** la case d'option devant l'application *Liste*, et **constatez** la disparition des nouvelles options dans le menu horizontal supérieur.

Enfin, toujours sur la ligne de l'application *Liste*, **cliquez** sur les trois petits points verticaux : un menu vertical apparaît.

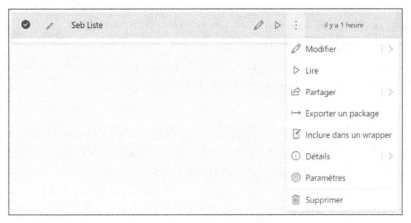

Figure 38 Menu vertical de l'application

Dans ce menu, **localisez** l'option *Modifier*, puis **cliquez** sur le chevron situé à sa droite. Deux choix apparaissent : *Modifier* ou *Modifier dans un nouvel onglet*. **Sélectionnez** la deuxième option. Un nouvel onglet s'ouvre alors, affichant l'application *Liste* en mode modification. Vous disposez désormais de deux onglets ouverts : l'un pour *Power Apps* et l'autre pour *Power Apps Studio*.

Par simple curiosité, **cliquez** sur l'onglet précédent dans le navigateur : l'onglet qui se nomme *Power Apps*. Un pop-up vous informe qu'une fois que vous aurez terminé la modification de l'application, vous devrez cliquer sur le bouton *Terminé*. Cette action permettra d'actualiser la page avec vos modifications. Pour l'instant, **revenez** simplement sur le nouvel onglet *Power Apps Studio* en cliquant dessus. Votre application s'affiche en modification.

App

Présentation

Dans une application Power Apps, l'objet *App* représente l'application elle-même. C'est un objet global qui contient des propriétés et des fonctions permettant de configurer ou de récupérer des informations sur l'application. Il est utile pour personnaliser le comportement global de l'application et interagir avec des fonctionnalités spécifiques.

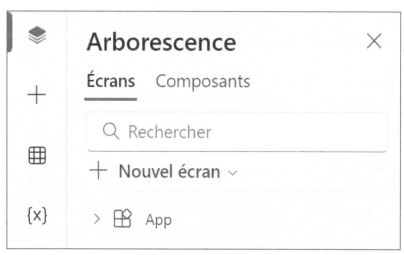

Figure 39 Objet App

Maintenant, passons en revue certaines propriétés importantes de l'objet *App*. Pour accéder à ses propriétés,

cliquez à gauche sur *App*, puis à droite, **repérez** le volet *Propriétés*.

Avant de continuer, assurez-vous d'avoir sélectionné App dans l'arborescence située à gauche de l'écran.

Si le volet *Propriétés* ne s'affiche pas, **cliquez** sur l'icône *Propriétés* dans le menu horizontal.

Figure 40 Menu Propriétés

Ensuite, dans le volet *Propriétés*, **cliquez** sur l'onglet *Avancé*. La liste des propriétés s'affiche.

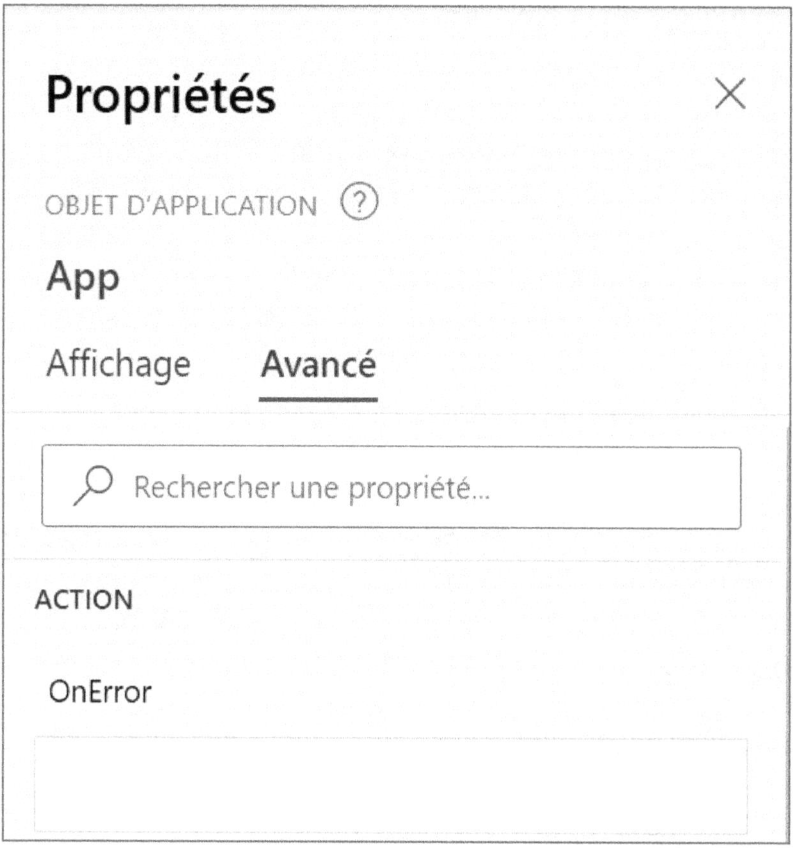

Propriétés   ✕

OBJET D'APPLICATION ⑦

App

Affichage   **Avancé**

🔍 Rechercher une propriété...

ACTION

OnError

Figure 41 Propriétés avancées de l'objet App (extrait)

App.OnError

La propriété *App.OnError* permet de gérer les erreurs de manière centralisée au niveau de l'application. Elle définit un comportement ou une action spécifique à exécuter lorsqu'une erreur se produit, quelle que soit son origine.

Elle est présentée en détail dans la section *Gestion avancée des erreurs* du *Chapitre 10 : Fonctions à connaître*.

App.OnStart

L'objet *App* comprend également une propriété *App.OnStart*, qui permet de définir une fonction ou une suite d'actions exécutées automatiquement lors du démarrage de l'application. Cela est particulièrement utile pour initialiser des variables, charger des données ou effectuer d'autres tâches de configuration nécessaires avant que l'utilisateur commence à interagir avec l'application. Une variable est une zone nommée en mémoire, qui sert à stocker le résultat d'un calcul ou un objet. Par exemple, vous pourriez définir des variables globales avec la fonction *Set()*. Celle-ci sert à créer les variables globales (pour plus d'explications, voir la section *Variables et collections* plus bas).

```
Set(glbRole; "Admin");;
Set(glbMessage; "Bienvenue !");;
```

La première formule, *Set(glbRole; "Admin")*, sert à créer une variable globale nommée *glbRole* et à lui attribuer la valeur "Admin". Cette variable peut ensuite être utilisée dans l'application pour effectuer des vérifications, par exemple pour déterminer si l'utilisateur actuel a des privilèges d'administration.

La deuxième formule, *Set(glbMessage; "Bienvenue !")*, suit le même principe. Elle définit une autre variable globale appelée *glbMessage* et lui attribue le message "Bienvenue !". Comme pour la première formule, cette variable est accessible dans toute l'application.

Dans Power Apps Studio, le contenu d'*App.OnStart* ne s'exécute pas automatiquement. Il est donc nécessaire de cliquer avec le bouton droit sur *App* dans l'arborescence, puis de sélectionner *Exécuter OnStart* afin que Power Apps Studio exécute ce contenu.

App.Formulas

Une autre propriété essentielle est *App.Formulas*. Elle est utilisée pour centraliser des formules globales qui peuvent être référencées à travers l'application, facilitant ainsi la maintenance et l'organisation des calculs ou des transformations de données partagées.

Cette propriété est expliquée en détail dans la section dédiée aux variables, ci-dessous.

App.StartScreen

Il existe aussi la propriété *App.StartScreen*, qui permet de spécifier l'écran initial affiché au démarrage de l'application. Cette fonctionnalité est pratique pour personnaliser le parcours utilisateur en fonction de critères spécifiques, comme dans cet exemple :

```
If(User().FullName ="Sébastien Wasp";
AdminEcran; Screen1)
```

Cette formule est une expression conditionnelle utilisée dans Power Apps pour déterminer quelle action ou valeur doit être choisie en fonction d'une condition précise. La fonction *If* permet d'évaluer une condition logique et de retourner un résultat différent selon que cette condition est vraie ou fausse.

Dans cette formule, la condition testée est *User().FullName = "Sébastien Wasp"*. La fonction *User()* récupère les informations de l'utilisateur actuellement connecté, et la propriété *FullName* permet d'accéder à son nom complet. Ainsi, la condition vérifie si le nom complet de l'utilisateur est exactement égal à "Sébastien Wasp".

Si la condition est remplie (c'est-à-dire que l'utilisateur est bien Sébastien Wasp), alors la valeur spécifiée comme résultat positif, *AdminEcran*, est retournée. *AdminEcran* fait référence à un écran spécifique de l'application destinée à un administrateur.

Dans le cas où la condition n'est pas satisfaite, la formule retourne la valeur définie comme résultat négatif, ici *Screen1*. Dans ce scénario, c'est l'écran par défaut.

App.Theme

Dans Power Apps, *App.Theme* est une propriété globale qui indique le thème actuellement appliqué à l'application. Elle renvoie une valeur sous forme de chaîne de texte, représentant le nom du thème en cours. Les thèmes peuvent être personnalisés en fonction des besoins spécifiques de l'application.

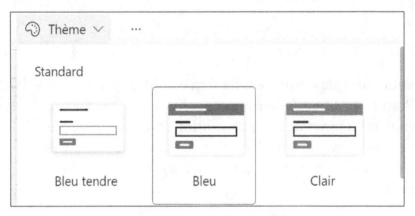

Figure 42 Choix du thème

Cette propriété est particulièrement utile pour adapter l'apparence visuelle d'une application en fonction du thème actif. Par exemple, vous pouvez modifier dynamiquement les couleurs, les polices ou d'autres aspects de l'interface utilisateur pour offrir une expérience cohérente et harmonieuse.

Ce mécanisme est pratique pour personnaliser l'expérience utilisateur, rendre l'application plus accessible ou encore respecter la charte graphique propre à une organisation.

Si le menu *Thèmes* n'apparaît pas dans la barre de menu horizontale, il est probable que les *contrôles et thèmes modernes* soient activés dans les paramètres de l'application. Dans ce cas, utilisez le volet vertical situé à gauche de l'écran : cliquez sur le bouton "..." (autres options), puis sélectionnez *Thèmes*.

App.ActiveScreen

Cette propriété n'est pas visible dans le volet *Propriétés* car elle n'est pas paramétrable. Toutefois, la propriété *App.ActiveScreen* est importante car elle renvoie le nom de l'écran actuellement affiché dans l'application. Cela permet de contrôler ou d'effectuer des actions en fonction de l'écran visible.

Écrans

Les écrans sont les pages de votre application. Par exemple dans l'application *Liste*, vous avez l'écran *Screen1*.

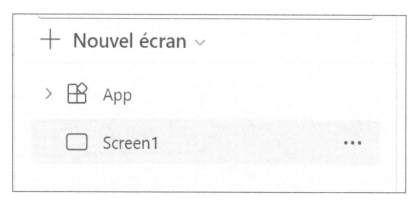

Figure 43 Screen1

Une application Power Apps doit comporter au moins un écran, mais elle peut en inclure plusieurs dizaines. Cependant, il est vivement recommandé de limiter leur nombre à moins d'une douzaine (ce qui est déjà beaucoup), afin de simplifier la maintenance. D'autant plus qu'il est possible d'optimiser vos écrans en utilisant un défilement vertical ou des onglets. Par exemple, la plus grande application que j'ai développée comptait initialement une quarantaine d'écrans. Grâce à l'utilisation notamment d'écrans avec défilement et d'onglets, ce nombre a été réduit à une quinzaine.

Modèles d'écran

L'ajout d'un écran se fait grâce au menu horizontal, avec l'option *Nouvel écran*, soit dans le panneau Arborescence à gauche avec l'option + *Nouvel écran*. Une liste de modèles d'écran s'affiche.

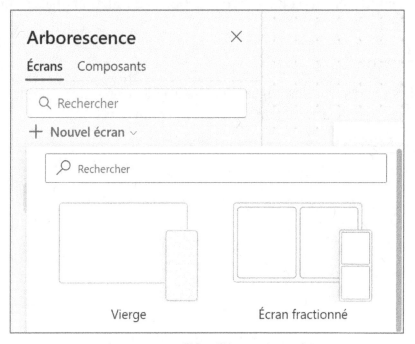

Figure 44 Modèles d'écran (extrait)

Pour bâtir une application, vous pouvez choisir l'un de ces modèles. Cependant, **gardez** à l'esprit que tous les écrans générés à partir de ces modèles sont simplement une combinaison d'un écran vierge et de contrôles, qui sont décrits plus en détail ci-dessous. Il est donc souvent plus pertinent de partir d'un écran vierge.

Actions sur un écran

Lors de l'ajout d'un écran, celui-ci reçoit automatiquement le nom *Screen1*, *Screen2*, etc. Le nom d'un écran doit être unique dans l'application.

Vous pouvez facilement renommer un écran. Ma méthode préférée est de double-cliquer dans le nom d'un écran, puis de les donner le nouveau nom comme *AdminEcran*. Un nom d'écran peut avoir un espace ou des accents.

Vous pouvez aussi cliquer sur les trois points horizontaux situés à côté de son nom ou de faire un clic droit, puis de sélectionner l'option de renommage.

Ces mêmes menus permettent également de dupliquer un écran. De plus, lorsque vous disposerez de plusieurs écrans, vous pourrez facilement les réorganiser en les déplaçant vers le haut ou le bas dans l'arborescence de l'application.

Propriétés d'un écran

Les propriétés des écrans permettent de configurer leur apparence, leur comportement et leur interaction avec d'autres parties de l'application. Ses propriétés sont accessibles via le volet *Propriétés* ou la barre de formule.

Figure 45 Écran avec une image d'arrière-plan

Pour personnaliser l'apparence de l'écran, la propriété *Image d'arrière-plan* (*BackgroundImage* en anglais) permet d'ajouter une image d'arrière-plan. Cette image peut être centrée, étirée, etc. à l'aide de la propriété Position de l'image (*ImagePosition*). Par ailleurs, la propriété *Remplir* (*Fill*) sert à définir la couleur ou le dégradé de cet arrière-plan. Il peut être statique ou calculé dynamiquement grâce à une formule.

Les propriétés comportementales incluent *OnVisible*, qui exécute une ou plusieurs actions lorsque l'écran devient visible, souvent pour initialiser des variables ou déclencher des mises à jour contextuelles. De manière complémentaire, *OnHidden* spécifie les actions à effectuer lorsqu'un écran est masqué, par exemple lors du passage vers un autre écran. Par ailleurs, bien que la propriété *App.OnStart* soit globale à l'application, elle est parfois utilisée en coordination avec les écrans pour définir des comportements au démarrage.

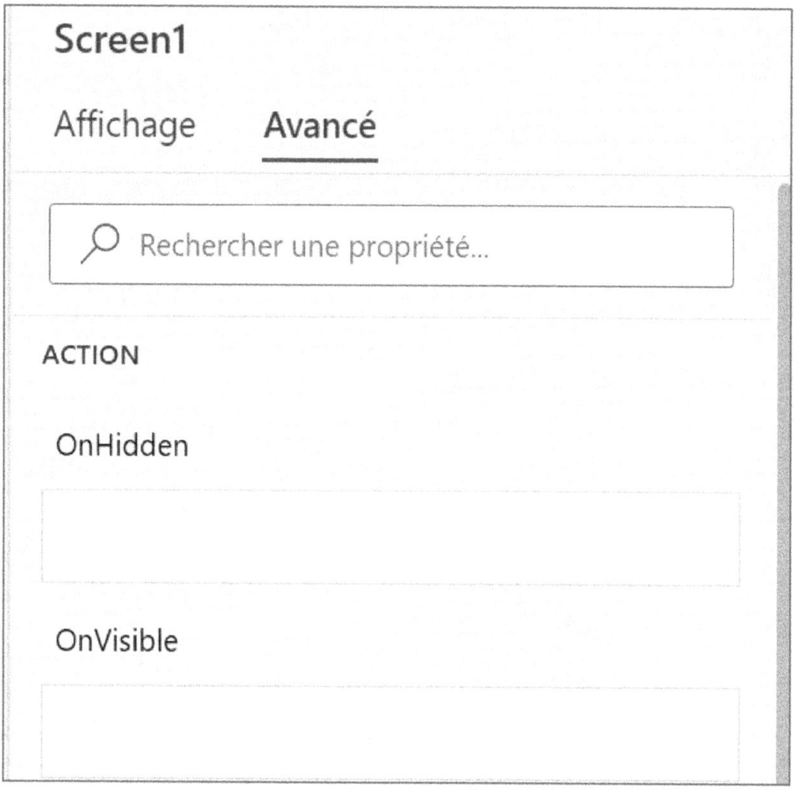

Figure 46 Propriétés comportementales

L'adaptabilité des écrans peut être configurée grâce aux propriétés *Height* et *Width*, qui déterminent respectivement la hauteur et la largeur de l'écran, s'adaptant par défaut à la taille globale de l'application.

Enfin, la propriété *LoadingSpinner* sert à afficher un indicateur visuel de chargement lorsque des données sont en cours de récupération, ce qui améliore l'expérience utilisateur. Elle propose trois options : désactiver le spinner (None), l'afficher sur des contrôles spécifiques (Controls), ou l'appliquer globalement à l'ensemble des données (Data). Il est également possible de personnaliser sa couleur via *LoadingSpinnerColor*. Cette fonctionnalité est particulièrement utile pour signaler les temps d'attente et assurer une meilleure interaction utilisateur dans des scénarios de latence.

Contenu d'un écran

Chaque écran peut contenir plusieurs contrôles, tels que des boutons, des zones de texte et des listes déroulantes. Ces contrôles sont positionnés sur l'écran, à l'emplacement de votre choix.

Quadrillage de l'écran

Un écran possède des repères orthogonaux invisibles, qui correspondent au système de coordonnées cartésien utilisé pour positionner les contrôles sur l'écran.

L'origine (0, 0) des coordonnées se situe dans le coin supérieur gauche de l'écran.

L'axe des abscisses (X) s'étend horizontalement de gauche à droite. La valeur de X augmente lorsque vous vous déplacez vers la droite.

L'axe des ordonnées (Y) s'étend verticalement de haut en bas. La valeur de Y augmente lorsque vous vous déplacez vers le bas.

Utilisation des repères orthogonaux

Les propriétés X et Y des contrôles (comme les boutons, étiquettes, galeries, etc.) permettent de spécifier leur position en fonction de ces axes. Ces repères servent de base pour positionner les éléments avec précision et pour gérer des relations dynamiques entre eux. Par exemple, si vous placez un bouton avec les propriétés suivantes :

- X = 100

- Y = 220

Cela signifie que le coin supérieur gauche du bouton sera positionné à 100 pixels du bord gauche de l'écran et à 220 pixels du haut (voir Figure 47).

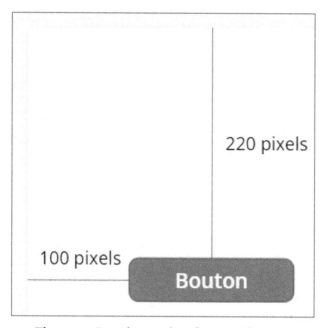

Figure 47 Représentation des coordonnées

Vous pouvez utiliser ces repères pour aligner les contrôles entre eux ou pour créer des interfaces dynamiques. Par exemple, vous pouvez aligner des éléments avec des formules dynamiques, ou adapter des positions en fonction de la taille de l'écran.

Ces repères orthogonaux sont une base importante pour concevoir des interfaces utilisateur structurées et fonctionnelles dans Power Apps.

Contrôles

Le *Chapitre 8 : Contrôles* propose une description approfondie de tous les contrôles.

Principes

Les contrôles sont les briques de base interactives qui composent une application.

Ajouter des contrôles basiques comme des zones de texte, des images ou des galeries est indispensable pour enrichir l'expérience utilisateur. En effet, comme son nom l'indique, un contrôle est un objet qui « contrôle » ce qui est saisi ou ce qui est affiché sur l'écran.

Il y a pratiquement 250 contrôles disponibles. Toutefois, beaucoup d'entre eux sont de simples icônes ou des formes géométriques.

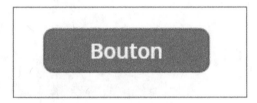

Figure 48 Contrôle de type Bouton

Catégories

Microsoft les a regroupés, en catégories : *Populaire, Entrée, Affichage, Disposition, Média, Icônes, Formes, Graphiques, AI Builder, Mixed Reality.*

Ils sont accessibles avec l'option + *Insérer* du menu horizontal (voir Figure 49).

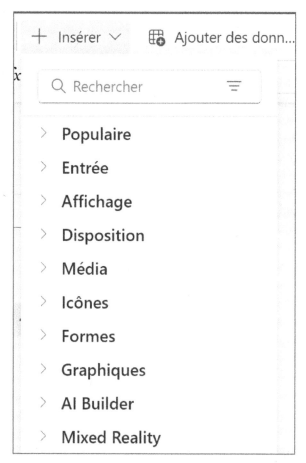

Figure 49 Catégories des contrôles

Par exemple, à l'intérieur de la catégorie *Populaire*, vous allez trouver les contrôles généralement les plus utilisés : *Étiquette de texte, Formulaire de modification, Entrée de texte, Galerie verticale, Rectangle, Sélecteur de dates, Bouton.*

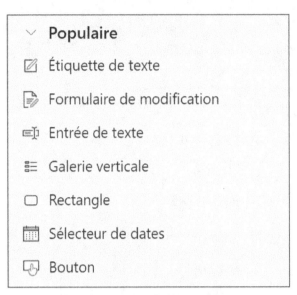

Figure 50 Contrôles populaires

Vous verrez qu'il est possible de déplacer un contrôle, de l'agrandir ou le diminuer, de le renommer, de le mettre en forme, de l'alimenter et bien d'autres possibilités encore.

Bonnes pratiques

Donner des noms significatifs aux contrôles est essentiel pour rendre votre "code" plus compréhensible, simplifier votre travail et réduire les erreurs.

Évitez particulièrement d'utiliser les noms par défaut, tels que *Label1* ou *Button1*, qui sont automatiquement générés lorsque vous créez une étiquette de texte ou un bouton. Une exception à cette règle concerne les contrôles décoratifs sans réelle importance fonctionnelle, où le renommage n'apporterait aucun bénéfice.

Dans les exercices pratiques, vous apprendrez comment nommer vos contrôles de manière efficace. Vous découvrirez également qu'il est judicieux de préciser la nature du contrôle dans son nom : s'agit-il d'une liste déroulante, d'une étiquette de texte, ou d'un autre type de contrôle ? Cette pratique contribue à une meilleure lisibilité et organisation de vos applications.

Propriétés

Lorsqu'une application est en cours de modification dans *Power Apps Studio*, vous verrez le volet *Propriétés* sur la droite de l'écran.

Si le volet Propriétés ne s'affiche pas, **cliquez** *sur l'icône Propriétés dans le menu horizontal.*

Notamment, chaque contrôle dispose de propriétés que vous pouvez configurer pour en définir le comportement. Par exemple, pour un contrôle de type *Entrée de texte*, vous pouvez modifier la taille, la couleur ou la police. Pour une image, vous pouvez ajuster la taille ou la position pour l'adapter au design global.

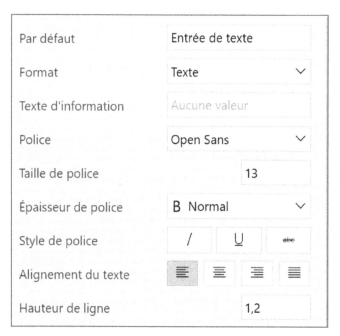

Figure 51 Propriétés d'un contrôle de type Entrée de texte (extrait)

Les propriétés permettent de définir aussi bien l'apparence que le comportement des écrans et des contrôles. Dans ce cas, il s'agit des propriétés d'affichage.

Certaines propriétés définissent également le comportement des écrans et des contrôles. Il s'agit des propriétés avancées.

Propriétés d'affichage

Les propriétés d'affichage, comme leur nom l'indique, déterminent les paramètres visuels du contrôle : est-il visible ? Quelle est sa largeur ? sa hauteur ? sa couleur ? et bien d'autres encore. Ces propriétés offrent un contrôle très détaillé. Par exemple, rien que pour la couleur d'une simple liste déroulante, vous pouvez configurer celle des valeurs affichées, du fond, des valeurs sélectionnées, du fond des valeurs sélectionnées, du chevron, et même de l'arrière-plan du chevron !

Figure 52 Propriétés d'affichage (extrait)

Propriétés avancées

Les propriétés avancées permettent principalement de gérer les <u>actions</u> associées aux contrôles et de définir les <u>données</u> à afficher. Il inclut également certaines propriétés d'affichage.

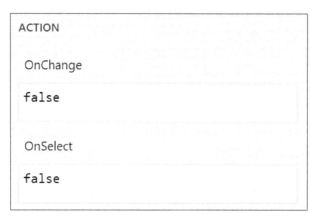

Figure 53 Propriétés d'actions d'une liste déroulante

Au fil de votre lecture, vous découvrirez progressivement des exemples concrets de ces différentes propriétés et de leur utilisation.

Liste et nature des propriétés

La liste et nature des propriétés dépend du type du contrôle. En effet, chaque contrôle possède des propriétés qui le caractérisent.

Par exemple, un contrôle de type *Étiquette de texte*, qui permet d'afficher du texte, possède des propriétés comme :

- Texte (*Text* en anglais) pour indiquer le texte à afficher
- Police (*Font*) pour indiquer le choix de la police
- Taille de police (*Size*) pour indiquer la taille de la police
- Couleur (*Color*) pour indiquer le choix de la couleur du texte

- etc.

Au total, un contrôle de type *Étiquette de texte* possède plus d'une quarantaine de propriétés modifiables.

Un contrôle de type *Image*, qui permet d'afficher une image ou une photographie, ne possède évidemment pas de propriétés de type *Texte, Police ou Taille de police*. En revanche, il possède des propriétés comme :

- Image (*Image*) pour indiquer l'image à afficher
- Position de l'image (*ImagePosition*) pour indiquer si l'image doit être centrée, étirée, etc.
- Transparence (*Transparency*) pour indiquer le degré de transparence de l'image.
- etc.

Au total, un contrôle de type *Image* possède près d'une quarantaine de propriétés modifiables.

La liste et la nature des propriétés varient considérablement en fonction du type de contrôle. Cependant, certaines propriétés, comme les axes X et Y, sont communes à tous les contrôles.

Formules

Les formules dans Power Apps jouent un rôle central en permettant de définir la logique et les interactions au sein d'une application. Inspirées des formules Excel, elles servent à manipuler les données, contrôler les comportements des composants (comme des boutons ou des galeries), et créer des calculs dynamiques.

```
If(ThisItem.IsSelected; FontWeight.Semibold; FontWeight.Normal)
```

Figure 54 Exemple d'une formule

Par exemple, elles permettent de filtrer une liste, valider des entrées utilisateur, ou déclencher des actions comme l'envoi de données à une source externe. Elles facilitent ainsi la création d'applications performantes sans nécessiter de compétences avancées en programmation.

Les formules utilisent des opérateurs et des fonctions.

Notamment, la syntaxe des fonctions Power Apps repose sur une structure simple de type *fonction(argument1, argument2)*. Par exemple, la formule *Navigate(Screen2)* permet de naviguer et d'afficher l'écran nommé *Screen2*.

*L'**interactivité** de votre application est créée en associant des formules aux propriétés des contrôles ou des écrans.*

Par exemple, en ajoutant la formule *Navigate(Screen2)* à la propriété *OnSelect* d'un bouton, vous permettez à l'application d'afficher l'écran nommé *Screen2* lorsque ce bouton est sélectionné.

Opérateurs

Dans Power Apps, les formules utilisent divers opérateurs pour manipuler des données, effectuer des calculs, et créer des expressions logiques ou conditionnelles.

Comme dans les mathématiques traditionnelles, les opérateurs suivent un ordre de priorité. Par exemple, les opérateurs arithmétiques comme * et / ont une priorité plus élevée que + et -. Vous pouvez utiliser des parenthèses pour modifier l'ordre : (3 + 5) * 2.

Par ailleurs, vous pouvez combiner plusieurs types d'opérateurs dans une seule formule.

En maîtrisant ces opérateurs, vous pouvez créer des formules complexes pour répondre aux besoins de vos applications Power Apps.

Opérateurs arithmétiques

Ils permettent d'effectuer des calculs mathématiques.

Opérateur	Description	Exemple
+	Addition	$3 + 5 \rightarrow 8$
-	Soustraction	$10 - 7 \rightarrow 3$
*	Multiplication	$4 * 2 \rightarrow 8$
/	Division	$10 / 2 \rightarrow 5$
^	Exponentiation (puissance)	$2 \char94 3 \rightarrow 8$
%	Pourcentage	$40 * 20\% \rightarrow 8$

Opérateurs de comparaison

Ces opérateurs permettent de comparer des valeurs.

Opérateur	Description	Exemple
=	Égalité	$5 = 5 \rightarrow$ vrai
<>	Différent	$5 <> 3 \rightarrow$ vrai
<	Inférieur	$3 < 5 \rightarrow$ vrai
>	Supérieur	$5 > 3 \rightarrow$ vrai
<=	Inférieur ou égal	$3 <= 3 \rightarrow$ vrai
>=	Supérieur ou égal	$5 >= 3 \rightarrow$ vrai

Opérateurs logiques

Ils manipulent des valeurs booléennes (vrai/faux).

Opérateur	Description	Exemple
&& ou And	ET logique	vrai And faux → faux
|| ou Or	OU logique	vrai Or faux → vrai
! ou Not	Négation logique	Not vrai → faux

Opérateur de chaînes de texte

Cet opérateur combine des chaînes de texte.

Opérateur	Description	Exemple
&	Concaténation	"Hello" & " " & "World" → "Hello World"

Opérateurs de membres

Ils servent à manipuler des collections ou des tables.

Opérateur	Description	Exemple
in	Vérifie si une valeur est présente (insensible à la casse)	"POMME" In ["Pomme", "Banane"] → vrai
exactin	Vérifie si une valeur est présente (sensible à la casse)	"POMME" In ["Pomme", "Banane"] → faux

Opérateurs spéciaux

Dans Power Apps, certains opérateurs spéciaux, comme ceux de désambiguïsation, de chaînage ou des références contextuelles, jouent un rôle essentiel pour résoudre les conflits de noms, naviguer entre les niveaux hiérarchiques, et manipuler des données.

Opérateur	Description
[@Nom]	Résout les conflits entre noms de champs ou variables.
, ou ;	Sépare les arguments ou chaîne plusieurs formules.
As	Crée un alias pour une table ou un contexte.
Self	Fait référence au contrôle actuel.
Parent	Fait référence au conteneur parent du contrôle actuel.
ThisItem	Fait référence à un élément quelconque dans une table, une galerie, ou un formulaire.

Fonctions

Le Chapitre 10 : Fonctions à connaître présente en détail, accompagné de nombreux exemples, les principales fonctions de Power Apps.

Les fonctions dans Power Apps sont des outils prédéfinis qui permettent de réaliser des opérations spécifiques au sein des applications, simplifiant ainsi la création de logique complexe. Elles sont utilisées pour manipuler les données, comme *Filter()*, *Sort()*, *Patch()*, interagir avec l'interface utilisateur, comme *Navigate()*, *Set()*, ou effectuer des calculs, comme *Sum()*. En les combinant, il est possible d'ajouter des fonctionnalités puissantes, comme filtrer des listes en fonction de critères dynamiques ou mettre à jour une base de données en un clic, tout en maintenant une structure claire et réutilisable dans le développement de l'application.

Attention, les fonctions sont sensibles à la casse (minuscule/majuscule). En particulier, elles commencent toujours par une majuscule. Par exemple, si vous utilisez la fonction conditionnelle *If (Si)* et que vous l'écrivez en minuscule *(if)*, un message d'erreur s'affichera, indiquant que la fonction n'est pas reconnue.

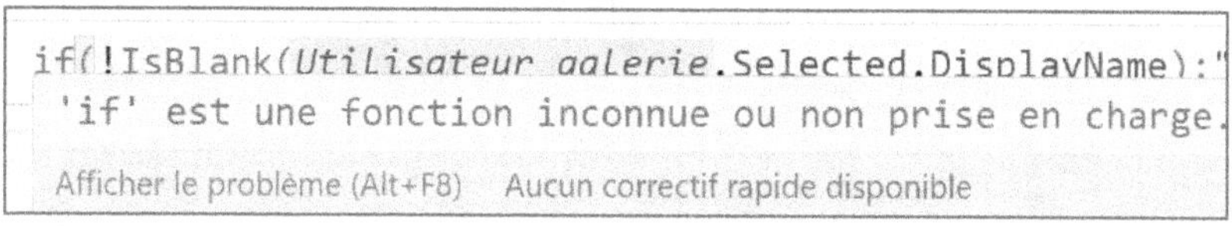

```
if(!IsBlank(Utilisateur galerie.Selected.DisplavName):"
 'if' est une fonction inconnue ou non prise en charge.
 Afficher le problème (Alt+F8)    Aucun correctif rapide disponible
```

Figure 55 Respect de la casse dans une fonction

Liens entre fonctions et formules

Le rapport entre fonctions et formules dans Power Apps est étroit, car les fonctions sont les éléments constitutifs des formules.

En effet, une fonction est une instruction prédéfinie dans Power Apps qui effectue une tâche spécifique, comme *Sum()* pour additionner des valeurs ou *Navigate()* pour changer d'écran. Tandis qu'une formule est une combinaison de fonctions, de valeurs, de références (comme des contrôles), et d'opérateurs qui définissent une logique ou un comportement.

Les fonctions sont les blocs de construction, tandis que la formule est l'assemblage de ces blocs pour répondre à un besoin spécifique. Par exemple, une formule comme *Filter(Commandes, Quantité > 10)* utilise la fonction *Filter* pour filtrer les commandes, intégrant une logique conditionnelle dans un contexte donné.

Barre de formule

La barre de formule affiche se trouve en haut et au milieu de l'écran. Elle est similaire à la barre de formule d'Excel.

Elle permet de connaître ou d'indiquer la valeur d'une propriété d'un contrôle.

En effet, quand vous cliquez sur un contrôle quelconque, la *liste de ses propriétés* s'affiche dans la liste déroulante, en haut à gauche.

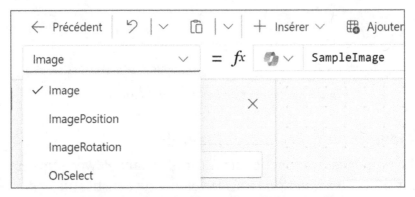

Figure 56 Liste des propriétés d'un contrôle

Il s'agit exactement des mêmes propriétés que celles qui s'affichent dans le volet *Propriétés* à droite de l'écran. La seule différence est que le nom de la propriété est en anglais dans cette barre de formule.

Par ailleurs, dans cette barre de formule, à droite du signe égal ('=') se trouve la valeur ou la formule de la propriété du contrôle.

Notez que lorsqu'une propriété à sa valeur modifiée, par rapport à sa valeur par défaut, le nom de la propriété apparait en gras dans la liste des propriétés de la barre de formule.

Contrôles liés

Explications

Un contrôle peut faire référence à un autre contrôle en utilisant son *nom*. Notamment, les propriétés des contrôles peuvent être utilisées pour affecter ou interagir avec d'autres contrôles.

Lorsqu'un contrôle fait référence à un autre, il utilise son nom et accède à ses propriétés. Par exemple :

Label.Text : fait référence à la propriété *Text* d'un contrôle d'affichage nommé *Label*.

TextInput.Text : fait référence à la propriété *Text* d'un contrôle de saisie nommé *TextInput*.

Bouton.X : Fait référence à la position horizontale (X) d'un contrôle bouton nommé *Bouton*.

Vous trouverez ci-dessous quelques exemples appliqués de contrôles liés. Il s'agit de situations classiques. En réalité, les cas d'usage possibles sont presque illimités. Les prochaines manipulations proposées vous permettront de vous exercer à ces concepts à travers des situations concrètes.

Afficher un texte

Si vous voulez qu'un contrôle d'affichage nommé *Label* affiche le texte saisi dans une zone de texte :

```
Label.Text = TextInput.Text
```

Figure 57 TextInput (à gauche) alimente Label (à droite)

Calculer une position relative

Si vous voulez qu'un contrôle soit positionné juste à droite d'un autre :

```
Bouton2.X = Bouton1.X + Bouton1.Width + 10
```

Ici, *Bouton2* est placé à 10 pixels à droite de *Bouton1*. La propriété *Width* donnant la largeur du bouton *Bouton1*.

Figure 58 La position X de Bouton2 dépend de Bouton1

Conditionnalité basée sur un autre contrôle

Si un bouton doit être activé uniquement lorsqu'une case à cocher est cochée :

```
Bouton.DisplayMode = If(Checkbox.Value;
DisplayMode.Edit; DisplayMode.Disabled)
```

Dans ce dernier exemple, la formule détermine le mode d'affichage (*DisplayMode*) du bouton nommé *Bouton* en fonction de l'état d'une case à cocher nommée *Checkbox*.

En effet, *Checkbox.Value* représente l'état de la case à cocher. Si la case est cochée, sa valeur est *true*, et si elle ne l'est pas, sa valeur est *false*.

Si la condition est vraie (*true*), le premier résultat spécifié dans la fonction *If* est retourné, ici *DisplayMode.Edit*, qui met le bouton en mode "modification", le rendant cliquable et interactif.

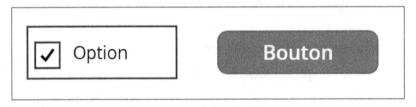

Figure 59 Condition vraie

Si la condition est fausse (*false*), le second résultat est appliqué, à savoir *DisplayMode.Disabled*, ce qui désactive le bouton en le rendant gris et non cliquable.

Visibilité conditionnelle

Pour rendre un contrôle visible uniquement lorsque la valeur d'un autre contrôle répond à une condition spécifique, vous pouvez utiliser la formule suivante :

```
Label.Visible = Dropdown.Selected.Value =
"Demi-tarif"
```

Cependant, faites attention, car cette formule peut prêter à confusion lorsqu'elle est lue rapidement. Elle sert à déterminer la visibilité d'une étiquette appelée *Label* en fonction de l'option sélectionnée dans une liste déroulante nommée *Dropdown*.

Pour plus de clarté, vous pourriez écrire cette logique sous une forme alternative, tout en conservant le même comportement :

```
Label.Visible = If(Dropdown.Selected.Value =
"Demi-tarif"; true; false)
```

Dans les deux formules, *Dropdown.Selected.Value* correspond à la valeur de l'option actuellement sélectionnée dans la liste déroulante *Dropdown*. Cette valeur est ensuite comparée à la chaîne de caractères "Demi-tarif" grâce à l'opérateur d'égalité =.

Lorsque l'option sélectionnée correspond à "Demi-tarif", l'expression renvoie *true*, ce qui signifie que l'étiquette *Label* sera visible.

Figure 61 Option "Demi-tarif" sélectionnée

En revanche, si l'option sélectionnée est différente, l'expression retourne *false*, rendant ainsi l'étiquette invisible.

Figure 62 Option "Demi-tarif" n'est pas sélectionnée

Le comportement global de cette formule est donc que l'étiquette *Label* est visible uniquement lorsque l'utilisateur sélectionne une option spécifique, en l'occurrence *"Demi-tarif"*, dans la liste déroulante.

Cette logique est souvent utilisée pour afficher ou masquer des éléments de l'interface utilisateur de manière contextuelle, en fonction des choix effectués par l'utilisateur dans une liste déroulante ou un autre contrôle similaire.

Avantages des références entre contrôles

L'utilisation de contrôles liés permet de réduire les redondances. En effet, il n'est pas nécessaire de dupliquer des données ou des formules.

De plus, les interactions entre les contrôles permettent de créer des interfaces utilisateur réactives et intuitives.

Enfin, les formules deviennent plus modulaires et plus faciles à mettre à jour.

Bonnes pratiques

Au départ, il peut être tentant de tout paramétrer avec des contrôles liés, notamment la position de chaque contrôle sur l'écran.

Cependant, il est préférable de limiter les dépendances complexes. En effet, un excès de dépendances entre les contrôles peut rendre l'application difficile à déboguer.

De plus, il est important de tester régulièrement votre application et de vérifier que les dépendances fonctionnent correctement, surtout si des contrôles ou des formules sont modifiés au cours du développement.

Composants

Figure 63 Composants

Définition

Un composant est un élément réutilisable dans une application, conçu pour regrouper une interface utilisateur et une logique associée.

Figure 64 Bandeau sous forme d'un composant

Dans la Figure 64, ce composant combine un arrière-plan, un logo, un titre et un bouton de navigation dans une mise en page claire et minimaliste. Cela le rend parfait pour un en-tête ou un bandeau réutilisable dans une application Power Apps.

En effet, les composants permettent de standardiser des éléments de l'interface (comme des boutons, des menus, ou des formulaires), d'améliorer la modularité et de simplifier la maintenance et la collaboration. Dans Power Apps, les composants sont particulièrement utiles pour éviter la duplication de travail et garantir une cohérence dans vos applications. D'autant plus que la disposition et la configuration des contrôles s'effectuent de la même manière que dans un écran standard.

Exemple d'utilisation

Un composant peut être ajouté à plusieurs écrans ou applications tout en restant indépendant, ce qui permet de centraliser sa maintenance et de le réutiliser facilement.

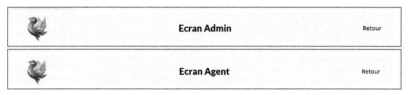

Figure 65 Affichage du composant dans l'application

Dans la Figure 65, le composant a été appelé, comme un contrôle, dans chacun des écrans de l'application. Le bouton *Retour* permet de revenir vers l'écran précédent.

Propriété personnalisée en entrée et sortie

Les composants ont souvent des propriétés d'entrée (pour recevoir des données de l'application) et des propriétés de sortie (pour renvoyer des résultats ou des états à l'application). Cela les rend interactifs et personnalisables.

Dans ce scénario, il a été ajouté une propriété d'entrée appelée *Titre* (de type : texte) pour transmettre le texte du titre au composant.

De même, il a été ajouté une propriété de sortie appelée *OnRetour* (de type : événement) pour que le clic sur le bouton puisse déclencher une action.

Variables et collections

Dans Power Apps, une variable est une zone nommée en mémoire qui sert à stocker des valeurs temporaires. Ces valeurs peuvent être utilisées pour gérer l'état de l'application, faciliter les calculs ou partager des données entre les écrans. Les variables conservent leurs valeurs jusqu'à ce qu'elles soient explicitement modifiées.

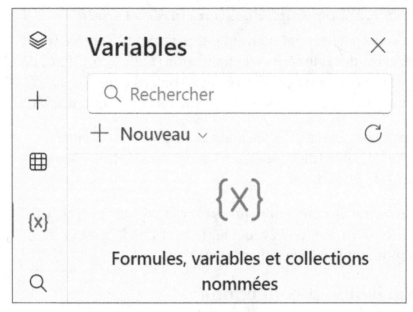

Figure 66 Variables

Variable de contexte

Définition et usage

Il existe plusieurs types de variables dans Power Apps. Les variables de contexte, par exemple, ont une portée limitée à un écran donné. Elles permettent de partager temporairement des informations entre différents contrôles d'un même écran. En revanche, une variable de contexte d'un écran ne peut pas être utilisée dans un autre écran. Une utilisation courante consiste à gérer les erreurs, en utilisant une variable de contexte pour indiquer le nombre d'erreurs présentes sur un écran.

Pour initialiser et définir une variable de contexte, on utilise la fonction :

```
UpdateContext({NomVariable: Valeur})
```

Le choix du nom de la variable est libre. Il est également possible d'utiliser la fonction *Navigate()* pour passer une valeur lors de la navigation entre écrans. Une fois définie, cette variable peut être appelée directement.

Par exemple, la formule suivante définie la variable *locScore* :

```
UpdateContext({locScore: 10})
```

Ensuite, vous pouvez accéder à sa valeur via *locScore*, comme dans la formule :

```
Label1.text = locScore * 4
```

Il est important de noter qu'il s'agit d'une bonne pratique de préfixer une variable de contexte afin de l'identifier facilement. Dans ce cas précis, j'utilise le préfixe *loc* pour indiquer qu'il s'agit d'une variable locale de l'écran en cours.

Objet complexe local

Avec la fonction *UpdateContext()*, vous pouvez créer un objet contenant des paires clé-valeur à l'aide d'accolades, comme :

```
UpdateContext({locScore: 10;locNiveau: 5})
```

Ici, deux variables de contexte sont définies : *locScore*, qui est assignée à la valeur 10, et *locNiveau*, qui est assignée à la valeur 5. Une fois cette formule exécutée, ces deux variables de contexte contiendront les valeurs respectives qui leur ont été attribuées.

Consultation des variables locales

Les variables locales sont consultables en permanence dans Power Apps Studio, grâce au menu *Variables*. Celui- ci est représenté par une icône avec un x entre accolades *{x}* dans le volet gauche.

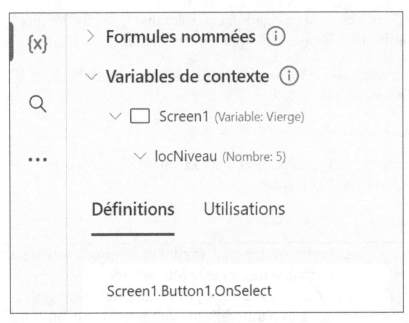

Figure 67 Variables de contexte

Le volet *Variables* affiche les variables de contexte associées à chaque écran, accompagnées de leur dernière valeur. Il indique également les propriétés dans lesquelles ces variables sont définies et utilisées. Un simple clic sur une propriété permet d'accéder directement à la formule correspondante.

Les trois petits points horizontaux situés à côté du nom de la variable permettent d'afficher sa valeur dans une fenêtre plus grande, offrant une meilleure lisibilité.

Variable globale

Définition et usage

Contrairement aux variables de contexte, les variables globales sont accessibles dans toute l'application, quel que soit l'écran.

Elles sont utilisées pour partager des informations ou gérer l'état global de l'application. Elles se définissent à l'aide de la fonction :

```
Set(NomVariable, Valeur)
```

Par exemple, l'instruction suivante crée une variable globale nommée *glbNomUtilisateur* et lui attribue la valeur "Alice":

```
Set(glbNomUtilisateur, "Alice")
```

Cette variable peut ensuite être utilisée n'importe où dans l'application, comme dans la formule :

```
Label2.text = glbNomUtilisateur
```

De même, il est recommandé de préfixer une variable de contexte afin de l'identifier facilement. Dans ce cas précis, j'utilise le préfixe *glb* pour indiquer qu'il s'agit d'une variable globale, accessible dans toute l'application.

Données structurées globales

Avec la fonction *Set*, vous pouvez aussi créer une variable qui contient des données structurées globales à l'aide d'accolades, comme :

```
Set(glbEleve;{Prenom:"Alice";Age:24})
```

Cette formule permet de créer ou de mettre à jour une variable globale appelée *glbEleve*. Cette variable est définie sous forme d'un enregistrement contenant deux champs : *Prenom* et *Age*.

Le champ *Prenom* est assigné à la valeur "Alice", tandis que le champ *Age* prend la valeur 24. Ainsi, après l'exécution de cette formule, la variable globale *glbEleve* contiendra l'enregistrement suivant : *{Prenom:"Alice";Age:24}*.

Cette approche est particulièrement utile pour stocker temporairement des données structurées.

En revanche, une variable ne peut stocker qu'un seul ensemble de valeurs à la fois. Par exemple, si vous souhaitez enregistrer le prénom et l'âge de 12 élèves dans une seule variable, cela n'est pas possible. La seule alternative serait de créer 12 variables distinctes, telles que *glbEleve01*, *glbEleve02*, etc., ce qui serait peu pratique à manipuler. C'est dans ce type de situation que les collections deviennent utiles.

Consultation des variables globales

Les variables globales sont consultables en permanence dans Power Apps Studio, grâce au menu *Variables*. Celui- ci est représenté par l'icône *{x}* dans le volet gauche.

Figure 68 Variables globales

Le volet *Variables* affiche les variables globales, accompagnées de leur dernière valeur. Il indique également les propriétés dans lesquelles ces variables sont définies et utilisées. Un simple clic sur une propriété permet d'accéder directement à la formule correspondante.

Les trois petits points horizontaux situés à côté du nom de la variable permettent d'afficher sa valeur, ou celle de son enregistrement, dans une fenêtre plus grande, offrant une meilleure lisibilité.

Collections

Définition et usage

Dans Power Apps, les *collections* jouent un rôle central pour la gestion temporaire des données au sein de l'application. Elles permettent de stocker en mémoire des ensembles de données destinés à un usage local, ce qui simplifie considérablement le traitement et l'affichage des informations. Une collection est particulièrement utile pour stocker des données temporairement dans l'application, évitant ainsi de devoir se connecter en permanence à une source de données externe.

Nom	Téléphone
Marie	06 07 08 09 10
Alice	01 02 03 04 05
Bob	06 12 13 14 15
Charles	07 17 18 19 20

Figure 69 Exemple de valeurs d'une collection

Cela permet non seulement de manipuler les données localement, en les ajoutant, supprimant ou modifiant selon les besoins, mais également d'améliorer les performances globales de l'application en réduisant le nombre de requêtes vers les sources externes.

Les collections jouent également le rôle de sources de données locales pour des composants visuels comme des galeries, des tableaux ou des graphiques. Elles peuvent servir à sauvegarder temporairement des informations, telles que les choix ou les actions de l'utilisateur, avant de les transmettre à une base de données ou une autre source externe. Elles sont particulièrement précieuses dans les scénarios où l'application fonctionne hors ligne. Dans ce contexte, les données peuvent être stockées en local grâce aux collections et synchronisées avec une source externe dès que la connexion est rétablie.

Pour créer une collection, on fait appel aux fonctions :

```
Collect() ou ClearCollect()
```

Celles-ci permettent de créer et de remplir une collection avec des données. Par exemple, la commande suivante crée une collection appelée *Eleves* avec des enregistrements de données :

```
Collect(Eleves; {Prenom:"Jean"; Age:20})
```

La structure de la fonction offre une grande souplesse, car les colonnes de la collection *Élèves* sont définies librement à l'intérieur des accolades. Vous pouvez déterminer vous-même le nom des colonnes et leur valeur, en utilisant une paire clé-valeur. Par exemple, dans le cas présenté, la valeur "Jean" est attribuée à la clé *Prenom*, tandis que la valeur 20 est associée à la clé *Age*.

Collect est une fonction cumulative. Si la commande précédente est exécutée deux fois de suite, *Eleves* contiendra les informations de *Jean* en double, dans deux lignes séparées.

Il est possible de vider complètement une collection en utilisant les fonctions *Clear()* ou *ClearCollect()*. Par exemple, la formule suivante vide entièrement la collection *Eleves*, puis la remplit avec les informations de Bob. Après l'exécution de cette formule, *Eleves* contiendra uniquement les informations de *Zoé*.

```
ClearCollect(Eleves;{Prenom:"Zoé";Age:22})
```

Il est important de noter que les collections sont accessibles uniquement pendant la session en cours et qu'elles ne sont pas persistantes après la fermeture de l'application.

Enfin, il est recommandé, dans les applications destinées à la production, de préfixer ces collections par *coll* afin de les identifier facilement, comme dans *collEleves*. Il s'agit d'une bonne pratique à adopter.

Consultation des collections

Les collections sont consultables en permanence dans Power Apps Studio, grâce au menu *Variables*.

Le volet *Variables* affiche les collections.

Les trois petits points horizontaux situés à côté du nom de la collection permettent d'afficher les valeurs de ses enregistrements, sous forme d'une table, dans une fenêtre (voir Figure 70).

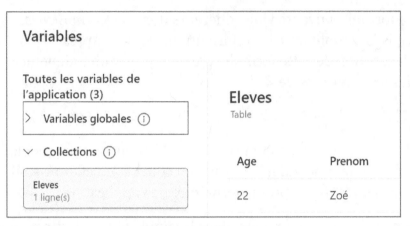

Figure 70 Collections

Formules nommées

Explications

Les *formules nommées* dans Power Apps sont une fonctionnalité permettant de créer des calculs globaux et réutilisables dans une application. Elles fonctionnent de manière similaire aux formules dans Excel, où l'on peut attribuer un nom à une valeur ou un calcul, ce qui simplifie la gestion et la maintenance des applications.

Une formule nommée se définit en associant un nom à une logique ou un calcul précis. Par exemple, il est possible de définir une formule comme :

```
AgentCourriel = User().Email
```

Cette formule récupère automatiquement l'adresse électronique de l'utilisateur connecté. Elle est accessible dans toute l'application, comme une variable globale. Elle se comporte de manière dynamique : chaque fois qu'une donnée dépendante est modifiée, les formules nommées se mettent à jour automatiquement, garantissant des informations toujours actuelles.

Les formules nommées présentent plusieurs avantages significatifs. Elles réduisent le temps de chargement d'une application, car elles ne sont évaluées que lorsqu'elles sont nécessaires, contrairement aux variables qui sont initialisées au lancement dans *App.OnStart*.

En centralisant la logique applicative, elles permettent aussi d'améliorer la lisibilité et la maintenabilité du code. Toute modification d'une formule nommée se répercute partout où elle est utilisée, évitant ainsi les duplications et facilitant les ajustements. De plus, elles simplifient l'initialisation des applications : au lieu de définir plusieurs variables ou propriétés pour gérer différentes valeurs, une formule nommée peut encapsuler toute la logique nécessaire.

Les *formules nommées* sont définies dans la propriété *Formulas* de l'objet *App*. Dans la version francophone, chaque formule doit obligatoirement se terminer par ;; - même lorsqu'il n'y a qu'une seule formule. Elles ne peuvent pas contenir d'actions, comme Navigate(), Set(), etc., car elles sont destinées uniquement au calcul ou à la logique.

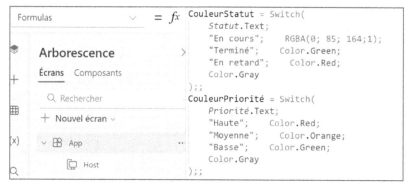

Figure 71 Exemple de formules nommées

Dans une application de gestion de projets, il est courant d'attribuer des couleurs dynamiques aux tâches en fonction de leur statut ou de leur priorité.

Par exemple, une tâche peut être en *En cours*, *Terminée*, ou *En retard*, et chaque statut est associé à une couleur différente. Grâce aux *Formules nommées*, vous pouvez gérer cette logique de manière centralisée et automatisée.

Voici un exemple où trois formules nommées sont définies dans la propriété *App.Formulas*.

La fonction Switch() *est expliquée en détail dans la section Conditions et logique du Chapitre 10 : Fonctions à connaître.*

La première formule, *CouleurStatut*, attribue une couleur en fonction du statut de la tâche.

Par exemple, *RGBA(0; 85; 164;1)* (bleu) pour les tâches *En cours*, *vert* pour les tâches *Terminées*, *rouge* pour les tâches *En retard*, et *gris* si le statut est invalide ou absent.

```
CouleurStatut = Switch(
    Statut.Text;
    "En cours"; RGBA(0; 85; 164;1);
    "Terminé"; Color.Green;
    "En retard"; Color.Red;
    Color.Gray
);;
```

La seconde formule, *CouleurPriorité*, calcule la couleur en fonction de la priorité de la tâche.

Notamment, *rouge* pour une priorité *Haute*, *orange* pour une priorité *Moyenne*, *vert* pour une priorité *Basse*, et *gris* par défaut si la priorité est absente.

```
CouleurPriorité = Switch(
    Priorité.Text;
    "Haute"; Color.Red;
    "Moyenne"; Color.Orange;
    "Basse"; Color.Green;
    Color.Gray
);;
```

Ces formules peuvent être utilisées dans toute l'application.

Par exemple, dans une galerie affichant les tâches, vous pouvez lier la propriété *BorderColor* de chaque carte de tâche à *CouleurStatut* pour colorer dynamiquement la bordure selon le statut de la tâche.

De même, vous pouvez utiliser *CouleurPriorité* pour définir l'arrière-plan d'une étiquette indiquant la priorité d'une tâche.

Dans un graphique récapitulatif, ces formules peuvent être utilisées pour colorer les segments ou les barres représentant les différents statuts ou priorités. Cette approche centralise la logique des couleurs, ce qui simplifie la maintenance. Si vous décidez de changer la couleur associée à un statut ou à une priorité, il suffit de modifier la formule correspondante (*CouleurStatut* ou *CouleurPriorité*). La modification sera automatiquement appliquée à tous les composants de l'application qui utilisent ces formules.

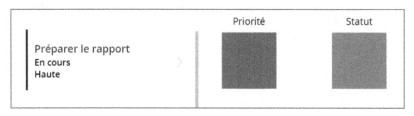

Figure 72 Formules nommées

Consultation des formules nommées

Les formules nommées sont consultables en permanence dans Power Apps Studio, grâce au menu *Variables* : icône *{x}* dans le volet gauche.

Le volet *Variables* affiche les formules nommées, accompagnées de leur dernière valeur. Il indique également les propriétés dans lesquelles ces variables sont définies et utilisées. Un simple clic sur une propriété permet d'accéder directement à la formule correspondante.

Les trois petits points horizontaux situés à côté du nom de la variable permettent d'afficher sa valeur, ou celle de son enregistrement, dans une fenêtre plus grande, offrant une meilleure lisibilité.

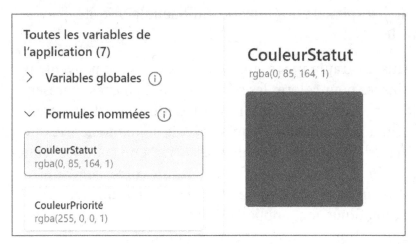

Figure 73 Formules nommées

Variables de composant

Explications

Les *variables de composant* permettent de conserver des valeurs spécifiques au sein d'un composant personnalisé. Leur rôle principal est de stocker des données temporaires, de partager des informations entre différents éléments d'un composant ou encore de rendre celui-ci plus dynamique et interactif.

Ces variables ont une portée limitée, ce qui signifie qu'elles ne sont accessibles qu'au sein du composant dans lequel elles sont définies. Cette caractéristique les distingue des variables globales, qui, elles, peuvent être utilisées dans l'ensemble de l'application. Les variables de composant sont particulièrement utiles pour créer des comportements réactifs, c'est-à-dire qu'elles permettent de mettre à jour les éléments de l'interface ou d'ajuster la logique sans recourir à des paramètres externes ou à des connexions directes avec l'application principale.

La définition et la manipulation des variables de composant se font au sein des formules ou de la logique interne du composant. Par exemple, dans Power Apps, alors que l'on utilise la fonction Set() pour définir des variables globales, les variables de composant sont souvent gérées via des propriétés internes spécifiques. Cela leur confère une flexibilité qui facilite leur utilisation dans des scénarios variés.

Ces variables sont idéales pour suivre l'état interne d'un composant, comme la gestion de l'état d'un bouton (activé ou désactivé), le suivi d'une étape dans un processus ou encore le stockage temporaire de données pour des calculs. Elles permettent également d'assurer une interaction dynamique au sein du composant, rendant possible la modification de certaines parties en fonction des actions de l'utilisateur, sans impacter le reste du composant ou de l'application.

Consultation des variables de composant

Les *variables de composant* sont consultables en permanence dans Power Apps Studio, grâce au menu *Variables* : icône *{x}* dans le volet gauche.

Le volet *Variables* affiche les Variables de composant, accompagnées de leur dernière valeur. Il indique également les propriétés dans lesquelles ces variables sont définies et utilisées. Un simple clic sur une propriété permet d'accéder directement à la formule correspondante.

Les trois petits points horizontaux situés à côté du nom de la variable permettent d'afficher sa valeur, ou celle de son enregistrement, dans une fenêtre plus grande, offrant une meilleure lisibilité.

Connecteurs et connexions

Le Chapitre 9 : Gestion des données, explore en détail la connexion à des sources de données externes telles que Dataverse, Excel, SharePoint.

Connecteur

Un connecteur dans Power Apps est un objet important, qui permet à une application de se connecter à une source de données ou à un service externe pour lire, écrire, mettre à jour ou supprimer des informations. Il agit comme une passerelle entre Power Apps et des systèmes tiers, facilitant l'accès aux données nécessaires pour le fonctionnement de l'application. Les connecteurs peuvent être classés en connecteurs *standard* et en connecteurs *premium*.

Les connecteurs *standard* sont disponibles par défaut avec Power Apps, ils permettent d'accéder à des services courants comme SharePoint, Excel Online (Business) ou encore Google Sheets.

Les connecteurs *premium* nécessitent une licence supplémentaire, ils offrent des intégrations plus avancées avec des services comme SQL Server, Salesforce ou SAP.

Il est également possible de créer des connecteurs *personnalisés* pour se connecter à des services ou API spécifiques qui ne sont pas couverts par les connecteurs prédéfinis. Cela offre une grande flexibilité pour adapter Power Apps à des besoins métiers uniques. Toutefois, cette technique avancée s'adresse aux développeurs informaticiens confirmés.

Connexion

Une connexion est une instance d'un connecteur liée à un compte utilisateur ou un compte de service spécifique. Son rôle est de fournir les informations d'authentification nécessaires pour que Power Apps puisse interagir avec la source de données via le connecteur.

Par exemple, une connexion au connecteur SharePoint peut être configurée avec les informations d'identification d'un utilisateur qui a accès à un site SharePoint donné.

Une fois la connexion établie, celle-ci s'affiche dans le panneau *Données* à gauche. Ce panneau est visible en cliquant sur l'icône en forme de *grille*, ou de *tableau*, qui se trouve dans le volet le plus à gauche.

Figure 74 Données

Vous pouvez bien entendu ajouter plusieurs connexions à vos différentes sources de données, telles que SharePoint ou Excel. Toutes les connexions configurées dans votre application apparaîtront dans le panneau *Données*.

Blocage et limitations

Un administrateur informatique peut appliquer plusieurs blocages et limitations sur les connecteurs afin de sécuriser l'environnement et contrôler l'utilisation des données.

L'un des principaux moyens est l'implémentation de *stratégies DLP (Data Loss Prevention en anglais)*. Ces stratégies permettent de classer les connecteurs en différentes catégories : *"Professionnel"*, pour les données sensibles ou critiques, *"Non professionnel"*, pour les données moins sensibles, et enfin *"Bloqué"*, pour les connecteurs interdits. Une des règles clés est que les connecteurs de catégories différentes, tels que *"Professionnel"* et *"Non professionnel"*, ne peuvent pas être utilisés ensemble dans une même application ou un même flux. De plus, un administrateur peut explicitement bloquer certains connecteurs, comme *Twitter*, *Gmail* ou *Dropbox*, dans des environnements spécifiques. Il est également possible d'établir des exclusions ou exceptions pour des environnements ou des utilisateurs particuliers qui ne seraient pas soumis à ces restrictions.

La gestion des *environnements* joue également un rôle clé dans le contrôle des connecteurs. Un administrateur peut limiter l'accès aux connecteurs en configurant des environnements distincts, par exemple en réservant certains connecteurs à des environnements de *Production* ou de *Développement* uniquement. En combinant cela avec des rôles administratifs, comme ceux d'*Administrateur d'environnement* ou d'*Utilisateur basique*, l'accès aux connecteurs peut être encore plus finement contrôlé, en fonction des groupes d'utilisateurs ou des besoins spécifiques.

En ce qui concerne les licences, certains connecteurs premium nécessitent des droits d'accès spécifiques. Les utilisateurs sans la licence appropriée seront automatiquement empêchés d'utiliser ces connecteurs. De plus, chaque connecteur est soumis à des *limites d'appels API journaliers* ; un utilisateur standard, par exemple, peut avoir un quota de 6 000 appels par jour. Les administrateurs ont la possibilité de surveiller ces limites et d'intervenir si des abus sont constatés, en ajustant ou en restreignant ces quotas directement via le *Centre d'administration de Power Platform*.

Un autre aspect important du contrôle administratif concerne les *connecteurs personnalisés*. Les administrateurs peuvent interdire leur création ou leur utilisation dans des environnements spécifiques afin de prévenir les risques de sécurité. Ce type de restriction est particulièrement utile lorsque des connecteurs personnalisés importés comportent des vulnérabilités ou des risques de fuite de données.

Pour assurer la conformité et la surveillance, les administrateurs peuvent suivre et auditer l'utilisation des connecteurs via le *Centre d'administration de Power Platform* ou *Microsoft Purview*. Cela leur permet d'analyser quels connecteurs sont utilisés, par qui, et dans quel contexte. Si des usages inappropriés ou non conformes sont détectés, ils peuvent réagir rapidement en bloquant ou désactivant les connecteurs concernés. Cette capacité d'audit est cruciale pour garantir la sécurité des données et assurer la conformité aux politiques internes.

Enfin, dans des scénarios concrets, un administrateur peut bloquer le connecteur *Mail* pour éviter l'envoi de courriels non sécurisés, interdire des connecteurs comme *Twitter* ou *Facebook* pour limiter la fuite d'informations via les réseaux sociaux, ou encore contrôler l'utilisation de services cloud tiers tels que *Dropbox* et *Google Drive* pour forcer l'adoption d'outils sécurisés comme *SharePoint* et *OneDrive*.

En définitive, grâce aux stratégies DLP, à la gestion fine des environnements, aux restrictions de licences et quotas, ainsi qu'aux mécanismes d'audit et de gouvernance, un administrateur dispose de nombreux outils pour bloquer, contrôler ou limiter l'utilisation des connecteurs. Cela garantit une utilisation sécurisée et conforme de Power Apps, et Power Automate, au sein d'une organisation.

Gestion des erreurs

Dans la manipulation du Chapitre 6 : Concevoir une application connectée, vous verrez un exemple concret de correction, ou débogage, d'erreurs. Par ailleurs, la section Gestion avancée des erreurs du Chapitre 10 : Fonctions à connaître détaille les fonctions et propriétés avancées pour traiter les erreurs.

Pour l'instant, il s'agit de présenter les outils de base et leurs principes de fonctionnement.

Vérificateur d'application

Le vérificateur d'application est accessible via une icône en forme de stéthoscope, présente dans la partie droite du ruban.

Figure 75 Icône du vérificateur d'application

Le vérificateur d'application est un outil permettant d'ausculter votre application afin de détecter divers types d'anomalies.

Le *Vérificateur d'application* (*App Checker* en anglais), est un outil intégré dans l'environnement de conception de

Power Apps dont la mission est d'analyser et d'évaluer la qualité de votre application. Il se fonde sur un ensemble de règles et de bonnes pratiques définies par Microsoft, couvrant des domaines tels que la qualité du code, la performance, l'accessibilité et la conformité aux standards. Grâce à ses analyses, il permet d'identifier automatiquement un large éventail de problèmes potentiels, techniques ou liés à l'expérience utilisateur, afin de vous aider à améliorer rapidement et efficacement votre travail.

Lors de son exécution, le *Vérificateur d'application* détecte et signale toutes les erreurs de configuration et de syntaxe dans les formules, les connexions et les composants de l'application. Il met en évidence les références invalides, les liaisons incorrectes avec les sources de données et les contrôles mal configurés. Cette analyse ciblée, qui indique précisément l'emplacement et la nature du problème, vous permet de corriger rapidement et efficacement vos erreurs.

En plus de la détection des problèmes techniques, le *Vérificateur d'application* évalue la performance globale de votre application. Il identifie les requêtes de données redondantes, les formules complexes ou peu optimisées et les contrôles inutilisés, suggérant ainsi des axes d'amélioration pour réduire les temps de chargement, améliorer la réactivité et fluidifier l'expérience utilisateur.

Parallèlement, le *Vérificateur d'application* se penche sur les aspects liés à l'accessibilité et à l'expérience utilisateur. Il vérifie que les normes d'accessibilité sont respectées, par exemple en s'assurant de la présence de couleurs contrastées, de balises pour les lecteurs d'écran et d'un ordre de navigation cohérent. Ainsi, il aide à rendre l'application utilisable par le plus grand nombre, indépendamment de leurs aptitudes ou des technologies d'assistance dont ils dépendent.

Au-delà de la simple détection d'erreurs, le *Vérificateur d'application* propose également des recommandations de bonnes pratiques en matière de structure, d'organisation et de maintenance. Cette approche contribue à la lisibilité, à la pérennité et à l'évolutivité de l'application, tout en renforçant la robustesse et la qualité de la solution globale. En somme, le *Vérificateur d'application* agit comme un conseiller qui, par le biais de ses indications précises et de ses recommandations éclairées, vous accompagne tout au long du cycle de développement pour faire de votre application Power Apps un produit abouti, performant et inclusif.

Surveillance en direct

C'est un outil qui permet de supervise l'activité de votre application pour la déboguer et améliorer les performances.

Il est présenté plus en détail dans la *Partie III : Niveau avancé.*

Tests

L'outil *Tests* dans Power Apps est conçu pour automatiser et simplifier la validation de la fonctionnalité, de la robustesse et de la qualité globale des applications avant leur mise en production.

Il est accessible à travers les outils avancés de l'application.

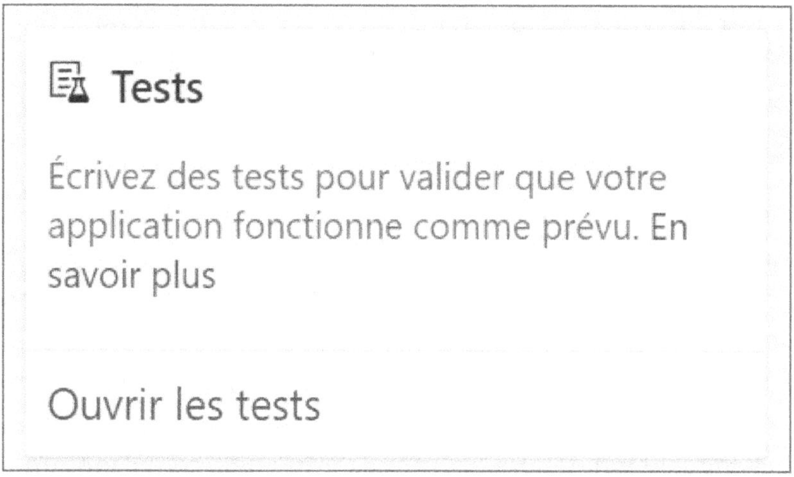

Tests

Écrivez des tests pour valider que votre application fonctionne comme prévu. En savoir plus

Ouvrir les tests

Figure 76 Tests

Son rôle consiste d'abord à vérifier la qualité fonctionnelle de l'application. En élaborant des suites de tests automatiques, les équipes de développement peuvent s'assurer que chaque partie critique de l'application se comporte comme prévu, même après des modifications du code ou des ajustements de conception. Cette approche permet également d'automatiser les tests de régression : au lieu de les effectuer manuellement à chaque mise à jour, il suffit de relancer les scénarios préenregistrés. Ainsi, toute régression fonctionnelle potentielle est rapidement détectée. Cette méthode réduit par ailleurs le temps et les coûts associés au test, limitant considérablement les erreurs inhérentes aux tests manuels.

Le fonctionnement de l'outil débute par la création des tests. Après avoir ouvert son application dans Power Apps Studio, l'utilisateur active l'outil de test. Les tests peuvent être définis manuellement, ou bien enregistrés directement en interagissant avec l'application, ce qui crée un parcours utilisateur type. Les interactions capturées sont traduites en étapes de test. Chaque étape correspond à une action, par exemple un clic sur un bouton, la saisie d'un texte dans un champ ou la navigation entre différents écrans, et inclut des vérifications pour confirmer que les résultats obtenus correspondent aux attentes (par exemple, la présence d'un message de succès).

Une fois les scénarios de test élaborés, ils peuvent être exécutés à la demande ou de façon automatisée, notamment dans le cadre d'un pipeline d'intégration et de déploiement continus. L'outil rejoue alors toutes les étapes enregistrées. Si une étape échoue, par exemple parce qu'un élément d'interface a disparu ou qu'une valeur attendue ne s'affiche plus, le test signale une erreur. À l'issue de l'exécution, un rapport détaille la réussite ou l'échec de chaque étape, permettant aux développeurs de déterminer la cause des problèmes et de les résoudre rapidement.

Au fur et à mesure que l'application évolue, les tests peuvent être ajustés ou mis à jour pour refléter les nouvelles fonctionnalités ou les changements de comportement. De cette manière, l'outil avancé de tests contribue à garantir la stabilité et la fiabilité à long terme. Il devient alors un atout essentiel dans le cycle de vie du développement, offrant une solution intégrée et cohérente pour créer, maintenir et exécuter des tests automatisés, assurant à chaque étape une meilleure qualité et une plus grande efficacité.

Chapitre 5 : Concevoir une application simple

Objectif général

Dans ce chapitre, vous allez construire une application nommée "Liste" qui permet de sélectionner un revêtement de sol au sein d'une liste dépendante d'une catégorie (*Parquet, Carrelage, Moquette*). Cet exercice illustre les grands principes de création d'écrans et d'interactions dans Power Apps, de sorte qu'au terme de ce chapitre, vous saurez :

- Créer des listes déroulantes en cascade (dépendantes les unes des autres).

- Connecter une application à une source de données externe (Excel dans un premier temps).

- Afficher dynamiquement du texte et des images en fonction du choix de l'utilisateur.

- Gérer l'interface pour un usage sur navigateur, téléphone ou tablette.

Mon objectif étant de vous enseigner le développement avec Power Apps, j'utiliserai les exercices pour vous présenter diverses techniques. En d'autres termes, il ne s'agit pas simplement de créer l'application de la façon la plus rapide et de dire « *Voilà !* ». L'idée est de vous faire explorer au maximum l'étendue des possibilités offertes par Power Apps.

Modifier l'application Liste

Si l'application *Liste* n'a pas encore été créée, **créez-la** maintenant en suivant les indications de la section *Créer une* application *Liste* du *Chapitre 3 : Créer ses premières applications*.

Vous allez modifier l'application *Liste*. À nouveau, plusieurs options s'offrent à vous. En particulier, dans le volet de navigation gauche, **cliquez** sur le menu *Applications* : la liste de vos applications s'affiche dans le volet central.

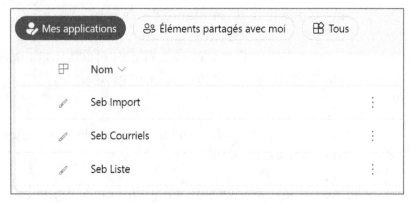

Figure 77 Liste des applications

Pour modifier l'application *Liste*, **survolez** tranquillement l'application *Liste* avec la souris, et **gardez** la souris sur la ligne de l'application sans cliquer dessus.

Figure 78 Survol de l'application Liste

Notez l'apparition deux nouvelles icônes au bout du nom. La première icône en forme de crayon sert à modifier l'application, tandis que l'icône en forme de triangle sert à exécuter l'application.

Cliquez sur le crayon : l'application *Liste* s'ouvre en mode modification.

Création de votre premier écran

Créer votre premier écran est une étape excitante qui vous permet de mettre en pratique les concepts appris, et d'en découvrir de nouveaux. Vous allez ajouter progressivement des contrôles simples et prévisualiser votre application.

La figure suivante présente un schéma qui illustre l'objectif attendu de votre premier écran pour l'application *Liste*.

Figure 79 Objectif du premier écran de Liste

Explications de l'écran

Cet écran présente une interface destinée à la sélection d'un revêtement de sol.

En haut de l'écran, vous avez un *logo* sous forme d'un oiseau avec des ailes colorées et un *titre principal* : *Sélection d'un revêtement de sol*. Ce titre indique l'objectif principal de l'écran, qui est de permettre le choix d'un type de sol.

En dessous, vous avez un *menu déroulant* qui permet de sélectionner la catégorie générale du produit, ici *Parquet*. Ce choix détermine les options disponibles dans le second menu déroulant.

Car un *deuxième menu déroulant* propose des types spécifiques de revêtements en fonction de la catégorie choisie. Dans cet exemple, *Teck doré* est sélectionné, puisque c'est une option issue de la catégorie *Parquet*.

Ensuite, un *texte descriptif* accompagne le choix, précisant les caractéristiques principales du revêtement sélectionné. Ici, il est mentionné que le *Teck doré* est *résistant à l'humidité* et *idéal pour un sol chaleureux et durable*.

Enfin, une photographie présente une *visualisation* réaliste du produit appliqué dans un environnement, ce qui aide l'utilisateur à se projeter.

Traduction de l'écran en Power Apps

L'objectif est de vous apprendre à transposer cet écran en différents contrôles dans Power Apps. Étant donné qu'il s'agit de votre première expérience en la matière et que vous ne maîtrisez pas encore les contrôles essentiels, je vais vous accompagner pas à pas pour établir cette correspondance. **Gardez à l'esprit** qu'un contrôle est utilisé soit pour afficher des données, soit pour permettre leur saisie ou leur sélection.

Dans un premier temps, il est important d'identifier les contrôles appropriés.

Dans le cas présent, il y a au moins six contrôles à prévoir. Notamment, il faut afficher le *logo*, afficher le *titre*, sélectionner la *catégorie de produits*, sélectionner le *revêtement de sol* qui correspond à la catégorie, afficher la *description* et afficher une *photo* correspondant au revêtement de sol.

Par ailleurs, une erreur fréquente chez les débutants en Power Apps consiste à vouloir tout implémenter d'un seul coup. Il est plutôt recommandé d'adopter une approche progressive, étape par étape.

En cas d'erreur

Sachez qu'en cas d'erreur, vous pouvez annuler les dernières erreurs en utilisant les touches *Ctrl+Z*, ou grâce au menu de la barre de menus horizontale (voir Figure 80).

De même, il est possible avec ce menu de rétablir les dernières actions, ou grâce aux touches *Ctrl+Y*.

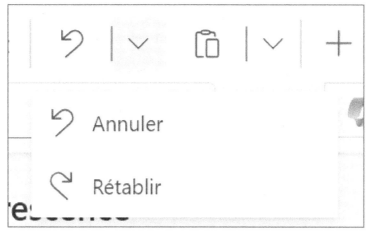

Figure 80 Menu Annuler / Rétablir

Maintenant que vous êtes paré, **allez-y** !

Logo

L'affichage d'une image se traduit habituellement par un contrôle de type *Image*.

Insérer un contrôle Image

Pour l'ajouter, **cliquez** sur le menu + *Insérer* dans le menu horizontal : une liste des contrôles s'affiche (voir Figure 81).

Figure 81 Liste déroulante des contrôles à insérer

Vous pouvez parcourir la liste pour retrouver le contrôle Image. Toutefois, cette méthode n'est généralement pas efficace à cause du très grand nombre de contrôles existants. Il est préférable d'utiliser la zone *Rechercher*, qui se trouve juste <u>au-dessus</u> de la catégorie *Populaire* (voir Figure 81).

Aussi, **cliquez** dans la zone *Rechercher*. Dans cette zone de recherche, **tapez** simplement *image* : la liste des contrôles se réduit considérablement (voir Figure 82).

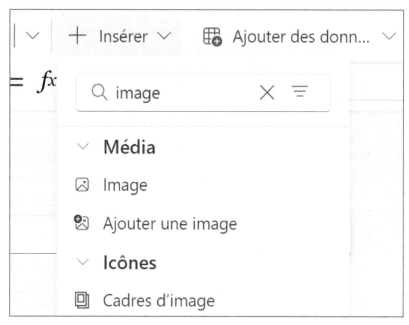

Figure 82 Contrôles avec 'image'

Ensuite, **cliquez** sur le contrôle *Image* : Un cadre avec une image exemple s'affiche en haut et à gauche du canevas.

Menu contextuel le contrôle

Dans le canevas (la grande zone blanche au milieu de l'écran), **cliquez** sur ce cadre et **gardez** la souris focalisée dessus : un petit menu contextuel apparait.

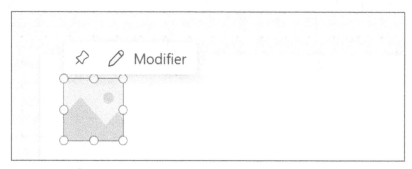

Figure 83 Focus sur le contrôle dans le canevas

Déplacez la souris, en dehors du cadre : le menu disparaît. **Survolez** à nouveau le contrôle : le menu s'affiche à nouveau. Dans ce menu, **cliquez** sur l'icône en forme de *punaise épingle* : elle devient active et **constatez** que le menu reste affiché, même quand votre souris n'est plus sur le cadre.

Pour l'instant, **ne cliquez sur rien** d'autres. De nombreux contrôles ont un ou deux menus contextuels.

Alimenter le contrôle

Vous allez configurer le contrôle pour afficher un logo ou une image.

Dans le menu contextuel, **cliquez** sur *Modifier*. Un petit menu apparaît, vous offrant différentes possibilités : remplacer l'image d'exemple par un fichier existant (inexistant pour le moment), utiliser une image issue de la bibliothèque Microsoft, ou importer une image depuis votre ordinateur.

Par curiosité, **choisissez** *Images en stock*. Vous verrez alors une large sélection d'images mises à votre disposition. Si vous préférez utiliser une image personnelle, **cliquez** sur *Annuler*, puis **rouvrez** le menu contextuel *Modifier* et **sélectionnez** *Charger*. Il ne vous reste plus qu'à parcourir votre ordinateur et à choisir librement une image ou un logo.

Une fois votre choix fait, **cliquez** sur l'icône en forme de *punaise épingle*, qui devient inactive.

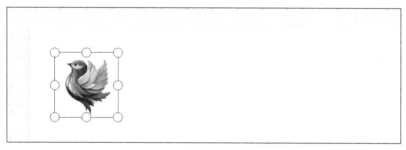

Figure 84 Paramétrage du contrôle image

Nom du contrôle

Par ailleurs, **constatez** l'apparition d'une icône avec un nom généré automatiquement (*Image1*) sous le volet *Arborescence* à gauche.

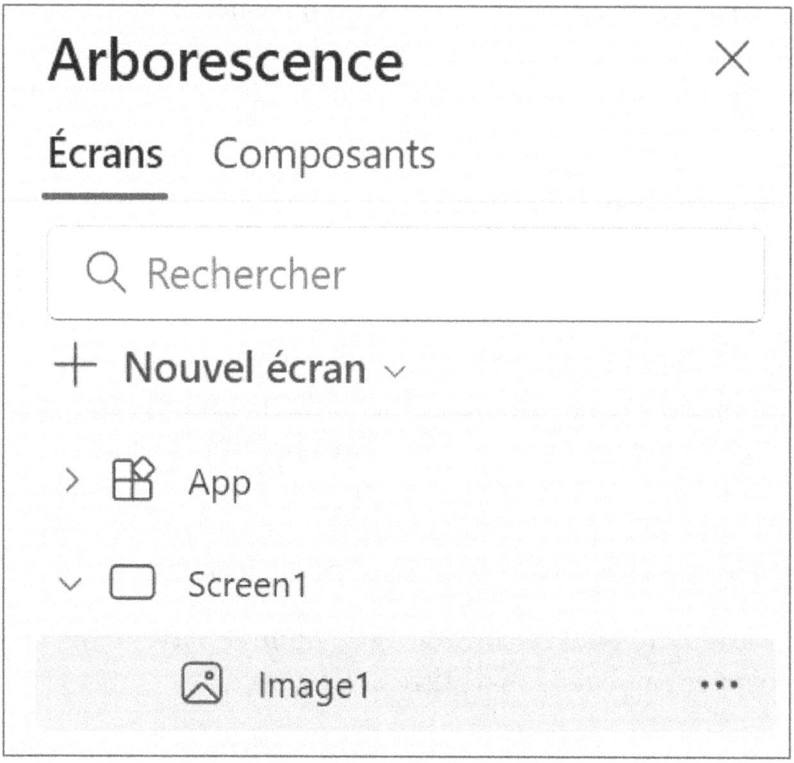

Arborescence ✕

Écrans   Composants

🔍 Rechercher

➕ **Nouvel écran** ⌄

> ▦ App

⌄ ▢ Screen1

     🖼 Image1   •••

Figure 85 Contrôle Image1

Si vous avez commis une erreur lors de vos manipulations (ce qui peut arriver quand on débute et même ensuite), il est possible que le nom du contrôle ait changé, par exemple en *Image2* ou *Image3*. Cela n'a aucune importance en soi, car Power Apps ne s'intéresse pas vraiment au nom en tant que tel. Ce nom sert uniquement à identifier de façon unique chaque contrôle dans votre application. En contrepartie, il est indispensable que chaque contrôle possède un nom unique dans votre application, quel que soit l'écran sur lequel il se trouve.

Au début, on ne fait pas vraiment attention au nom du contrôle, car l'attention se porte plutôt sur le canevas. Cependant, les noms génériques ne sont pas très pratiques. Il est fortement recommandé de les renommer systématiquement, une habitude qui vous fera gagner du temps, évitera certaines erreurs et sera très utile par la suite, comme vous allez le découvrir.

Renommer le contrôle

Le nom *Image1* a été attribué automatiquement par Power Apps.

Il existe différentes conventions de nommage, et Microsoft en propose également une. Cependant, je préfère adopter une méthode légèrement différente : je commence par nommer le contrôle en fonction de son rôle, puis j'ajoute un tiret bas suivi de sa fonction ou de sa nature (icône, liste, etc.). À mon sens, cette approche est la plus efficace.

Par exemple, pour ce contrôle, je le nomme *Titre_logo*, car il appartient au bandeau de titre et c'est un logo.

Pour renommer cet élément, **double-cliquez** sur *Image1* dans l'Arborescence, puis **remplacez** le texte en surbrillance par le nouveau nom *Titre_icone* (voir Figure 86).

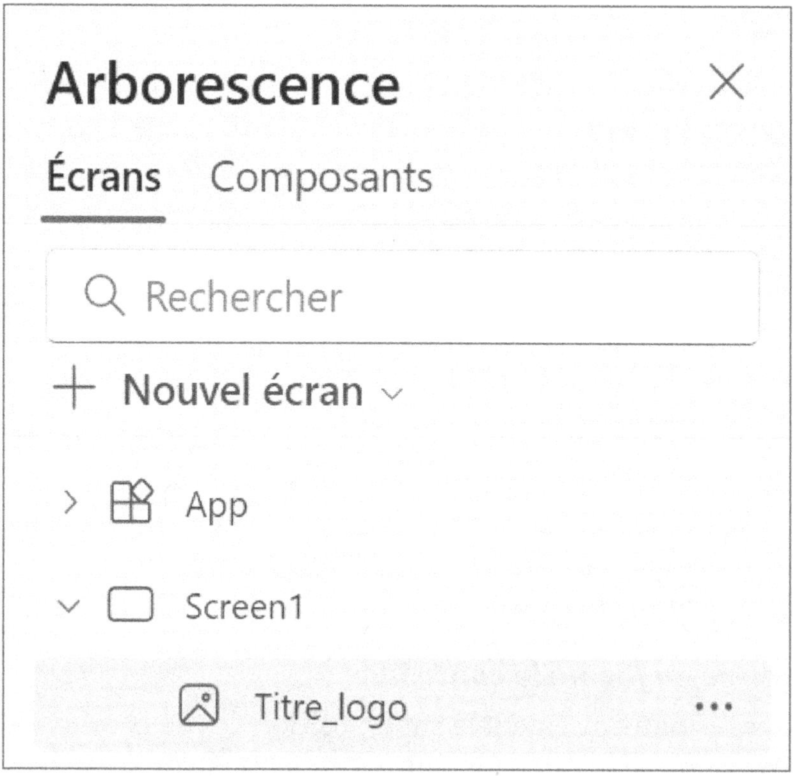

Figure 86 Renommage du contrôle

Ce que vous venez d'apprendre :

Comment insérer et renommer un contrôle.

Pourquoi un nommage cohérent facilite la maintenance et l'évolution d'une application.

Les bonnes pratiques pour anticiper des projets plus complexes.

À terme, vous saurez appliquer ce principe de nommage, ce qui vous fera gagner un temps considérable lors de l'ajout de nouvelles fonctionnalités.

Ensuite, **poursuivez** avec le contrôle suivant.

Titre

Le titre principal est un simple texte avec les mots *Sélection d'un revêtement de sol*. Généralement, l'affichage d'un texte se fait grâce à un contrôle de type *Étiquette de texte*. Dans la suite du livre, les contrôles de types *Étiquette de texte*, seront parfois abrégés en *Étiquette*.

Insérer un contrôle Étiquette

Pour l'ajouter, **cliquez** à nouveau sur le menu + *Insérer* dans le menu horizontal.

Puis, dans la liste des contrôles, **cliquez** directement sur le contrôle *Étiquette de texte* : Un cadre d'étiquette avec le mot *Texte* s'affiche en haut et à gauche du canevas, en superposition de l'image.

Mettre en forme le contrôle

Pour résoudre aisément la superposition des deux contrôles, **faites** un *clic-droit* sur le cadre d'étiquette dans le <u>canevas</u> : deux menus s'affichent.

En effet, il apparaît un *menu de mise en forme horizontal* et un *menu vertical* s'affichent (voir Figure 87).

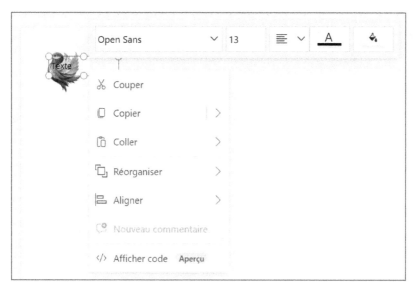

Figure 87 Menu contextuel

Si, pour une raison quelconque, vous perdez le focus sur ce contrôle, sélectionnez Label1 dans l'Arborescence à gauche, puis faites à nouveau un clic droit sur le contrôle dans le canevas.

Dans le menu horizontal de mise en forme, **remplacez** la police *Open Sans* par *Lato Black* via la liste déroulante, puis **changez** la taille de la police de 13 à 36. Après cela, **appuyez** sur la touche de tabulation de votre clavier pour que votre dernière manipulation soit prise en compte. En réalité, il suffit de cliquer ailleurs pour vos modifications sont prises en compte. À l'usage, la touche de tabulation s'est révélée être la plus simple.

Enfin, dans le menu vertical, **cliquez** sur *Aligner*, puis sur *Aligner au centre*. Le texte s'aligne automatiquement au centre de l'écran.

Figure 88 Contrôle mis en forme

Alimenter le contrôle

Directement dans le canevas, **double-cliquez** sur le mot
Texte du contrôle : il se met en surbrillance. Ensuite,
remplacez le mot *Texte* par la phrase *Sélection d'un
revêtement de sol*. Vous constatez immédiatement que la
phrase est tronquée.

Figure 89 Affichage tronqué

Modifier la taille du contrôle

Pour corriger cet affichage, **utilisez** la souris pour tirer les
poignées au coin du contrôle, symbolisées par un cercle, de
façon à agrandir la taille du contrôle.

Figure 90 Affichage complet du titre

Recentrer le contrôle

Il est fort probable qu'avec ces manipulations manuelles,
vous ayez décentré le contrôle.

Aussi, **faites un clic droit** sur le contrôle dans le <u>canevas</u>, puis **cliquez** sur *Aligner*, puis sur *Aligner au centre*. Le texte s'aligne à nouveau automatiquement au centre de l'écran.

Renommer le contrôle

Le nom *Label1* a été attribué automatiquement par Power Apps.

Ce contrôle appartient au bandeau de titre et c'est une étiquette de texte (*label* en anglais). Pour éviter d'utiliser des noms trop longs, mon habitude est de nommer ce contrôle *Titre_label*.

Pour renommer cet élément, **double-cliquez** sur *Label1* dans l'Arborescence, puis **remplacez** le texte en surbrillance par le nouveau nom *Titre_label*.

Poursuivez avec le contrôle suivant.

Catégorie de produits

Le choix de la catégorie de produits se fait à travers une liste de valeurs. Généralement, une liste de valeurs s'affiche via un des trois contrôles : *Zone de liste, Zone de liste déroulante, Liste déroulante*.

Contrôle Zone de liste

Un contrôle de type *Zone de liste* convient aux listes de moins de cinq valeurs (voir Figure 91).

Parce que toutes les options y sont affichées simultanément, l'utilisateur peut les voir d'un seul coup d'œil. L'inconvénient est que ce contrôle occupe beaucoup de place à l'écran, ce qui explique son utilisation relativement rare.

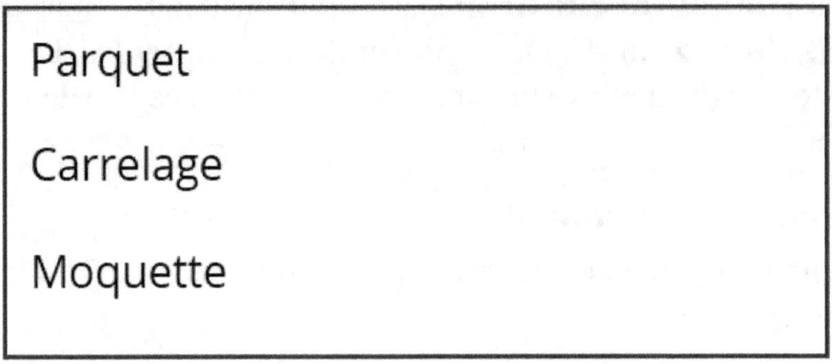
Parquet
Carrelage
Moquette

Figure 91 Contrôle Zone de liste

Contrôle Zone de liste déroulante

Le contrôle de type *Zone de liste déroulante* est particulièrement adapté aux longues listes de dizaines, centaines, ou de milliers d'éléments. Il offre une zone *Rechercher des éléments* pour effectuer une recherche ciblée, tout en occupant un minimum d'espace à l'écran (voir Figure 92).

Rechercher des éléments

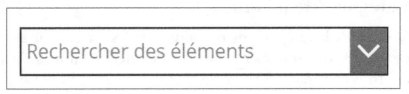

Figure 92 Contrôle Zone de liste déroulante

Vous pouvez également afficher l'intégralité des valeurs et les parcourir grâce à la flèche située à droite de la zone de recherche. De plus, dès que la liste est visible, il suffit de taper le début ou une partie d'un mot dans la zone *Rechercher des éléments* pour filtrer instantanément les valeurs correspondantes.

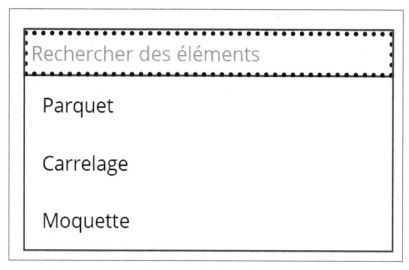

Figure 93 Contrôle Zone de liste déroulante actionné

Contrôle Liste déroulante

Visuellement, le contrôle *Liste déroulante* ressemble au *Zone de liste déroulante*. Toutefois, il ne comporte pas de zone de recherche et convient plutôt aux listes de moins d'une douzaine d'éléments.

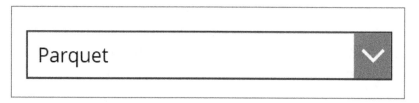

Figure 94 Contrôle Liste déroulante

Vous pouvez également afficher l'intégralité des valeurs et les parcourir grâce à la flèche située à droite de la première valeur affichée.

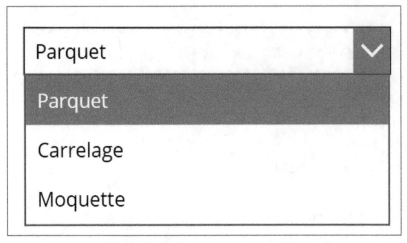

Figure 95 Contrôle Liste déroulante actionné

Insérer un contrôle Liste déroulante

Les valeurs de la catégorie produits étant limitées à trois, et le contrôle *Liste déroulante* étant peu gourmand en place sur l'écran, il est sélectionné.

Pour l'ajouter, **cliquez** sur le menu + *Insérer* dans le menu horizontal. Ensuite, **cliquez** dans la zone *Rechercher*. Dans cette zone de recherche, **tapez** simplement *liste*. Ensuite, **cliquez** sur le contrôle *Liste déroulante* : Une liste déroulante avec des valeurs exemples s'affiche en haut et à gauche du canevas.

Attention ! Ne sélectionnez pas le contrôle "Liste déroulante Aperçu", car son comportement est différent.

Renommer le contrôle

Le nom *Dropdown1* a été attribué automatiquement par Power Apps. Vous allez le renommer.

Pour ce faire, **double-cliquez** sur *Dropdown1* dans l'Arborescence, puis **remplacez** le texte en surbrillance par le nouveau nom *Categorie_liste*.

Positionner le contrôle

Avec la souris, **descendez** le contrôle en vous basant sur la Figure 96.

Il est possible de déplacer un contrôle en utilisant les quatre flèches du clavier.

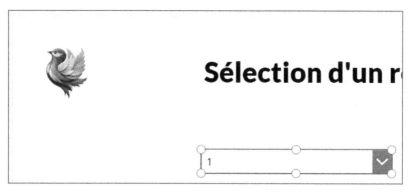

Figure 96 Position du contrôle

Vous constatez rapidement deux problèmes. Tout d'abord, les valeurs proposées en exemple (1, 2, 3) sont incorrectes. Pour le vérifier, **maintenez** la touche *Alt* enfoncée, située à gauche de la barre d'espace, (et non *Alt Gr*), puis **cliquez** sur le contrôle : la liste des valeurs s'affichera. Vous corrigerez ces valeurs dans un instant.

Le second problème est l'absence d'une étiquette de texte à gauche du contrôle, qui devrait indiquer à l'utilisateur qu'il doit choisir une catégorie de produits. **Commencez** par résoudre ce second point.

Insérer un contrôle Étiquette

Pour l'ajouter, **cliquez** sur le menu + *Insérer* dans le menu horizontal.

Puis, dans la liste des contrôles, **cliquez** directement sur le contrôle *Étiquette de texte* : Un cadre d'étiquette avec le mot *Texte* s'affiche en haut et à gauche du canevas, en superposition de l'image.

Avec la souris, **déplacez** le contrôle pour le mettre au même niveau que le contrôle *Categorie_liste*. **Remarquez** l'apparition des guides d'alignement qui s'affichent sous forme de lignes pointillées. Ces guides vous permettent de vous aligner sur les autres contrôles. Ils apparaissent et disparaissent automatiquement (Figure 97).

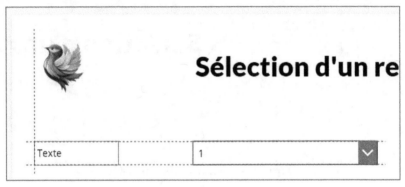

Figure 97 Apparition des guides d'alignement

Renommer le contrôle

Ensuite, **double-cliquez** sur *Label1* dans l'Arborescence, puis **remplacez** le texte en surbrillance par le nouveau nom *Categorie_label*.

Mettre en forme le contrôle

Puis, **faites** un *clic-droit* sur le contrôle *Categorie_label* dans le canevas.

Dans le menu horizontal de mise en forme, **remplacez** la police *Open Sans* par *Lato* via la liste déroulante, puis **changez** la taille de la police de 13 à 20. Après cela, **cliquez** dans une partie vierge du canevas.

Directement dans le canevas, **double-cliquez** sur le mot *Texte* du contrôle : il se met en surbrillance. Ensuite, **remplacez** le mot *Texte* par la phrase *Catégorie de produits :*

Puis, **utilisez** la souris pour tirer les poignées au coin du contrôle de façon à agrandir la taille du contrôle.

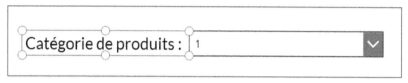

Figure 98 Affichage de la catégorie avec l'étiquette

Alimenter le contrôle

Vous allez configurer le contrôle *Categorie_liste* afin qu'il affiche les valeurs correctes. Pour cela, plusieurs approches sont possibles et seront explorées progressivement. Dans un premier temps, je vais vous présenter une méthode simple et efficace, particulièrement adaptée aux données statiques, c'est-à-dire celles qui ne changent pas, ou très peu, au fil du temps.

Cette méthode consiste à créer une liste de valeurs sous forme d'un simple tableau. Un tableau est une liste de valeurs, séparées par un point-virgule, comme *["Parquet"; "Carrelage"; "Moquette"]*.

Propriétés du contrôle

Vous allez modifier les propriétés du contrôle *Categorie_liste*.

Pour cela, **cliquez** sur le contrôle *Categorie_liste* afin de le sélectionner. Maintenant, **repérez** le volet *Propriétés* qui se trouve à droite de l'écran.

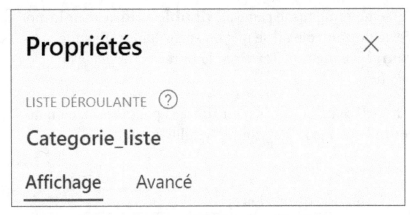

Figure 99 Propriétés de Categorie_liste

Premièrement, le volet Propriétés vous informe que le contrôle *Categorie_liste* est une LISTE DÉROULANTE.

Ensuite, **cliquez** sur l'onglet *Avancé* pour accéder aux propriétés avancées du contrôle. Puis, **repérez** la propriété *Items* (éléments en français). Vous devrez probablement descendre l'ascenseur vertical pour la voir. Elle contient la valeur *DropDownSample*. Cette valeur correspond aux chiffres 1,2,3 qui s'affichent.

Remplacez *DropDownSample* par :

```
["Parquet";"Carrelage";"Moquette"]
```

```
Items

["Parquet";"Carrelage";"Moquette"]
```

Figure 100 Items

Remarquez que, dans le <u>canevas</u>, la valeur qui s'affiche dans la liste déroulante est *Parquet*. Pour vérifier que toutes les valeurs sont présentes, **maintenez** la touche *Alt* enfoncée, située à gauche de la barre d'espace, puis **cliquez** sur le contrôle *Categorie_liste* dans le <u>canevas</u> : les trois valeurs de catégorie de produits s'affichent.

Poursuivez avec le contrôle suivant.

Revêtement de sol

Le choix du revêtement de sol se fait aussi à travers une liste de valeurs. Cependant, cette liste dépend de la catégorie sélectionnée dans le contrôle *Categorie_liste*. Ainsi, l'utilisateur commencera par sélectionner une catégorie de produits ; une fois ce choix effectué, les produits de la catégorie sélectionnée s'afficheront. L'utilisateur pourra alors choisir le revêtement de sol souhaité. Ces listes imbriquées s'appellent des listes déroulantes en cascade.

Insérer un contrôle Liste déroulante

Les valeurs étant limitées, et le contrôle *Liste déroulante* étant peu gourmand en place sur l'écran, il est sélectionné.

Pour l'ajouter, **cliquez** sur le menu + *Insérer* dans le menu horizontal. Ensuite, **cliquez** dans la zone *Rechercher*. Dans cette zone de recherche, **tapez** simplement *liste*. Ensuite, **cliquez** sur le contrôle *Liste déroulante* : Une liste déroulante avec des valeurs exemples s'affiche en haut et à gauche du canevas.

Attention ! Ne sélectionnez pas le contrôle "Liste déroulante Aperçu", car son comportement est différent.

Renommer le contrôle

Pour renommer le contrôle, **double-cliquez** sur son nom dans l'Arborescence, puis **remplacez** le texte par *Revetement_liste*.

Positionner le contrôle

Avec la souris, **descendez** le contrôle en vous basant sur la Figure 96. **Aidez-vous** aussi des guides d'alignement.

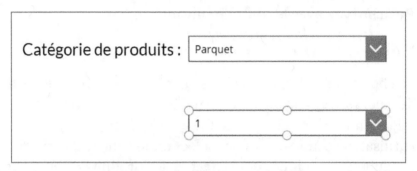

Figure 101 Position du contrôle

Copier-coller un contrôle Étiquette

Pour ajouter un nouveau contrôle étiquette, **copiez** le contrôle *Categorie_label*, en faisant un clic-droit puis *copier*. Vous pouvez aussi utiliser la combinaison de touches *Ctrl+C*.

L'avantage de copier un contrôle est de conserver notamment sa mise en forme (police, longueur, etc.).

Puis **collez-le**, en faisant un clic-droit puis coller. Vous pouvez aussi utiliser la combinaison de touches *Ctrl+V*. La copie apparaît en-dessous, légèrement décalée.

Avec la souris, **déplacez** le nouveau contrôle pour le mettre au même niveau que le contrôle *Revetement_liste*.

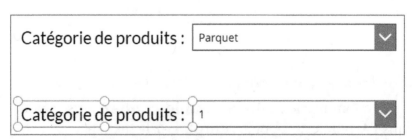

Figure 102 Alignement de l'étiquette

Renommer le contrôle

Pour renommer le contrôle, **double-cliquez** sur son nom dans l'Arborescence, puis **remplacez** le texte par *Revetement_label*.

Mettre en forme le contrôle

Puis, dans le <u>canevas</u>, **double-cliquez** dans le contrôle *Revetement_label*. Ensuite, **remplacez** le contenu par la phrase *Revêtement de sol :*

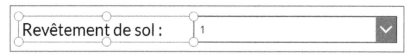

Figure 103 Affichage de l'étiquette

Alimenter le contrôle

Vous allez configurer le contrôle *Revetement_liste* pour qu'il affiche les valeurs correctes. Pour ce premier exercice, je vais vous présenter une méthode simple et efficace, idéale pour les données statiques. Dans les exercices suivants, vous découvrirez une approche différente, mieux adaptée aux données qui évoluent rapidement. Cependant, cette méthode alternative demandera une phase de préparation plus approfondie.

Récupérer des données d'Excel

Vous allez connecter votre application à des données externes. Ces données sont dans un classeur Excel nommé *produits_base_fr.xlsx*, que vous pouvez télécharger directement avec ce lien :

```
https://docs.google.com/spreadsheets/d/1qdpwP
MJdqKri90x326_8G9w_Rvs2pXUC/
```

Si vous préférez, **utilisez** ce lien raccourci :

```
https://tinyurl.com/4t6ak2b8
```

Quand vous l'aurez téléchargé, **gardez** son nom par défaut : *produits_base_fr.xlsx*.

Ce classeur Excel contient le tableau *Produits* avec les colonnes suivantes :

- *Catégorie*, qui comporte l'une des trois valeurs du contrôle *Categorie_liste*.

- *Nom*, qui correspond au nom d'un revêtement de sol.

- *Description*, qui propose un court texte explicatif sur le revêtement.

Notez que les noms des catégories dans ce classeur sont orthographiés *exactement* comme dans le contrôle *Categorie_liste*. Cette correspondance stricte est cruciale pour établir la liaison entre les deux listes déroulantes.

Catégorie	Nom	Description
Parquet	Acacia foncé	Bois dur à la teinte chaude et élégante, idéal pour un intérieur raffiné.
Parquet	Bois de rose	Matériau luxueux et rare, réputé pour ses nuances chaudes et riches.
Parquet	Teck doré	Résistant à l'humidité, idéal pour un sol chaleureux et durable.
Carrelage	Marbre de Carrare	Pierre luxueuse aux veines grises, emblématique de l'élégance classique.

Carrelage	Céramique	Solution polyvalente et abordable, avec une large gamme de finitions.
Carrelage	Porcelaine ardoisée	Imite l'ardoise avec une durabilité accrue et un entretien facile.
Moquette	Beige de Macao	Revêtement doux et chaleureux, idéal pour une ambiance apaisante.
Moquette	Clairière d'hiver	Moquette claire et élégante, apportant luminosité et douceur.
Moquette	Toundra luxuriante	Texture dense et confortable, inspirée par la nature sauvage.

Tableau 1 Revêtements de sol (extrait)

Connecteurs Power Apps

Maintenant que le classeur Excel est téléchargé, vous allez pouvoir l'ajouter au contrôle *Revetement_liste*.

Pour ce faire, **cliquez** sur l'écran *Screen1* afin de le sélectionner.

Puis, dans le menu horizontal, **cliquez** sur l'option *Ajouter des données*.

Figure 104 Ajouter des données

Un menu s'ouvre.

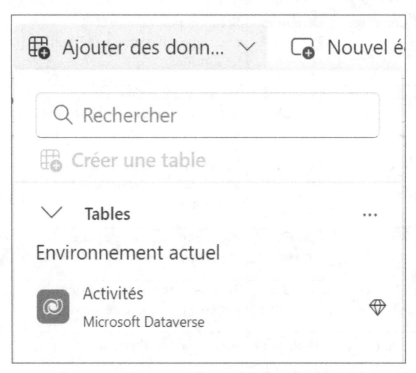

Figure 105 Menu pour ajouter des données (extrait)

En haut de ce menu, **repérez** la zone *Rechercher*. Dans cette zone, **tapez** simplement *excel* : une liste de connecteurs s'affiche.

Pour le moment, **ne faites aucune action**. Le connecteur que je vais vous demander d'utiliser porte le nom exact *Importer à partir d'Excel*. Ses principaux avantages résident dans sa simplicité d'utilisation et ses bonnes performances. Cependant, la connexion au classeur Excel est statique : si les données du classeur changent, il faudra les importer à nouveau. Il est également possible de créer des liens dynamiques, mais cela nécessite une préparation plus approfondie. Cela est vu en détail dans le *Chapitre 9 : Gestion des données*, et les chapitres suivants.

Pour l'instant, dans la liste des connecteurs qui s'affiche, **cliquez** sur le connecteur qui s'intitule précisément

Importer à partir d'Excel. Ensuite, **parcourez** votre ordinateur pour sélectionner et ouvrir le classeur Excel téléchargé précédemment : *produits_base_fr.xlsx.* Le volet *Choisir une table* s'affiche à <u>droite</u> de votre écran.

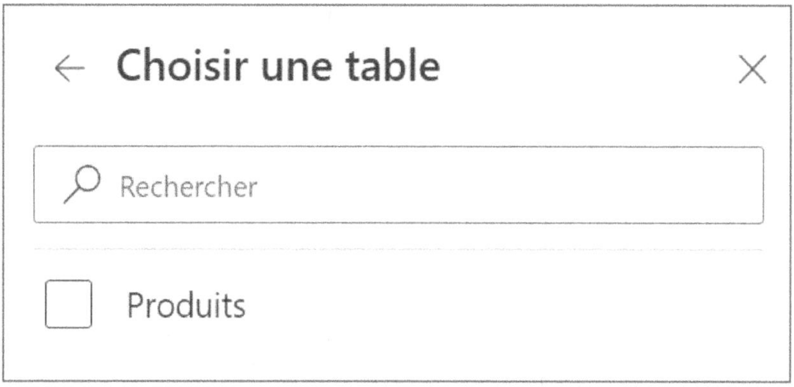

Figure 106 Volet Choisir une table

Cochez la table *Produits*. La table *Produits* est le nom du tableau dans Excel qui contient les données.

Puis en bas **cliquez** sur le bouton *Se connecter*.

Une fois la connexion établie, rien de spécial s'affiche pourtant la connexion est bien présente. Pour le vérifier, **cliquez** sur l'icône en forme de *grille*, ou de *tableau*, qui se trouve dans le volet le plus à gauche (voir Figure 107).

Votre connexion s'affiche bien.

Figure 107 Importation à partir d'Excel

Vous allez l'utiliser. Juste avant, vous allez revenir à l'affichage de l'arborescence. Pour ce faire, **cliquez** sur l'icône en forme de *feuilles empilées* qui se trouve dans le volet le plus à gauche.

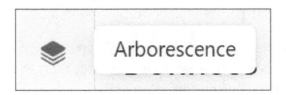

Figure 108 Arborescence

Propriétés d'affichage du contrôle

Notamment, **cliquez** sur le contrôle *Revetement_liste* afin de le sélectionner.

Ensuite, **cliquez** sur l'onglet *Affichage* du volet Propriétés et **observez** son premier bloc de propriétés *Éléments* et *Value* (voir Figure 109).

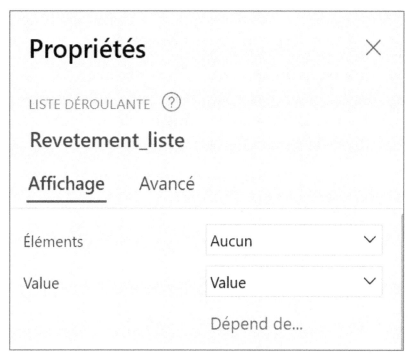

Figure 109 Éléments

Cliquez dans *Aucun* en face de la propriété *Éléments* : un menu affiche la liste des données disponibles dans votre application. Dans cette liste, **cliquez** sur le choix *Produits*.

Ensuite, **cliquez** dans *Catégories* en face de la propriété *Value* : un menu affiche la liste des colonnes disponibles dans la table *Produits*. Dans cette liste, **cliquez** sur le choix *Nom*.

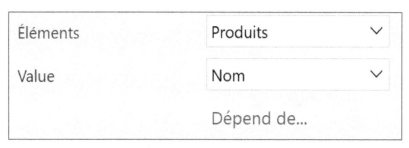

Figure 110 Paramétrage des propriétés

En faisant ainsi, vous indiquez que vous souhaitez afficher la colonne *Nom* de la source de données *Produits*.

Création de la liaison entre les contrôles

Le paramétrage n'est pas tout à fait terminé car l'affichage du revêtement de sol dépend de la catégorie de produits sélectionnée dans le contrôle *Categorie_liste*.

Pour le mettre en œuvre, **cliquez** sur le lien *Dépend de...* : une fenêtre s'ouvre (voir Figure 111).

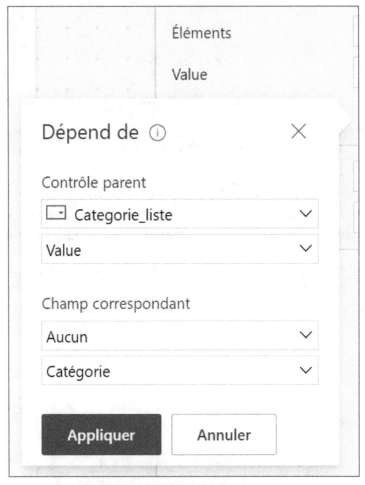

Figure 111 Fenêtre de Dépend de...

Power Apps a automatiquement détecté que la liste des revêtements dépend de la valeur (*Value*) sélectionnée dans le contrôle *Categorie_liste*. Il propose également d'établir la liaison avec la colonne *Catégorie*. Étant donné que cette configuration est correcte, **cliquez** sur le bouton *Appliquer*.

Power Apps a automatiquement généré la formule correspondant à votre sélection, dont le fonctionnement sera expliqué en détail dans les chapitres suivants

Tester la jointure

Ce type de liaison s'appelle aussi une jointure. Vous allez vérifier que la jointure fonctionne. Pour ce faire, **repérez** l'icône en forme de triangle qui se trouve à gauche de l'icône disquette, en haut et à droite.

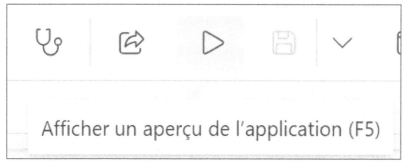

Figure 112 Afficher un aperçu de l'application

Pour afficher un aperçu de l'application, vous pouvez soit cliquer sur ce triangle, soit appuyer sur la touche F5 de votre clavier.

Utilisez la méthode de votre choix pour afficher un aperçu de l'application : l'application s'affiche en mode aperçu.

Vérifiez qu'en changeant la catégorie de produits, la liste des revêtements de sol correspond.

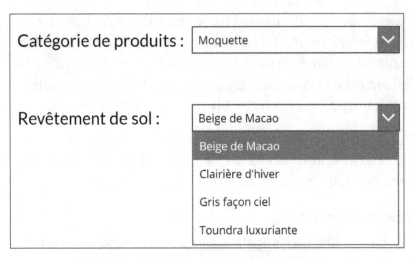

Figure 113 Fonctionnement de la jointure

Lorsque vous aurez terminé vos tests, **cliquez** sur la croix dans un cercle, qui est en haut et à droite de l'écran, pour fermer le mode aperçu.

Ce que vous venez d'apprendre :

Vous avez appris à connecter un simple classeur Excel pour alimenter vos listes.

Un chapitre ultérieur vous expliquera comment dynamiser davantage vos données et même vous connecter à d'autres sources (SQL, SharePoint, Dataverse...).

L'idée est de vous rendre autonome dans le raccordement de vos propres fichiers ou de données déjà existantes dans votre organisation.

Poursuivez avec le contrôle suivant.

Description

La description est un texte qui dépend du revêtement sélectionné.

Insérer un contrôle Étiquette

Premièrement, **cliquez** sur le menu + *Insérer* dans le menu horizontal.

Puis, dans la liste des contrôles, **cliquez** directement sur le contrôle *Étiquette de texte* : Un cadre d'étiquette avec le mot *Texte* s'affiche en haut et à gauche du canevas, en superposition de l'image.

Renommer le contrôle

Pour renommer le contrôle, **double-cliquez** sur son nom dans l'Arborescence, puis **remplacez** le texte par *Revetement_desc.*

Positionner le contrôle

Avec la souris, **déplacez** le contrôle en vous basant sur la Figure 114. **Aidez-vous** aussi des guides d'alignement.

Figure 114 Positionner le contrôle

Mettre en forme un groupe de contrôles

Plutôt que de changer la mise en forme de chaque contrôle individuellement, vous allez le faire en une seule fois en sélectionnant simultanément les trois contrôles *Categorie_liste, Revetement_liste et Revetement_desc.*

Pour sélectionner simultanément ces trois contrôles, **utilisez** la souris tout en maintenant la touche *Ctrl* (ou *Shift*), puis **cliquez** sur chacun des contrôles. Alternativement, comme ces contrôles sont alignés côte à côte, vous pouvez simplement les encadrer avec la souris pour les sélectionner ensemble.

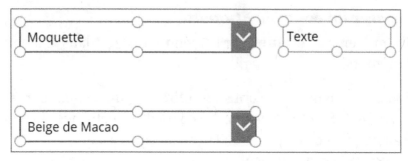

Figure 115 Sélectionner un groupe de contrôles

Dans le volet des propriétés d'affichage, **ouvrez** la liste déroulante de la police et **remplacez** *Open Sans* par *Lato*. Ensuite, **sélectionnez** la taille de police actuellement définie sur 13, **remplacez-la** par 20, puis appuyez sur la touche *Tabulation* pour valider la modification.

Ensuite, **sélectionnez** uniquement le contrôle *Revetement_desc*. **Vérifiez** que les autres contrôles ne sont pas sélectionnés. Puis, **agrandissez** en largeur et en hauteur, comme sur la .

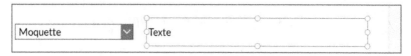

Figure 116 Agrandissement de Revetement_desc

Alimenter le contrôle

Ensuite, par précaution, **cliquez** à nouveau sur le contrôle *Revetement_desc*. Puis, **ouvrez** ses propriétés avancées et **repérez** la propriété *Text*. Elle contient le mot "Texte". Ensuite, **remplacez** complètement le mot "Texte" par la formule suivante, que je vais vous expliquer.

```
Revetement_liste.SelectedText.Description
```

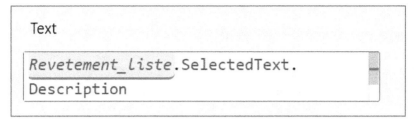

```
Text

Revetement_Liste.SelectedText.
Description
```

Figure 117 Affichage de la description

Vous constatez aussitôt que le contrôle se met à jour dans le canevas et qu'il affiche la description du revêtement sélectionné.

Formule

En effet, avec cette formule, vous indiquez que la propriété *Text* du contrôle *Revetement_desc* est égale à la formule *Revetement_liste.SelectedText.Description*. **Notez** au passage que c'est ce qui est aussi littéralement écrit dans la barre de formule du milieu pour la propriété *Text*.

Figure 118 Barre de formule

Explication de la formule

L'expression *Revetement_liste.SelectedText.Description* fait référence à une propriété spécifique d'un contrôle de liste.

En particulier, *Revetement_liste* est le nom du contrôle de liste dans l'application.

Tandis que *SelectedText* est la propriété du contrôle qui renvoie le texte actuellement sélectionné dans la liste. Cette propriété est principalement utilisée avec des listes qui affichent des options sous forme de texte. Cette propriété est gérée par Power Apps.

Enfin, *Description* est un champ de l'élément sélectionné, correspondant au texte actuellement choisi dans la liste.

Par ailleurs, **notez** que la propriété *SelectedText* est généralement utilisée lorsqu'un champ texte est configuré dans la liste (comme ici). Si vous utilisiez une liste plus complexe avec plusieurs colonnes (ce n'est pas le cas ici), vous pourriez également accéder directement à l'élément sélectionné avec *Revetement_liste.Selected* au lieu de *SelectedText*.

Attaquons-nous maintenant à la photo du revêtement !

Image illustrative du produit

La photo est une image qui dépend du revêtement sélectionné.

Récupérer les images

Pour continuer la création de votre écran, vous avez la possibilité d'utiliser vos propres images. Si vous préférez, vous pouvez également utiliser celles que j'ai sélectionnées. Ces images sont regroupées dans un fichier ZIP, que vous pouvez télécharger en suivant ce lien :

```
https://drive.google.com/file/d/1viTJ6DIEr16g
iwnhDkg2V6QhMIh6kJ3J/
```

Si vous préférez, **utilisez** ce lien raccourci :

```
https://tinyurl.com/39znrzzj
```

Après avoir téléchargé le fichier, **décompressez-le**, puis **importez** les images dans une bibliothèque de votre site SharePoint ou d'un site web quelconque.

Dans ce scénario, il s'agit d'une bibliothèque SharePoint, nommée *images*.

Récupérer le nouveau classeur Excel

Dans le classeur Excel fourni précédemment, nommé *produits_base_fr.xlsx*, il y avait uniquement des colonnes de base comme *Catégorie, Nom, Description*.

Pour terminer la création de votre premier écran, un nouveau classeur Excel est fourni. Il s'intitule *produits_images_fr.xlsx*. En plus des colonnes de base, il possède une colonne supplémentaire nommée *Image*.

Vous pouvez le télécharger directement avec ce lien :

```
https://docs.google.com/spreadsheets/d/1U7Frx
m5uNqOaihwFdH__zX2YWHex9Ijx/
```

Si vous préférez, **utilisez** ce lien raccourci :

```
https://tinyurl.com/2nhbd55e
```

Quand vous l'aurez téléchargé, **gardez** son nom par défaut : *produits_images_fr.xlsx*.

Étant donné que le fichier a été téléchargé depuis le web, Windows le bloque par mesure de sécurité. Pour le modifier, **sélectionnez-le** en cliquant dessus, puis **appuyez** sur *Alt + Entrée* pour ouvrir ses propriétés. Dans la fenêtre qui s'affiche, **cochez** la case *Débloquer*, **cliquez** sur le bouton *Appliquer*, puis **fermez** la boîte de dialogue.

Ensuite, **ouvrez-le**.

Vous trouverez ci-dessous une copie d'écran de la nouvelle colonne *Image* :

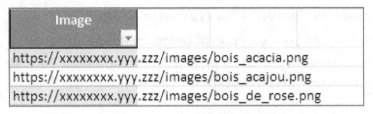

Figure 119 Colonne Image (extrait)

Chaque ligne de la colonne *Image* contient un lien (une URL) vers le fichier image correspondant.

Dans ce nouveau classeur Excel, **remplacez** l'adresse fictive (*xxxxxxxx.yyy.zzz*) par l'URL réelle de votre site SharePoint ou de votre site web. **Apportez**, si nécessaire, les ajustements requis dans l'adresse et **assurez-vous** que chaque URL dirige bien vers un fichier image existant. Pour vérifier, **copiez** une des URL finales dans un navigateur tel que Chrome, Edge ou Firefox, et **confirmez** visuellement que l'image du revêtement s'affiche correctement.

Ensuite, **enregistrez** les modifications apportées au classeur.

Insérer un contrôle Image

Vous allez ajouter un contrôle *Image* pour afficher les photos des revêtements de sol.

Pour l'ajouter, **cliquez** sur le menu + *Insérer* dans le menu horizontal, puis **cliquez** dans la zone *Rechercher*. Dans cette zone de recherche, **tapez** le mot *image*. Ensuite, **cliquez** sur le contrôle *Image* : Un cadre avec une image exemple s'affiche en haut et à gauche du canevas.

Renommer le contrôle

Pour renommer le contrôle, **double-cliquez** sur son nom dans l'*Arborescence*, puis **remplacez** le texte par *Revetement_image*.

Positionner et agrandir le contrôle

Avec la souris, **déplacez** et **agrandissez** le contrôle en vous basant sur la Figure 120. **Aidez-vous** aussi des guides d'alignement.

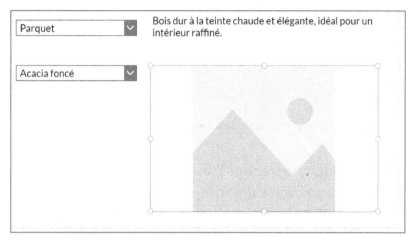

Figure 120 Positionner et agrandir le contrôle

Importation du nouveau classeur Excel

Vous allez mettre à jour les données Excel qui sont stockées dans l'application avec le nouveau classeur.

Pour ce faire, **cliquez** sur l'icône en forme de *grille*, ou de *tableau*, qui se trouve dans le volet le plus à gauche : il ouvre le panneau *Données* à gauche. Dans ce panneau, **repérez** le tableau *Produits* d'Excel, puis **cliquez** sur les trois petits points qui se trouvent à sa droite : un petit menu s'ouvre.

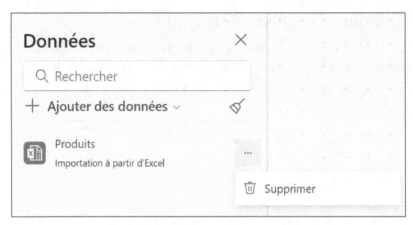

Dans ce menu, **cliquez** sur l'unique option *Supprimer*. Vous verrez alors apparaître des icônes rouges et jaunes sur le canevas. Pas d'inquiétude, cela est tout à fait normal : elles disparaîtront rapidement. En effet, la suppression du classeur Excel précédent entraîne obligatoirement des anomalies dans les formules des contrôles qui s'y référaient.

Pour résoudre ces anomalies, il vous suffit d'importer le nouveau classeur Excel. Pour ce faire, **cliquez** sur le bouton *Ajouter des données* dans le panneau *Données* : un menu s'ouvrira.

En haut de ce menu, **repérez** la zone *Rechercher*. Dans cette zone, **tapez** le mot *excel* : une liste de connecteurs s'affiche.

Dans la liste des connecteurs qui s'affiche, **cliquez** sur le connecteur qui s'intitule précisément *Importer à partir d'Excel*. Ensuite, **parcourez** votre ordinateur pour sélectionner et ouvrir le nouveau classeur Excel *produits_images_fr.xlsx*. Le volet *Choisir une table* s'affiche à <u>droite</u> de votre écran.

Cochez la table *Produits*, puis en bas **cliquez** sur le bouton *Se connecter* : les icônes rouges et jaunes disparaissent.

Vous allez utiliser la nouvelle connexion. Juste avant, vous allez revenir à l'affichage de l'arborescence. Pour ce faire, **cliquez** sur l'icône en forme de *feuilles empilées* qui se trouve dans le volet le plus à gauche.

Alimenter le contrôle

Ensuite, **cliquez** sur le contrôle *Revetement_image*, pour le sélectionner.

Dans la barre de formule qui se trouve en haut et au milieu, **repérez** la formule suivante :

Figure 122 Propriété Image de Revetement_image

Comprenez que cette formule signifie littéralement que la propriété *Image* de *Revetement_image* est égale ('=') à *SampleImage*.

Remplacez uniquement *SampleImage* par :

```
Revetement_liste.SelectedText.Image
```

Cette formule signifie que la propriété *Image* du contrôle *Revetement_image* est égale à la propriété Image du texte sélectionné dans le contrôle *Revetement_liste*.

Le contrôle affiche instantanément l'image du revêtement sélectionné.

Si, à la place, un grand carré blanc apparaît, cela indique que l'URL du fichier Excel ne dirige pas vers un fichier image valide.

Dans ce cas, **ouvrez** votre classeur Excel, **vérifiez** que les liens dans la colonne Image pointent bien vers des fichiers images existants, puis **supprimez** le classeur actuel de l'application et **importez** à nouveau le classeur corrigé.

C'est terminé !

Maintenant, vous allez vérifier que tout fonctionne.

Afficher l'aperçu

Pour afficher un aperçu de votre application sans avoir à l'exécuter, **localisez** l'icône en forme de triangle située en haut à droite, juste à gauche de l'icône *Disquette*. Cette icône correspond au menu *Afficher un aperçu de l'application*. **Cliquez** dessus pour observer le fonctionnement de votre application.

Une autre méthode consiste à appuyer sur la touche *F5* de votre clavier.

Cette fonctionnalité vous permet de tester rapidement les interactions et de vérifier que tout fonctionne comme prévu.

Affichage dans le navigateur

Normalement, vous devriez voir un écran qui ressemble à celui-ci.

Figure 123 Aperçu de l'application Liste

Dans cet affichage, **testez** le bon fonctionnement de l'application en sélectionnant différents revêtements de sol et produits. **Assurez-vous** que seuls les revêtements de sol associés au produit choisi sont affichés. **Vérifiez** également que la description et l'image correspondante s'affichent correctement pour chaque sélection. Puis, **conservez** l'aperçu affiché dans votre navigateur.

Affichage dans un téléphone

Ensuite, **remarquez** la présence d'un groupe de trois icônes, en haut et à droite de votre aperçu.

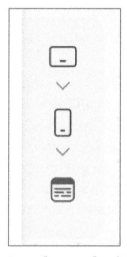

Figure 124 Basculement de périphériques

Ces icônes permettent de basculer d'un aperçu de navigateur, vers un aperçu de téléphone ou vers un aperçu de tablette.

Pour ce faire, **cliquez** sur l'icône du milieu en forme de téléphone puis **sélectionnez** le modèle de votre choix. Si un pop-up s'affiche, *cochez* la case *Ne plus afficher ce message* puis *cliquez* sur son bouton *OK*.

L'aperçu est probablement très réduit en raison de l'affichage en mode portrait. Pour résoudre ce problème, **cliquez** sur l'icône *Orientation* qui vient d'apparaître sous le groupe d'icônes. L'affichage passera alors en mode paysage, offrant un rendu bien plus optimal pour l'application.

Figure 125 Aperçu téléphone en mode paysage

Dans cet affichage, **testez** le bon fonctionnement de l'application en sélectionnant différents revêtements de sol et produits. **Assurez-vous** que seuls les revêtements de sol associés au produit choisi sont affichés. **Vérifiez** également que la description et l'image correspondante s'affichent correctement pour chaque sélection. Puis, **conservez** l'aperçu affiché dans votre navigateur.

Affichage dans une tablette

Enfin, dans le groupe d'icônes, **cliquez** sur l'icône du haut en forme de tablette puis **sélectionnez** le modèle de votre choix.

Figure 126 Aperçu tablette en mode paysage

Dans cet affichage, **testez** le bon fonctionnement de l'application en sélectionnant différents revêtements de sol et produits. **Assurez-vous** que seuls les revêtements de sol associés au produit choisi sont affichés. **Vérifiez** également que la description et l'image correspondante s'affichent correctement pour chaque sélection. Puis, **conservez** l'aperçu affiché dans votre navigateur.

Notez que dans l'aperçu *tablette* ou téléphone, vous pouvez indiquer une largeur et une hauteur personnalisée.

Tablettes	
Apple iPad 10.2"	1080 × 810
Apple iPad Air 2020	1180 × 820
Apple iPad mini	1024 × 768
Apple iPad Pro 11"	1194 × 834
Apple iPad Pro 12.9"	1366 × 1024
Personnalisé	Largeur × Hauteur

Figure 127 Largeur et hauteur personnalisées

Dans le groupe d'icônes, **cliquez** sur l'icône du bas en forme de navigateur.

Fermer l'aperçu

Enfin, **fermez** l'aperçu en cliquant sur la croix en haut et à droite.

Enregistrer votre application

Il est très probable que votre application soit déjà enregistrée et que toutes vos modifications soient sauvées.

Toutefois, cela ne coûte rien de le vérifier.

Pour ce faire, regardez la disquette qui se trouve en haut et à droite de l'écran.

Si elle est grisée, tout est enregistré et vous n'avez rien à faire. En laissant votre souris sur la disquette, *Power Apps Studio* vous affiche la date de la dernière sauvegarde.

Si la disquette n'est pas grisée, **cliquez** dessus pour sauvegarder vos dernières modifications. Puis, patientez quelques secondes. Quand la disquette devient grisée, la sauvegarde est terminée.

Quitter Power Apps Studio

Optionnellement, vous pouvez aussi quitter Power Apps Studio proprement.

Pour cela, **repérez** le choix *Précédent* en haut et à gauche de l'écran, dans le menu horizontal.

Figure 128 Précédent

Cliquez sur *Précédent* : un pop-up s'affiche et vous demande si vous êtes sûr de vouloir quitter. Dans ce pop-up, **cliquez** sur le bouton *Quitter* : vous revenez sur le menu *Accueil* ou *Applications* de Power Apps.

Bilan des acquis

Félicitations□ ! Vous venez de créer votre première application avec plusieurs contrôles (textes, listes déroulantes en cascade, images...), connectée à des données.

Vous êtes donc déjà capable□ :

- de mettre en œuvre des listes liées pour créer des interactions conditionnelles□ ;

- d'importer des données depuis un fichier Excel dans Power Apps□ ;

- d'afficher du contenu dynamique (texte et image) en fonction du choix d'un utilisateur☐ ;

- de prévisualiser votre travail pour les différents supports (navigateur, mobile, tablette).

Ces compétences constituent le socle de l'ensemble de vos futurs développements dans Power Apps.

Dans les chapitres suivants, vous verrez comment aller encore plus loin : ajouter des contrôles supplémentaires, utiliser des fonctions, connecter l'application à des sources de données mises à jour en temps réel, etc.☐

Chapitre 6 : Concevoir une application connectée

Objectif général

Dans ce chapitre, nous allons créer l'application *Courriels*, qui vous permettra :

- de rechercher dynamiquement un utilisateur dans votre annuaire Office 365 (via le connecteur Utilisateurs d'Office 365) ;

- d'afficher un champ de saisie pour l'objet du courriel et un éditeur de texte enrichi pour le contenu ;

- de sélectionner un utilisateur depuis une galerie (liste filtrée selon vos critères de recherche) ;

- d'envoyer un courriel personnalisé à la personne sélectionnée (via le connecteur Office 365 Outlook).

Ainsi, vous saurez exploiter plusieurs connecteurs clés de la Power Platform et concevoir des applications plus interactives et connectées.

À la différence de l'application "*Liste*", vous allez maintenant connecter plusieurs services (*Utilisateurs d'Office 365* et *Office 365 Outlook*) et travailler avec un éditeur de texte enrichi. Vous verrez également comment gérer un contrôle Galerie pour afficher des recherches en temps réel.

Connexions

Dans ce scénario, la création des connexions sera effectuée directement dans *Power Apps* (et non dans *Power Apps Studio*). **Assurez-vous** donc que votre application *Courriels* n'est pas ouverte en mode modification dans *Power Apps*

Studio et que vous êtes bien dans l'environnement *Power Apps*.

Petit rappel, l'environnement Power Apps s'ouvre avec l'URL :

```
https://make.powerapps.com/
```

C'est donc votre point de départ. Dans Power Apps, **repérez** le volet de navigation gauche.

Figure 129 Volet de navigation gauche

Vous allez personnaliser légèrement ce volet en ajoutant le menu qui permet d'accéder directement aux connexions. En particulier, **cliquez** sur le lien ... *Plus* : un volet *Plus* s'ouvre.

Dans ce volet, **localisez** tranquillement l'option *Connexions*. Ensuite, **cliquez** sur l'icône en forme de punaise située à droite de *Connexions*. Cela ajoute automatiquement l'option *Connexions* au volet de navigation de gauche.

Je vous conseille de toujours garder cette option dans le menu car elle sera très souvent utilisée.

Fermez le volet *Plus* en cliquant sur sa croix de fermeture en haut.

Maintenant, **cliquez** sur *Connexions* pour afficher vos connexions. Il est possible que votre écran soit différent du mien (voir Figure 130) car cela dépend de votre historique sur Power Apps et Power Automate. Dans mon cas, il n'y a qu'une seule connexion. Celle-ci a été créée automatiquement.

Figure 130 Connexions existantes

Connecteur Utilisateurs d'Office 365

Le connecteur *Utilisateurs d'Office 365* permet d'interagir directement avec les informations des utilisateurs d'une organisation Office 365. Il s'appuie sur l'annuaire Azure Active Directory (AAD) pour faciliter l'accès aux détails des utilisateurs enregistrés. Grâce à ce connecteur, il est possible d'obtenir des informations de base concernant un utilisateur, telles que son nom, son adresse électronique, son poste ou encore son numéro de téléphone. Par exemple, il permet de récupérer facilement les coordonnées d'un collègue en utilisant simplement son adresse électronique.

En plus de fournir des informations sur un utilisateur spécifique, le connecteur permet également d'effectuer des recherches dans l'annuaire de l'organisation en utilisant des paramètres tels que le nom ou le domaine. Une autre fonctionnalité importante est la possibilité d'obtenir le profil de l'utilisateur actuellement connecté. Cela est particulièrement utile pour personnaliser une application ou un flux en fonction des informations personnelles de l'utilisateur qui l'exécute.

Par ailleurs, le connecteur *Utilisateurs d'Office 365* permet d'identifier les relations hiérarchiques au sein d'une organisation. Il peut, par exemple, fournir des informations sur le manager direct d'un utilisateur ou sur ses subordonnés. Cette capacité est essentielle pour les flux d'approbation et autres scénarios nécessitant de connaître la structure organisationnelle d'une entreprise.

Ce connecteur offre des possibilités d'intégration intéressantes pour de nombreux cas d'usage. Il est couramment utilisé dans les flux de travail liés aux ressources humaines, comme l'identification automatique du responsable hiérarchique d'un employé pour valider une demande d'approbation. Dans des applications internes, il permet d'afficher facilement les informations utilisateur, ce qui facilite la collaboration au sein des équipes. Il joue également un rôle clé dans l'automatisation de la communication, par exemple pour envoyer des notifications aux membres d'une équipe ou d'une organisation.

Le connecteur *Utilisateurs d'Office 365* constitue un outil essentiel pour intégrer les informations utilisateurs dans les solutions développées avec *Power Apps* et *Power Automate*. Il contribue à automatiser et à optimiser les processus internes tout en facilitant l'accès aux données organisationnelles et en améliorant l'efficacité des opérations.

Enfin, si vous souhaitez explorer en détail le fonctionnement de ce connecteur, je vous encourage vivement à consulter sa documentation détaillée en suivant le lien ci-dessous. Si cela vous semble prématuré ou si vous êtes pressé, **pensez** à enregistrer ce lien quelque part, car il est probable que vous en aurez besoin à un moment ou à un autre.

```
https://learn.microsoft.com/fr-fr/power-
apps/maker/canvas-
apps/connections/connection-office365-users
```

Si vous préférez, **utilisez** ce lien raccourci :

```
https://tinyurl.com/53txhz8a
```

En attendant, pour établir la connexion à ce connecteur, **cliquez** sur le lien + *Nouvelle connexion* dans le volet central. Une liste de connecteurs disponibles et autorisées s'affiche.

Figure 131 Connecteurs possibles et autorisées

Je vais vous demander un petit effort qui, bien que non indispensable à ce stade, s'avérera précieux pour les manipulations futures. Certes, le connecteur *Utilisateurs d'Office 365* est visible sous vos yeux, et il serait tentant de cliquer directement dessus. Cependant, **prenez un moment** pour repérer la zone *Rechercher*, discrètement située en haut à droite de l'écran.

Figure 132 Zone Rechercher

Dans cette zone *Rechercher*, **tapez** le mot *utilisateurs* afin d'afficher uniquement les connecteurs qui contiennent le mot *utilisateurs*. Cette manipulation permet de découvrir de nouveaux connecteurs ou, au contraire de différencier les connecteurs entre eux.

Figure 133 Liste restreinte de connecteurs

Dans la liste restreinte, **cliquez** sur le connecteur *Utilisateurs d'Office 365* : un pop-up s'ouvre.

Dans ce pop-up, **cliquez** sur le bouton *Créer* : un nouveau pop-up s'ouvre pour vous demander de choisir un compte. Dans ce pop-up, **cliquez** sur votre compte.

La nouvelle connexion a bien été créée.

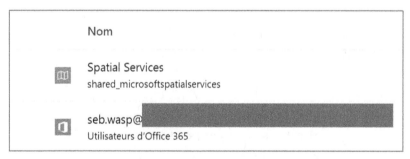

Figure 134 Connexion Utilisateurs d'Office 365

Ce que vous venez d'apprendre :

Comment créer une connexion dans Power Apps pour interroger l'annuaire Azure AD (via le connecteur Utilisateurs d'Office 365).

Comment récupérer les informations d'un utilisateur (DisplayName, Mail, Department).

Comment filtrer dynamiquement la liste en fonction d'un champ de saisie (SearchUserV2)

Maintenant, vous allez créer la connexion sur le connecteur *Office 365 Outlook*.

Connecteur Office 365 Outlook

Le connecteur *Office 365 Outlook* joue un rôle central en permettant d'interagir avec votre boîte mail Office 365 (Outlook). Il offre des fonctionnalités variées pour automatiser des processus liés aux courriels, calendriers et contacts.

Tout d'abord, il permet une gestion efficace des courriels. Grâce à ce connecteur, il est possible d'envoyer des courriels de manière automatisée, directement depuis Power Apps ou Power Automate. Il facilite également la lecture des courriels en récupérant des messages spécifiques pour effectuer des actions en fonction de leur contenu, comme répondre automatiquement ou organiser les messages reçus. De plus, il offre la possibilité de supprimer des courriels non nécessaires, simplifiant ainsi le nettoyage automatique de la boîte de réception. Lors de l'envoi de messages, il est également possible d'inclure des pièces jointes pour répondre aux besoins de communication professionnelle.

Ensuite, le connecteur *Office 365 Outlook* propose des fonctionnalités avancées pour l'automatisation des calendriers. Il permet de créer des événements et de planifier des réunions, tout en ajoutant automatiquement ces rendez-vous dans un calendrier. Si nécessaire, il est possible de mettre à jour des événements existants, par exemple pour modifier l'heure, les participants ou d'autres détails. Le connecteur permet également de supprimer des événements devenus obsolètes ou inutiles, tout en offrant la possibilité de récupérer des informations concernant les rendez-vous à venir pour en extraire les données essentielles.

En matière de gestion des contacts, ce connecteur s'avère également très utile. Il permet d'automatiser l'ajout de nouveaux contacts dans le carnet d'adresses, tout en facilitant la récupération des informations sur les contacts existants pour les exploiter dans d'autres workflows.

Le connecteur propose aussi des *déclencheurs* qui permettent de lancer un workflow lorsqu'une condition particulière est remplie. Par exemple, un workflow peut s'exécuter automatiquement lors de la réception d'un nouveau courriel ou lorsqu'un nouvel événement est ajouté au calendrier.

Dans le cadre de Power Automate, ce connecteur peut être utilisé dans des scénarios concrets comme l'envoi automatique d'un courriel de confirmation lorsqu'un utilisateur remplit un formulaire Power Apps, la sauvegarde d'une pièce jointe reçue par courriel dans un dossier SharePoint, ou encore la création d'événements dans le calendrier après approbation d'une tâche.

Enfin, le *connecteur Office 365 Outlook* est compatible avec Power Automate, Power Apps et Logic Apps. Toutefois, pour en tirer parti, il nécessite des *droits d'accès* à Office 365. Ce connecteur s'avère essentiel pour automatiser les tâches répétitives et améliorer la gestion des courriels, calendriers et contacts. Il contribue ainsi à accroître l'efficacité et la productivité des utilisateurs dans un environnement Microsoft 365.

Enfin, si vous souhaitez approfondir le fonctionnement de ce connecteur, je vous invite à consulter sa documentation détaillée via le lien ci-dessous. Si vous préférez attendre ou manquez de temps, **pensez** à enregistrer ce lien, car il est probable que lui aussi vous sera utile un jour ou l'autre.

```
https://learn.microsoft.com/fr-fr/power-
apps/maker/canvas-
apps/connections/connection-office365-outlook
```

Si vous préférez, **utilisez** ce lien raccourci :

```
https://tinyurl.com/2e6bvw66
```

Pour établir la connexion à ce connecteur, **cliquez** sur le lien + *Nouvelle connexion* dans le volet central. Puis, dans la zone *Rechercher*, **tapez** le mot *outlook* afin d'afficher uniquement les connecteurs qui contiennent le mot *outlook*.

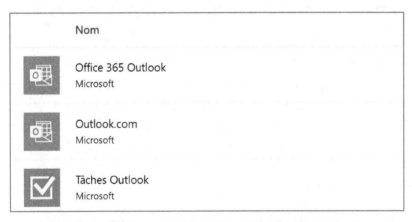

Figure 135 Liste restreinte de connecteurs Outlook

Observez la présence des connecteurs *Office 365 Outlook* et *Outlook.com*. Leur coexistence est souvent source de confusion, car ils sont fréquemment confondus malgré leurs différences.

Le connecteur *Outlook.com* est associé aux services de messagerie personnelle tels que Hotmail, Outlook.com ou Live.com, et il est destiné à un usage strictement personnel et non professionnel.

En revanche, le connecteur *Office 365 Outlook* est conçu pour un usage professionnel. C'est ce dernier que vous devez sélectionner.

Dans la liste restreinte, **cliquez** bien sur le connecteur *Office 365 Outlook* : un pop-up s'ouvre.

Dans ce pop-up, **cliquez** sur le bouton *Créer* : un nouveau pop-up s'ouvre pour vous demander de choisir un compte. Dans ce pop-up, **cliquez** sur votre compte.

La nouvelle connexion a bien été créée.

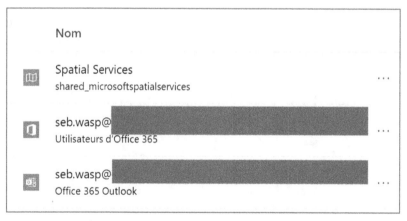

Figure 136 Connexion Office 365 Outlook

Une fois les connexions créées, vous pouvez les utiliser dans votre application. En effet, une connexion créée est accessible dans n'importe quelle application Power Apps ou tout flux Power Automate, sauf si des restrictions ou des blocages ont été définis par l'administrateur informatique.

Modifier l'application Courriels

Si l'application *Courriels* n'a pas encore été créée, **créez-la** maintenant en suivant les indications de la section *Créer une application Courriels* du *Chapitre 3 : Créer ses premières applications*.

Premièrement, vous allez modifier l'application *Courriels*. Dans le volet de navigation gauche, **cliquez** sur le menu *Applications* : la liste de vos applications s'affiche dans le volet central.

Pour modifier cette application, **survolez** tranquillement l'application *Courriels* avec la souris, et **gardez** la souris sur la ligne de l'application. Sur la ligne de l'application *Courriels*, **cliquez** sur le petit crayon qui apparaît : l'application s'ouvre en modification dans Power Apps Studio.

Création de votre écran

La figure suivante présente un schéma qui illustre l'objectif attendu de votre premier écran pour l'application *Courriels*.

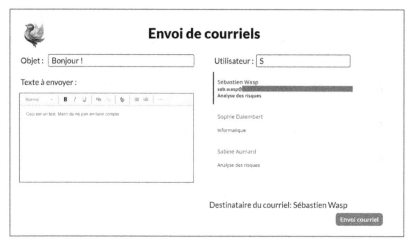

Figure 137 Objectif du premier écran de Courriels

Explications de l'écran

Cet écran présente un écran Power Apps, permettant d'envoyer un courriel à son destinataire.

En haut de l'écran, un titre clair ("Envoi de courriels") indique l'action principale que l'utilisateur s'apprête à réaliser : envoyer un courriel. Le logo rappelle l'appartenance de l'application à l'organisation.

Juste en dessous du titre, il y a un champ de texte prévu pour saisir l'objet du message. C'est l'équivalent de la ligne *Objet* dans un courriel standard. L'utilisateur peut y taper un titre clair ou un résumé du contenu du courriel afin que le destinataire identifie rapidement le sujet.

À droite d'*Objet*, il y a un champ *Utilisateur*, partiellement renseigné. Lors de la saisie du nom, ou d'une partie du nom d'un utilisateur ou d'un groupe de l'organisation, un filtrage est opéré dans la liste qui est présente sous le champ *Utilisateur*.

En effet, sous le champ *Utilisateur*, s'affiche une liste de noms avec leurs coordonnées et leur service : *Sébastien*

Wasp, Sophie Dalembert, etc. Cette liste présente différents destinataires potentiels, chacun avec une adresse de courriel et un service/département associé. Un simple clic sur un nom permet de sélectionner cette personne en tant que destinataire principal du message.

Dans la partie centrale inférieure de l'écran, un grand champ de texte est présenté avec des options de mise en forme (en-tête *Format* suivi des icônes standard de mise en forme : gras, italique, souligné, listes, liens, etc.). L'indication *Entrez du **texte enrichi** ici* montre qu'il s'agit d'un éditeur de texte riche, permettant à l'utilisateur de saisir le corps du message avec une mise en forme plus avancée qu'un simple texte brut.

Vous avez le *destinataire* du courriel (en bas à droite) qui est affiché. Cette mention confirme que la sélection effectuée au préalable a désigné Sébastien Wasp comme le destinataire principal du message.

Enfin, le bouton *Envoi courriel*, en bas à droite, permet de valider et d'envoyer le message. Quand l'utilisateur a terminé de renseigner l'objet, sélectionné le destinataire et saisi le contenu, il peut cliquer sur ce bouton pour envoyer le courriel.

Traduction de l'écran en Power Apps

Dans ce cas, vous devez afficher le *logo* et le *titre* en utilisant une nouvelle méthode, plus rapide et plus efficace, que je vais vous montrer.

Avec la manipulation précédente, vous avez peut-être remarqué qu'un contrôle de saisie ou d'entrée de texte est souvent associé à un contrôle d'étiquette de texte. Ainsi, pour représenter l'*objet* et l'*utilisateur*, vous utiliserez une combinaison d'une étiquette de texte et d'un champ de saisie. Cette tâche sera aussi réalisée avec la nouvelle méthode.

Le *texte à envoyer* sera représenté par une étiquette de texte, tandis que son contenu sera saisi dans un contrôle de type éditeur de texte enrichi. Ce dernier permet de rédiger le corps du message avec une mise en forme avancée, dépassant le simple texte brut. Il offre également la possibilité de copier-coller du contenu directement depuis un document Word.

Enfin, la *liste des utilisateurs* filtrés sera affichée à l'aide d'un contrôle essentiel : une *galerie*. Ce type de contrôle, très utilisé, sert à présenter une liste de valeurs ou d'éléments. Il est fréquemment employé dans presque toutes les applications Power Apps que j'ai créées ou auditées. Il est donc crucial de le connaître.

En cas d'erreur

Petit rappel : en cas d'erreur de votre part, vous pouvez annuler les dernières erreurs en utilisant les touches *Ctrl+Z*, ou grâce au menu de la barre de menus horizontale.

De même, il est possible avec ce menu de rétablir les dernières actions, ou grâce aux touches *Ctrl+Y*.

Messages d'erreur

Cette application est légèrement plus complexe que la précédente, notamment à cause des connexions qui seront utilisées. Des erreurs temporaires peuvent donc apparaître, signalées par des icônes rouges ou des formules soulignées en rouge.

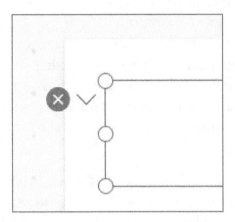

Figure 138 Icône signalant une erreur

Ces messages d'erreur sont tout à fait normaux, car ils sont attendus et inévitables à ce stade. Il est effectivement impossible de les prévenir entièrement car la configuration opérationnelle de l'application nécessite de modifier plusieurs propriétés. Ce n'est pas possible de le faire simultanément. Cependant, ces erreurs seront signalées et corrigées au fur et à mesure des manipulations. À la fin, tous ces messages auront disparu.

Maintenant que vous êtes paré, **allez-y** !

Image & Titre

Créer un groupe

L'objectif est de réutiliser une partie du travail effectué dans l'application précédente *Liste*, pour ajouter les contrôles de l'image et du titre.

Une première approche consisterait à dupliquer l'application *Liste* pour en créer une nouvelle nommée *Courriels*, puis à supprimer les éléments inutiles. Cependant, cette méthode nécessiterait un travail de suppression, et de plus, l'application *Courriels* existe déjà.

Pour ces raisons, une méthode alternative, basée sur la copie de codes, est préférable. Toutefois, juste avant d'utiliser la méthode alternative, vous allez créer un groupe de contrôles. **Notez** que la création d'un groupe n'est ni nécessaire, ni indispensable pour utiliser cette méthode. C'est simplement l'occasion pour vous de découvrir une autre fonctionnalité de Power Apps.

Commencez par ouvrir l'application *Liste* en modification dans un nouvel onglet, en utilisant la méthode de votre choix. Puis, dans l'application *Liste*, **sélectionnez** les contrôles *Titre_logo* et *Titre_label* en cliquant dessus tout en maintenant la touche *Ctrl* de votre clavier enfoncée.

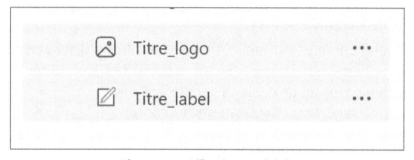

Figure 139 Sélection multiple

Ensuite, dans le panneau *Arborescence*, **cliquez** sur les trois petits points horizontaux ('...') au bout de *Titre_logo* ou *Titre_label* : un menu s'affiche. Dans ce menu, **cliquez** sur le choix *Groupe* : un nouveau contrôle est créé. Ce contrôle regroupe les deux contrôles précédents.

Ensuite, **renommez** ce contrôle en *Titre_groupe*, à l'aide des trois petits points horizontaux ('...') au bout de *Titre_groupe* ou en double-cliquant dedans.

Figure 140 Groupe de contrôles

Puis, **enregistrez** votre application *Liste* mais **ne quittez pas** la modification en cours.

Copie de codes

Maintenant que le groupe est créé, vous allez utiliser une nouvelle méthode qui repose sur la copie de codes. Cette méthode permet de copier les contrôles, avec leur paramétrage, entre applications. Le contenu et les données ne sont pas copiés. En revanche, toutes les mises en forme (nom des contrôles, police, taille de la police, etc.) sont conservées.

Dans l'application *Liste*, , **cliquez** sur les trois petits points horizontaux ('...') au bout de *Titre_Groupe*. Puis, dans le menu qui s'affiche, **cliquez** sur le chevron à droite de *Copier* puis **cliquez** sur *Copier le code* (*Copy code*).

Ensuite, **ouvrez** l'onglet du navigateur où l'application *Courriels* est ouverte en modification. Puis, sur l'écran *Screen1*, **faites un clic droit** à un endroit quelconque de l'écran : un petit menu s'ouvre.

Figure 141 Coller le code

Puis, dans le menu qui s'affiche, **cliquez** sur le chevron à droite de *Coller* puis **cliquez** sur *Coller le code* (*Paste code*). Vous avez pu récupérer les contrôles, sauf l'image du logo, d'où l'apparition d'une icône rouge d'erreur. Ce qui est normal, car l'image est dans l'application et non pas dans le code. Bien sûr, l'erreur va être corrigée.

Image

Notamment, vous allez ajouter le logo au contrôle image. Pour ce faire, dans le panneau *Arborescence*, cliquez sur le contrôle *Titre_groupe*, et **cliquez** sur le chevron à gauche du contrôle *Titre_groupe* pour l'ouvrir.

Puis, **cliquez** sur le contrôle *Titre_logo*, et **survolez**-le, dans le canevas, avec votre souris : un menu contextuel s'affiche.

Dans le menu contextuel, **cliquez** sur *Modifier*. Dans le petit menu qui apparaît, **faites votre choix** pour afficher une image : remplacer l'image d'exemple par un fichier existant (inexistant pour le moment), utiliser une image issue de la bibliothèque Microsoft, ou importer une image depuis votre ordinateur.

Titre

Directement dans le canevas, **double-cliquez** sur le titre *Sélection d'un revêtement de sol* du contrôle : il se met en surbrillance. Ensuite, **remplacez** le titre *Sélection d'un revêtement de sol* par la phrase *Envoi de courriels*. Éventuellement, **centrez** le texte dans le contrôle, avec la propriété *Alignement du texte*, dans le panneau *Propriétés*.

 Envoi de courriels

Figure 142 Nouveau titre

Objet

Revenez sur l'onglet où l'application *Liste* est ouverte en modification. Avec la souris, **sélectionnez** le contrôle *Categorie_label*. **Faites un clic droit** dessus, puis **cliquez** sur le choix *Copier le code*.

Puis, **rebasculez** sur l'onglet où l'application Courriels est ouverte en modification. Puis, **cliquez** sur une zone vierge quelconque du canevas. **Faites un clic droit** dessus, puis **cliquez** sur le choix *Coller le code*.

Puis, **renommez** le contrôle en *Objet_label*.

Ensuite, dans le volet *Propriétés,* **modifiez** le texte *Catégorie de produits* en *Objet*.

Ensuite, toujours dans le volet *Propriétés*, **modifiez** sa position *X* à 40, sa position *Y* à 155, sa *Largeur* à 90 et sa *Hauteur* à 40.

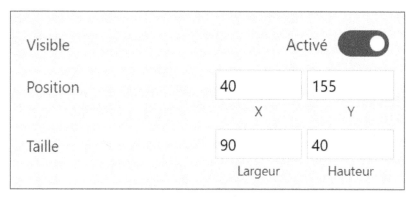

Figure 143 Coordonnées du contrôle

Puis, **ajoutez** un contrôle de type *Entrée de texte*, en cliquant sur le choix + *Insérer* dans le menu horizontal puis en cliquant sur *Entrée de texte*.

Puis, **renommez** le contrôle en *Objet_input*.

Puis, dans le volet *Propriétés*, **supprimez** le texte *Entrée de texte* dans la propriété *Par défaut*, **modifiez** sa police en *Lato* et sa taille de police en 20.

Ensuite, toujours dans le volet *Propriétés*, **modifiez** sa position *X* à 140, sa position *Y* à 155, sa *Largeur* à 500 et sa *Hauteur* à 40.

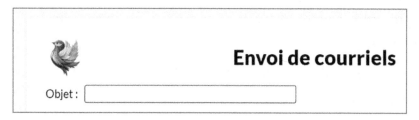

Figure 144 Objet

Utilisateur

Vous allez ajouter les contrôles pour la saisie de l'utilisateur destinataire du courriel.

Avec la souris, **sélectionnez** les deux contrôles *Objet_label*, et *Objet_input*. **Faites un clic droit** dessus, puis **cliquez** sur le choix *Copier*.

Puis, **cliquez** sur une zone vierge quelconque du canevas. **Faites un clic droit** dessus, puis **cliquez** sur le choix *Coller*.

Alignez les deux contrôles sur le contrôle *Objet*.

Puis, **renommez** le contrôle *Objet_label_1* en *Utilisateur_label*.

Puis, **renommez** le contrôle *Objet_input_1* en *Utilisateur_input*.

Ensuite, **cliquez** sur *Utilisateur_input* pour le sélectionner puis dans le volet *Propriétés*, **modifiez** ses propriétés d'affichage :

- X : *855*
- Y : *155*
- Largeur (*Width*): *320*
- Hauteur (*Height*): *40*

Ensuite, **cliquez** sur *Utilisateur_label* pour le sélectionner puis dans le volet *Propriétés*, **modifiez** ses propriétés d'affichage :

- Texte (*Text*): *Utilisateur :*
- X : *705*
- Y : *155*
- Largeur (*Width*): *150*
- Hauteur (*Height*): *40*

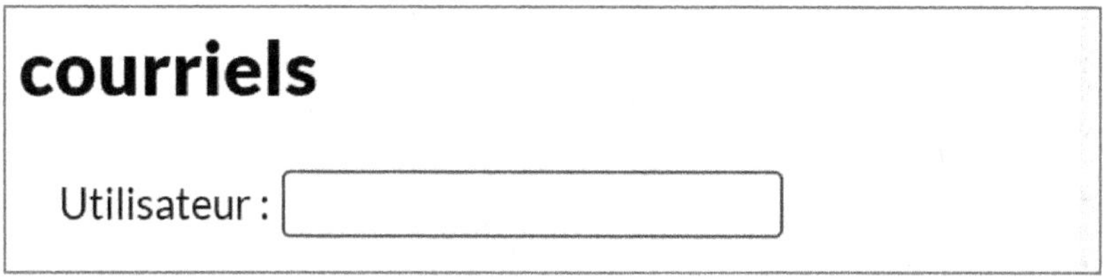

courriels

Utilisateur :

Figure 145 Utilisateur

Texte à envoyer

Vous allez ajouter les contrôles pour la saisie du texte à envoyer.

Copier-coller le contrôle *Utilisateur_label*, afin d'en créer une copie.

Puis, **renommez** le contrôle *Utilisateur_label_1* en *Texte_label*.

Ensuite, **cliquez** sur *Texte_label* pour le sélectionner puis dans le volet *Propriétés*, **modifiez** ses propriétés d'affichage :

- Texte (*Text*): *Texte à envoyer :*
- X : *40*
- Y : *227*
- Largeur (*Width*): *220*
- Hauteur (*Height*): *40*

Puis, **ajoutez** un contrôle de type *Éditeur de texte enrichi*, en cliquant sur le choix + *Insérer* dans le menu horizontal puis, dans la zone *Rechercher*, en tapant le mot *éditeur*, puis en cliquant sur *Éditeur de texte enrichi* dans le résultat de recherche.

Puis, **renommez** le contrôle *RichTextEditor1* en *Texte_input*.

Ensuite, **cliquez** sur *Texte_input* pour le sélectionner puis dans le volet *Propriétés*, **modifiez** ses propriétés d'affichage :

- X : *40*
- Y : *283*
- Largeur (*Width*): *600*
- Hauteur (*Height*): *300*

Figure 146 Texte à envoyer

Bouton

Vous allez ajouter le contrôle bouton qui servira à envoyer le courriel.

Puis, **ajoutez** un contrôle de type *Bouton*, en cliquant sur le choix + *Insérer* dans le menu horizontal puis en cliquant sur *Bouton*.

Puis, **renommez** le contrôle *Button1* en *Envoyer_btn*.

Ensuite, **cliquez** sur *Envoyer_btn* pour le sélectionner puis dans le volet *Propriétés*, **modifiez** ses propriétés d'affichage :

- Texte (*Text*): *Envoi courriel*
- X : *1128*
- Y : *684*
- Largeur (*Width*): *160*
- Hauteur (*Height*): *40*

Figure 147 Bouton

Maintenant que le décor est planté, vous allez vous attaquer à la partie centrale de l'application : la galerie.

Galerie verticale

Rôle de la galerie

Dans Power Apps, un contrôle de type *Galerie* joue un rôle central dans la présentation et l'interaction avec des données issues de différentes sources, telles que des collections internes, des tables du Dataverse ou des systèmes externes comme SharePoint, Excel ou SQL. Il s'agit d'un composant conçu pour afficher les informations de manière structurée, en utilisant un ensemble d'éléments répétés. Chaque enregistrement est présenté selon un modèle, ce qui simplifie la navigation et la lecture, y compris lorsque les volumes de données sont importants.

Une galerie offre également une large palette de possibilités de personnalisation. L'apparence et le contenu de chaque élément peut être personnalisé, la mise en page peut être modifié, les couleurs ajustés. Il est possible d'ajouter des icônes ou insérer d'autres contrôles afin de créer une présentation plus attrayante, plus intuitive et parfaitement adaptée aux besoins fonctionnels. L'utilisateur peut sélectionner un élément dans la galerie pour afficher un niveau de détail plus profond, le modifier, le supprimer ou déclencher des actions plus complexes, comme des mises à jour ou des navigations vers d'autres écrans de l'application.

Enfin, le contrôle galerie s'intègre étroitement avec les formules de Power Apps. Il devient ainsi possible d'appliquer des filtres, des tris ou des fonctions de recherche afin de proposer une expérience flexible et dynamique. La combinaison de ces fonctionnalités fait de la galerie un élément essentiel des applications Power Apps.

Implémentation de la galerie

Dans ce cas, vous allez ajouter un contrôle de type *Galerie verticale*. Lorsque vous saisirez un nom d'utilisateur dans le contrôle *Utilisateur_input*, la galerie affichera automatiquement la liste des utilisateurs correspondants.

Notamment, **ajoutez** un contrôle de type *Galerie verticale*, en cliquant sur le choix + *Insérer* dans le menu horizontal puis en cliquant sur *Galerie verticale*. Le pop-up *Sélectionner une source* s'ouvre automatiquement : **cliquez** sur sa croix pour le fermer. Vous allez bientôt le retrouver.

Puis, **renommez** le contrôle *Gallery1* en *Utilisateur_liste*.

Ensuite, **cliquez** sur *Utilisateur_liste* pour le sélectionner puis dans le volet *Propriétés*, **modifiez** ses propriétés d'affichage :

- Disposition: *Titre, sous-titre et corps*
- X : *705*
- Y : *212*
- Largeur (*Width*): *615*
- Hauteur (*Height*): *360*

Connexion Utilisateurs d'Office 365

Ensuite, dans le canevas, **survolez** le contrôle afin de faire apparaitre le menu contextuel (voir Figure 148) : *Disposition, Données, Champs*.

Figure 148 Menu contextuel

Dans ce menu contextuel, **cliquez** sur *Données* : Le pop-up *Sélectionner une source* s'ouvre à nouveau.

Dans ce pop-up, **cliquez** dans la zone *Rechercher* et **tapez** le mot *utilisateurs* : la liste des connecteurs contenant le mot *utilisateurs* s'affiche. Dans cette liste, **cliquez** sur le connecteur *Utilisateurs d'Office 365* : votre connexion s'affiche.

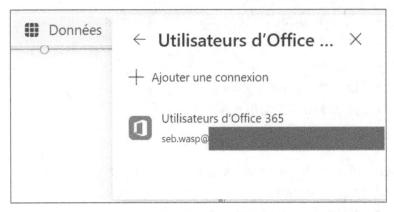

Figure 149 Connexion Utilisateurs d'Office 365 existante

Cliquez sur votre connexion pour la sélectionner. Hormis un bandeau qui vous informe que la connexion est établie, vous ne voyiez pas l'impact à l'écran de votre manipulation. Pourtant, vous pouvez vérifier que la connexion a bien été établie. Juste avant, **fermez** le bandeau en cliquant sur sa croix.

Pour vérifier que la connexion a bien été établie, **cliquez** sur l'icône *Données*, en forme de *grille*, ou de *tableau*, dans le volet le plus à gauche de l'écran : votre connexion s'affiche dans le panneau *Données*.

Figure 150 Connexion établie

Vous allez revenir à l'affichage du panneau de l'Arborescence. Pour cela, **cliquez** sur l'icône *Arborescence*, en forme de 3 feuilles empilées.

Formule principale de la galerie

Ensuite, **cliquez** sur *Utilisateur_liste* pour le sélectionner, puis, dans le volet *Propriétés*, **affichez** ses propriétés avancées, en cliquant sur l'onglet *Avancé*.

Parcourez la liste des propriétés avancées jusqu'à trouver la propriété *Items*. Vous y verrez une valeur par défaut déjà définie, intitulée *CustomGallerySample*.

Remplacez cette valeur par la formule suivante que je vais vous expliquer :

```
'Utilisateursd'Office365'.SearchUserV2({searc
hTerm:Utilisateur_input.Text}).value
```

Pour des raisons de typographie, cette formule s'affiche probablement sur deux lignes dans le livre. Toutefois, elle doit tenir sur une seule ligne, sans aucun espace. En particulier, il faut écrire *searchTerm* en un seul mot.

```
'Utilisateursd'Office365'.SearchUserV2({searchTerm:Utilisateur_input.Text}).value
```

Figure 151 Items de la galerie

Enfin, **ne vous inquiétez pas** des nombreuses icônes rouges qui apparaissent. Elles vont bientôt disparaître.

Explication de la formule

Avant d'entrer dans les détails de la formule, il est important de noter que la plupart des informations, notamment la syntaxe de la formule, proviennent directement de la documentation du connecteur. Cela souligne à quel point il est essentiel de prendre le temps de lire cette documentation.

Dans cette formule, le nom de la connexion de données, *'Utilisateursd'Office365'*, fait référence au connecteur éponyme et indique qu'il s'agit d'une source de données liée aux utilisateurs Office 365.

La fonction utilisée, *SearchUserV2()*, permet de rechercher des utilisateurs dans l'annuaire de manière avancée. Elle prend en paramètre un enregistrement contenant divers champs, dont l'un est *searchTerm* qui représente le critère de recherche.

Dans ce cas, on lui transmet un objet *{searchTerm: Utilisateur_input.Text}*, ce qui signifie que le terme à utiliser pour filtrer les résultats provient du contrôle *Utilisateur_input*. La valeur saisie par l'utilisateur dans ce champ est ainsi transmise à la fonction *SearchUserV2()* pour effectuer la recherche dans l'annuaire.

À l'issue de l'appel, la fonction *SearchUserV2()* renvoie un objet, une structure de données, contenant les utilisateurs qui correspondent aux critères de recherche. Pour accéder directement à la liste des utilisateurs obtenus, on utilise la propriété *.value* qui retourne une table d'enregistrements utilisateur plutôt que l'objet complet qui les encapsule.

Corriger les erreurs

Les icônes rouges des erreurs sont normales car Power Apps attend que vous lui indiquiez ce que vous voulez afficher dans la liste.

Cette manipulation va aussi vous permettre d'apprendre à corriger, ou débuguer, correctement les erreurs dans Power Apps.

Pour corriger un bug, ou une erreur, **cliquez**, dans le canevas, sur le chevron associé à la <u>première</u> icône rouge : un petit menu s'ouvre.

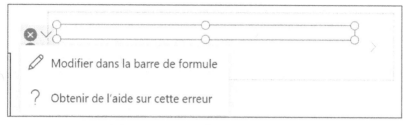

Figure 152 Corriger une erreur

Ce menu propose deux choix : *Modifier dans la barre de formule, Obtenir de l'aide sur cette erreur.*

Je vous recommande de commencer par cliquer sur l'option *Modifier dans la barre de formule.* Cela permet d'ouvrir directement la barre de formule (située au centre, en haut) sur la propriété et la formule associées à l'erreur.

Faites-le.

Figure 153 Formule en erreur

Ensuite, vous avez plusieurs options. Vous pouvez cliquer dans la formule, puis survoler la partie soulignée en rouge pour afficher un message d'erreur explicatif.

Faites-le.

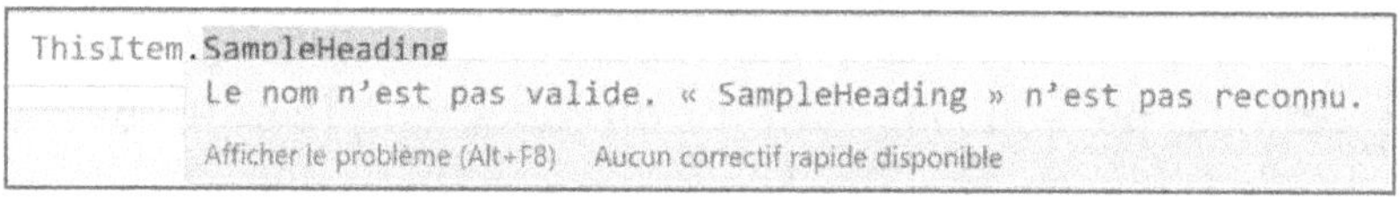

```
ThisItem.SampleHeading
        Le nom n'est pas valide. « SampleHeading » n'est pas reconnu.
    Afficher le problème (Alt+F8)    Aucun correctif rapide disponible
```

Figure 154 Message d'erreur dans la formule

L'autre option consiste à revenir sur l'icône rouge, puis cliquer sur *Obtenir de l'aide sur cette erreur* : un volet s'ouvre à droite avec le message d'erreur, une explication plus détaillée, et une aide pour corriger.

Faites-le.

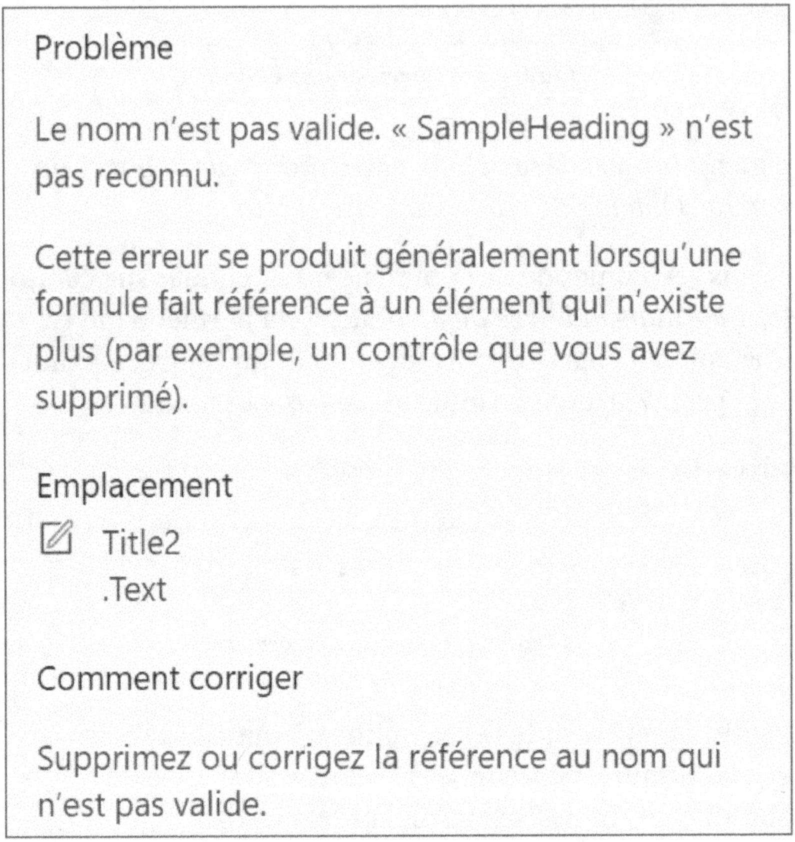

Problème

Le nom n'est pas valide. « SampleHeading » n'est pas reconnu.

Cette erreur se produit généralement lorsqu'une formule fait référence à un élément qui n'existe plus (par exemple, un contrôle que vous avez supprimé).

Emplacement

🖉 Title2
    .Text

Comment corriger

Supprimez ou corrigez la référence au nom qui n'est pas valide.

Figure 155 Détail de l'erreur

Dans la capture d'écran présentée dans la Figure 157, **observez** que sous la section *Emplacement*, le nom du contrôle (*Title2*) est affiché, ainsi que sa propriété (*Text*), qui contient l'erreur.

Fermez le volet détail en cliquant sur sa croix, en haut et à droite.

Si le volet *Propriétés* a disparu, **cliquez** sur l'icône *Propriétés* dans le menu horizontal.

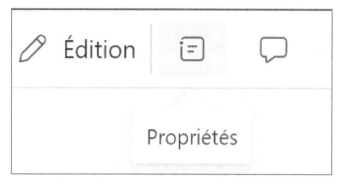

Figure 156 Menu Propriétés

ThisItem et l'opérateur '.'

Dans ce cas, la correction de l'erreur est relativement simple. Lors de l'ajout de la galerie, celle-ci contient par défaut des valeurs et des champs d'exemple, tels que *SampleHeading*. Il vous suffit de remplacer ces champs d'exemple par un champ provenant du connecteur.

Pour corriger cela, **cliquez** dans la barre de formule où l'erreur est présente, puis **supprimez** uniquement le mot *SampleHeading*.

Figure 157 ThisItem

Le mot *ThisItem* est conservé, ainsi que le petit point qui est souligné en rouge.

Dans une galerie, le terme *ThisItem* désigne l'enregistrement individuel (ou la ligne) dans la liste de données affichée par la galerie.

En particulier, *ThisItem* permet de se référer directement aux données associées à l'élément en question.

Le point ('.') qui suit *ThisItem* est l'opérateur permettant d'accéder aux champs, propriétés ou colonnes spécifiques de cet enregistrement.

Par exemple, dans une galerie affichant une liste d'utilisateurs, *ThisItem.Nom* affichera le nom de chaque utilisateur pour chaque ligne correspondante. En écrivant *ThisItem.Nom*, vous dites à Power Apps que vous voulez accéder à la valeur du champ *Nom* de l'utilisateur courant. Le point ('.') sert donc à naviguer à l'intérieur de la structure de données de l'élément et à récupérer la donnée souhaitée.

Afficher le nom de l'utilisateur

Pour afficher la liste de tous les champs disponibles, **supprimez** le point existant, puis **saisissez** un nouveau point. La liste des champs disponibles apparaît automatiquement.

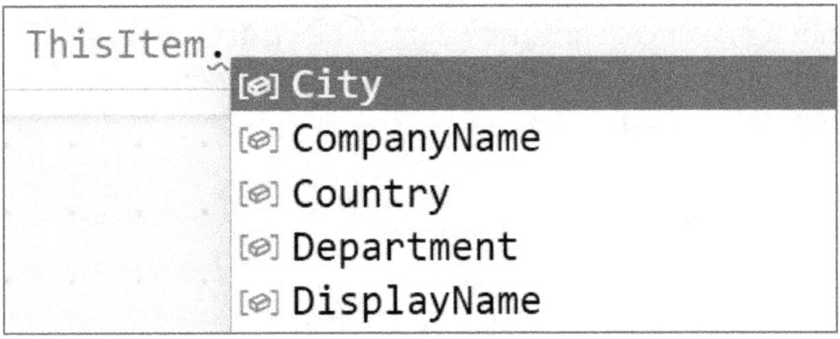

Figure 158 Champs disponibles (extrait)

Dans cette liste, **cliquez** sur le champ *DisplayName*, pour sélectionner le nom d'affichage de l'utilisateur. **Ne vous inquiétez pas** d'un éventuel bandeau gris qui indique que la formule utilise une portée car vous n'êtes pas concerné.

Afficher l'adresse de courriel

Ensuite, **cliquez** sur le chevron associé à l'icône rouge suivante, puis **cliquez** sur l'option *Modifier dans la barre de formule.*

Dans la barre de formule, **supprimez** uniquement le mot *SampleHeading.*

Puis **supprimez** aussi le point existant, puis **saisissez** un nouveau point. La liste des champs disponibles apparaît automatiquement.

Dans cette liste, **cliquez** sur le champ *Mail,* pour sélectionner l'adresse de courriel de l'utilisateur. **Ne vous inquiétez pas** du bandeau gris car vous n'êtes pas concerné.

Afficher le nom du service

Ensuite, **cliquez** sur le chevron associé à la dernière icône rouge, puis **cliquez** sur l'option *Modifier dans la barre de formule.*

Dans la barre de formule, **supprimez** uniquement le mot *SampleHeading.*

Puis **supprimez** aussi le point existant, puis **saisissez** un nouveau point. La liste des champs disponibles apparaît automatiquement.

Dans cette liste, **cliquez** sur le champ *Department,* pour sélectionner le département (service) de l'utilisateur. **Ne vous inquiétez pas** du bandeau gris.

Normalement, tous les messages d'erreur devraient avoir disparu.

Vous pouvez maintenant effectuer un test partiel de votre application. Bien que tout ne soit pas encore pleinement fonctionnel, il est essentiel de vérifier que la galerie affiche correctement les utilisateurs filtrés.

Afficher l'aperçu

Pour afficher un aperçu de votre application sans avoir à l'exécuter, **localisez** l'icône en forme de triangle située en haut à droite, juste à gauche de l'icône *Disquette*. Cette icône correspond au menu *Afficher un aperçu de l'application*. **Cliquez** dessus pour observer le fonctionnement de votre application.

Une autre méthode consiste à appuyer sur la touche *F5* de votre clavier.

Cette fonctionnalité vous permet de tester rapidement les interactions et de vérifier que tout fonctionne comme prévu.

Normalement, vous devriez voir un écran qui ressemble à celui-ci.

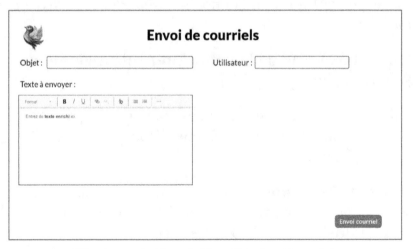

Figure 159 Aperçu de l'application Courriels

Dans cet affichage, **testez** le bon fonctionnement de la galerie en saisissant votre nom, ou le nom d'un collègue, dans le contrôle *Utilisateur*.

Assurez-vous que la galerie affiche une liste d'utilisateurs dont le nom est filtré par les caractères saisis dans le contrôle *Utilisateur*.

Figure 160 Liste des utilisateurs avec la lettre S

Fermer l'aperçu

Enfin, **fermez** l'aperçu en cliquant sur la croix en haut et à droite.

Destinataire du courriel

La création de l'écran n'est pas encore entièrement terminée. Vous devez également afficher le nom de l'utilisateur sélectionné, qui sera le destinataire du courriel (voir Figure 137).

Cette manipulation, qui consiste à concaténer un texte statique avec la propriété *DisplayName* de l'élément actuellement choisi, permet non seulement de retravailler des formules existantes, mais également d'introduire une notion clé dans Power Apps : la propriété *Selected*. Grâce à cette propriété, il devient possible de se référer précisément à l'élément sélectionné dans un contrôle, comme une liste ou une galerie, et d'en exploiter les données de manière dynamique. Cette approche ouvre la voie à une interactivité accrue au sein de l'application, permettant de personnaliser le contenu affiché en fonction du choix de l'utilisateur et de créer des scénarios d'utilisation plus riches et plus pertinents.

Vous allez ajouter le contrôle pour l'affichage du destinataire.

Copier-coller le contrôle *Utilisateur_label*, afin d'en créer une copie.

Puis, **renommez** le contrôle *Utilisateur_label_1* en *Destinataire_label*.

Ensuite, **cliquez** sur *Destinataire_label* pour le sélectionner puis dans le volet *Propriétés*, **modifiez** ses propriétés d'affichage :

- Texte (*Text*): *Destinataire du courriel:*
- X : *688*
- Y : *636*
- Largeur (*Width*): *664*
- Hauteur (*Height*): *40*

Modification possible dans plusieurs emplacements

Ensuite, toujours dans le volet *Propriétés*, **affichez** ses propriétés avancées, en cliquant sur l'onglet *Avancé*.

Descendez document l'ascenseur vertical et **repérez** la propriété *Text* qui contient la phrase "*Destinataire du courriel:* ", que vous venez de paramétrer.

Ensuite, **cliquez** sur le mot *Text* (et non pas sur *Destinataire du courriel:*). La barre de formule affiche automatiquement la formule de la propriété *Text*.

Figure 161 Formule de Text

Vous pouvez donc modifier la formule d'une propriété dans plusieurs endroits : l'onglet *Affichage* du volet *Propriétés*, l'onglet *Avancé* du même volet ou directement dans la barre de formule. Pour certaines propriétés, comme *Texte* (*Text* en anglais), il est même possible d'ajuster la valeur directement dans le canevas, bien que cela soit soumis à certaines limitations.

Formule de la propriété

Vous allez modifier la formule de la propriété *Text*. Personnellement, je préfère utiliser la barre de formule, car elle offre plus d'espace et peut être facilement agrandie. Cependant, vous êtes libre de travailler là où vous êtes le plus à l'aise : dans la barre de formule, les propriétés d'affichage ou les propriétés avancées.

À la suite de *"Destinataire du courriel: "*, **ajoutez** la formule suivante :

```
& Utilisateur_liste.Selected.DisplayName
```

```
"Destinataire du courriel: " & Utilisateur_liste.Selected.DisplayName
```

Figure 162 Affiche le destinataire sélectionné

Cette formule est utilisée afin d'alimenter l'étiquette affichant un texte combinant une partie statique et une valeur dynamique provenant de la galerie.

La partie statique de la formule est une chaîne de caractères fixe qui sera reproduite telle quelle dans le résultat final.

La partie dynamique fait référence à l'élément actuellement sélectionné dans le contrôle galerie nommé *Utilisateur_liste*. La propriété *Selected* de ce contrôle désigne l'utilisateur sélectionné, et la propriété *DisplayName* de cet utilisateur en extrait son nom d'affichage.

La formule complète *"Destinataire du courriel: " & Utilisateur_liste.Selected.DisplayName* réunit ces deux parties en un seul texte continu, grâce à l'opérateur de concaténation (&).

Le résultat visible pour l'utilisateur sera ainsi quelque chose comme *Destinataire du courriel: Jean Dupont* si Jean Dupont est l'utilisateur sélectionné.

Selected

De manière générale, *Selected* est une propriété qui fait référence à l'élément actuellement choisi ou mis en évidence au sein d'un contrôle interactif affichant une liste ou un ensemble de données. Par exemple, si vous utilisez une liste déroulante ou une galerie, la propriété *Selected* vous permet d'accéder aux informations de l'élément sélectionné par l'utilisateur.

Dans le cas d'un contrôle de type liste ou table, comme une galerie, *Selected* renvoie un enregistrement complet. Vous pouvez ainsi, par exemple, en extraire des données spécifiques telles que le nom, l'adresse ou toute autre propriété associée à cet élément. Cette fonctionnalité est essentielle pour construire des formules dynamiques qui s'adaptent à vos besoins, puisque vous pouvez afficher ou traiter les données de l'élément sélectionné et ainsi rendre votre application plus interactive et personnalisée.

Il reste une dernière étape : l'envoi du courriel.

Envoi du courriel

L'envoi du courriel s'effectuera en cliquant sur un bouton de l'écran. Cette action utilisera la connexion existante avec le *Connecteur Office 365 Outlook*.

OnSelect

Dans le canevas, **cliquez** sur le contrôle *Envoyer_btn*.

Normalement, la barre de formule devrait afficher la formule de la propriété *OnSelect*.

Figure 163 Propriété OnSelect

Dans Power Apps, la propriété *OnSelect* est associée à un contrôle, comme un bouton, une icône ou un élément d'une galerie, et définit l'action ou la série d'actions à exécuter lorsque l'utilisateur interagit avec celui-ci en le sélectionnant (par exemple en le cliquant ou en appuyant dessus). Cette propriété permet d'insérer une formule ou un ensemble d'instructions que l'application va exécuter dès que l'utilisateur active le composant.

Concrètement, pour un bouton, la formule placée dans *OnSelect* peut servir à naviguer vers un autre écran, à mettre à jour des données dans une source de données, à déclencher des flux Power Automate, à définir des variables pour gérer l'état de l'application, à effectuer des calculs ou même à afficher des informations contextuelles. Cette propriété offre ainsi un moyen de déterminer précisément le comportement du composant lors de l'interaction avec l'utilisateur, ce qui permet de rendre l'application plus dynamique, interactive et fonctionnelle.

Actuellement, la formule indique *false*. Cela ne signifie pas qu'il y a une erreur ou que quelque chose est incorrect. Cela indique simplement qu'aucune action ne sera déclenchée lors d'une interaction avec le bouton.

Connexion Office 365 Outlook

Pour utiliser la connexion à *Office 365 Outlook*, **cliquez** sur l'icône *Données*, en forme de *grille*, ou de *tableau*, dans le volet le plus à gauche de l'écran : le panneau *Données* s'affiche.

Dans ce panneau, **repérez** le menu + *Ajouter des données* : le pop-up *Sélectionner une source* s'ouvre à nouveau.

Dans ce pop-up, **cliquez** dans la zone *Rechercher* et **tapez** le mot *outlook* : la liste des connecteurs contenant le mot *outlook* s'affiche. Dans cette liste, **cliquez** sur le connecteur *Office 365 Outlook* : votre connexion s'affiche.

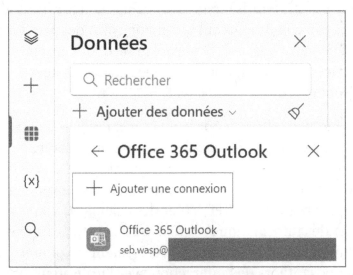

Figure 164 Connexion Office 365 Outlook existante

Cliquez sur votre connexion pour la sélectionner : votre connexion s'affiche dans le panneau *Données*.

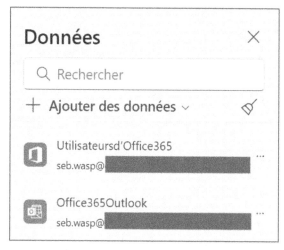

Figure 165 Connexion établie

Vous allez revenir à l'affichage du panneau de l'Arborescence. Pour cela, **cliquez** sur l'icône *Arborescence*, en forme de 3 feuilles empilées.

Formule du bouton

Ensuite, **cliquez** sur *Envoyer_btn* pour le sélectionner, puis, dans le volet *Propriétés*, **affichez** ses propriétés avancées, en cliquant sur l'onglet *Avancé*.

Repérez la propriété *OnSelect* qui est en haut de l'onglet.

Ensuite, **cliquez** sur le mot *OnSelect*. La barre de formule affiche automatiquement la formule de la propriété *OnSelect* (il est probable qu'elle était déjà affichée : peu importe).

Dans la barre de formule, **remplacez** *false* par :

```
Office365Outlook.SendEmailV2(
    Utilisateur_liste.Selected.Mail;
    Objet_input.Text;
    Texte_input.HtmlText
)
```

```
Office365Outlook.SendEmailV2(
    Utilisateur_liste.Selected.Mail;
    Objet_input.Text;
    Texte_input.HtmlText
)
```

Figure 166 OnSelect du bouton

Explication de la formule

La formule utilisée, *Office365Outlook.SendEmailV2*, sert à envoyer un courriel via le connecteur Office 365 Outlook. Cette fonction prend trois paramètres principaux : l'adresse électronique du destinataire, l'objet du courriel, et son contenu.

Le premier paramètre, *Utilisateur_liste.Selected.Mail*, correspond à l'adresse électronique du destinataire. Cette adresse est extraite d'un contrôle nommé *Utilisateur_liste*, qui est la galerie. L'utilisateur sélectionné dans cette liste possède une propriété Mail, utilisée ici pour identifier l'adresse du destinataire.

Le second paramètre, *Objet_input.Text*, représente l'objet du courriel. Cette information est récupérée depuis un contrôle d'entrée utilisateur nommé *Objet_input*, qui est la zone de texte où l'utilisateur peut écrire le sujet du message.

Enfin, le troisième paramètre, *Texte_input.HtmlText*, contient le corps du message au format HTML. Il provient d'un contrôle appelé *Texte_input*, qui est l'éditeur de texte enrichi. Ce contrôle permet à l'utilisateur de rédiger ou de formater le contenu du message.

Concrètement, cette formule fonctionne de la manière suivante : lorsqu'un utilisateur sélectionne une personne dans la liste *Utilisateur_liste*, entre un sujet dans le champ *Objet_input*, et rédige un message dans *Texte_input*, la fonction envoie un courriel à l'adresse sélectionnée avec les informations fournies.

Cette approche permet de combiner des éléments dynamiques (comme le destinataire, le sujet et le message) pour automatiser l'envoi de courriels personnalisés dans une application Power Apps.

C'est fini ! Vous pouvez tester votre application.

Afficher l'aperçu

Pour afficher un aperçu de votre application, **cliquez** sur l'icône en forme de triangle située en haut à droite ou **appuyez** sur la touche *F5* de votre clavier.

Cette fonctionnalité vous permet de tester rapidement les interactions et de vérifier que tout fonctionne comme prévu.

Normalement, vous devriez voir un écran qui ressemble à celui-ci.

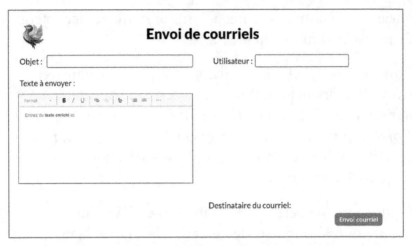

Figure 167 Aperçu de l'application Courriels

Dans cet affichage, **testez** le bon fonctionnement de l'application en saisissant un objet, un texte à envoyer et votre nom, ou celui d'un collègue, dans le contrôle *Utilisateur*.

Assurez-vous que la galerie affiche une liste d'utilisateurs dont le nom est filtré par les caractères saisis dans le contrôle *Utilisateur*.

Cliquez sur votre nom pour le sélectionner. Éventuellement, **cliquez** sur un autre nom que le premier, qui est sélectionné par défaut.

Assurez-vous que la zone destinataire est bien renseignée,

Puis **cliquez** sur le bouton.

Vérifiez que le courriel est bien arrivé avec les informations saisies dans votre application Power Apps.

Fermer l'aperçu

Enfin, **fermez** l'aperçu en cliquant sur la croix en haut et à droite.

Conditions et notifications

Normalement, avant d'envoyer le courriel, il serait important de vérifier certains points. Tout d'abord, il faudrait s'assurer qu'un destinataire ait bien été sélectionné et que le texte à envoyer n'est pas vide. Idéalement, l'objet du courriel devrait également être renseigné. Si ce n'est pas le cas, l'utilisateur pourrait être invité à confirmer l'envoi d'un courriel sans objet.

D'autres vérifications pourraient également être ajoutées, comme la validation de l'adresse électronique : est-elle correctement formatée ?

Enfin, une notification pourrait être mise en place pour confirmer la réussite de l'envoi du courriel, soit à l'écran, soit sous forme de bandeau. En cas d'échec, un message d'erreur devrait alerter l'utilisateur.

Toutes ces vérifications et notifications sont réalisables dans Power Apps. Cependant, cette partie du livre étant dédiée aux débutants, ces fonctionnalités ne seront pas abordées ici. En revanche, les fonctions qui permettent d'implémenter ces fonctionnalités sont expliquées dans la section suivante, consacrée au niveau intermédiaire.

Enregistrer votre application

Il est très probable que votre application soit déjà enregistrée et que toutes vos modifications soient sauvées.

Toutefois, cela ne coûte rien de le vérifier.

Pour ce faire, **regardez** la disquette qui se trouve en haut et à droite de l'écran.

Si elle est grisée, tout est enregistré et vous n'avez rien à faire. En laissant votre souris sur la disquette, *Power Apps Studio* vous affiche la date de la dernière sauvegarde.

Si la disquette n'est pas grisée, **cliquez** dessus pour sauvegarder vos dernières modifications. Puis, patientez quelques secondes. Quand la disquette devient grisée, la sauvegarde est terminée.

Quitter Power Apps Studio

Optionnellement, vous pouvez aussi quitter Power Apps Studio proprement.

Pour cela, **repérez** le choix *Précédent* en haut et à gauche de l'écran, dans le menu horizontal.

Figure 168 Précédent

Cliquez sur *Précédent* : un pop-up s'affiche et vous demande si vous êtes sûr de vouloir quitter. Dans ce pop-up, **cliquez** sur le bouton *Quitter* : vous revenez sur le menu *Accueil* ou *Applications* de Power Apps.

Bilan des acquis

Avec l'application *Courriels*, vous avez ajouté et configuré deux connecteurs : Utilisateurs d'Office 365 et Office 365 Outlook.

Vous savez désormais rechercher et sélectionner un utilisateur dans votre organisation grâce à une galerie filtrée.

Vous avez appris à envoyer un courriel à cet utilisateur, en récupérant l'adresse électronique via la propriété *.Selected.Mail*.

Vous avez manipulé un éditeur de texte enrichi (*Rich Text Editor*) pour permettre la saisie d'un contenu formaté.

Vous avez découvert comment gérer les propriétés dynamiques (*Selected*, *OnSelect*, etc.) pour rendre votre application plus interactive.

Dans les chapitres suivants, vous apprendrez à mettre en place des vérifications conditionnelles (test d'un champ vide, affichage de messages d'erreur, etc.).

Vous apprendrez aussi à personnaliser davantage la mise en forme ou l'ergonomie de l'application, grâce à de nouvelles fonctions avancées.

En consolidant ces fonctionnalités, vous serez à même de créer de véritables outils de collaboration, plus puissants encore, pour votre organisation.

Partie II : Niveau intermédiaire

Chapitre 7 : Barre de formule

Introduction

Comme mentionné précédemment, la barre de formule est située en haut de l'écran, juste en dessous du menu horizontal. Pour mieux comprendre son utilisation, **observez** l'exemple ci-dessous, basé sur un contrôle *Entrée de texte*.

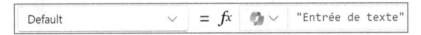

Figure 169 Barre de formule

La barre de formule est divisée en deux parties autour du signe égal ("=").

À gauche de ce signe se trouve le nom de la propriété (*'Default')* du contrôle, qui est concernée par la formule.

À droite, vous avez l'éditeur de la barre de formules, où la formule elle-même est écrite et peut être modifiée (*"Entrée de texte"*).

La barre de formule présente de très nombreux avantages par rapport au volet *Propriétés* car elle vous permet d'exploiter pleinement les capacités du langage *Power Fx* de Power Apps, qui est présenté plus bas.

Liste des Propriétés

À gauche du signe égal ("="), se trouve donc le nom de la propriété qui est concernée par la formule.

Si vous cliquez sur le nom de la propriété, la longue liste des propriétés du contrôle sélectionné s'affiche.

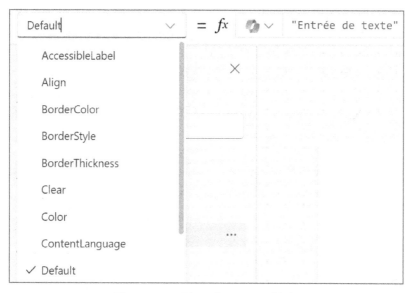

Figure 170 Liste des propriétés

Autrement dit, vous retrouvez la liste exhaustive des propriétés modifiables du contrôle que vous manipulez. Il s'agit des mêmes propriétés que celles qui se trouvent dans le volet *Propriétés*, mais présentées sous forme d'une simple liste.

Vous savez maintenant que chaque contrôle, comme un bouton, une étiquette ou une galerie, possède un ensemble de propriétés qui déterminent son apparence, son comportement et ses interactions. Ces propriétés incluent des éléments tels que la couleur (*Color*), la visibilité (*Visible*), le texte affiché (*Text*), ou encore les actions associées à des événements comme un clic (*OnSelect*).

Lorsque vous sélectionnez un contrôle dans l'interface de conception, la liste de ses propriétés apparaît avec leur intitulé anglais, dans ce menu déroulant. Cette liste vous permet de choisir rapidement la propriété que vous souhaitez modifier.

Une fois qu'une propriété est sélectionnée dans la liste, la barre de formule affiche ou attend une formule associée. Par exemple, si vous sélectionnez la propriété *Text* d'un bouton, vous pouvez entrer une formule pour définir le texte affiché, comme *"Envoyer"* ou une expression dynamique basée sur une condition. La liste des propriétés est contextuelle, ce qui signifie qu'elle affiche uniquement les propriétés pertinentes au type de contrôle sélectionné.

Par ailleurs, la propriété sélectionnée est cochée dans la liste, comme ci-dessous avec un contrôle *Bouton*.

Figure 171 Propriété sélectionnée d'un bouton

De plus, quand la valeur par défaut de la propriété a été modifiée, le nom de la propriété apparaît en gras, comme ci-dessous avec la propriété *Fill* (remplir) :

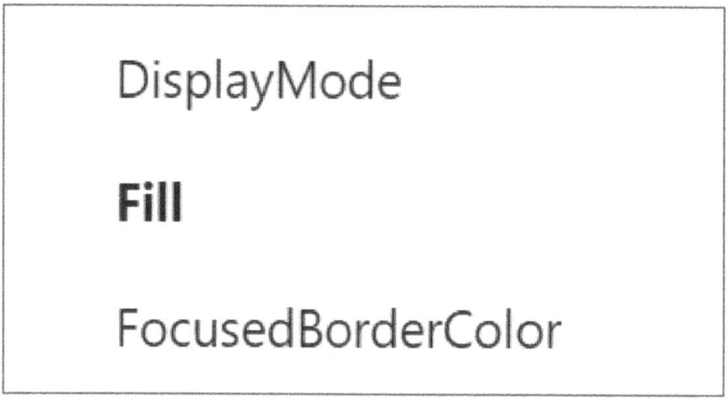

Figure 172 Valeur par défaut de Fill modifiée

Lien avec le volet Propriétés

L'un des premiers obstacles, tout à fait compréhensible, à l'utilisation de cette liste déroulante réside dans l'absence d'une représentation graphique similaire à celle offerte par le volet *Propriétés*. Un autre frein, également légitime, est lié au fait que les intitulés des propriétés sont en anglais plutôt qu'en français. Par exemple, il n'est pas évident pour tout le monde de savoir que la propriété correspondant à la couleur de remplissage d'un contrôle est *Fill* et non *Color*, qui, en réalité, désigne la couleur du texte.

Ainsi, il est conseillé aux débutants de privilégier dans un premier temps l'utilisation du volet *Propriétés*. Progressivement, et de manière assez naturelle, ils pourront se familiariser avec la barre de formules.

D'autant plus qu'il est généralement possible de passer instantanément du volet *Propriétés* à la barre de formules par un simple clic sur le nom de la propriété concernée, facilitant ainsi la transition.

Par exemple, pour un contrôle *Entrée de texte*, **repérez** le nom de propriété *Texte d'information* ci-dessous. Le *Texte d'information* (*HintText* en anglais) permet de donner une indication sur la saisie dans le contrôle, comme *Saisissez votre âge*. Ce texte disparaît automatiquement dès que l'utilisateur saisit le premier caractère.

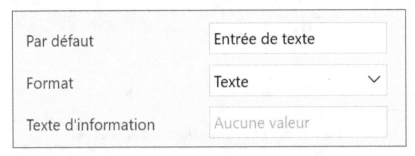

Figure 173 Propriétés d'une entrée (extrait)

Puis, **cliquez** sur *Texte d'information* (et non pas dans Aucune valeur) : la barre de formule se met à jour en affichant la formule vide de *HintText*.

*Figure 174 Barre de formule de **HintText***

Dans la barre de formule, **remplacez** la paire de guillemets ("") par cette phrase *"Saisissez votre âge"* (avec les guillemets).

Lorsque vous modifiez la propriété *Texte d'information*, vous remarquerez que le volet *Propriétés* se met automatiquement à jour. L'inverse est également vrai. Cependant, soyez vigilant en ce qui concerne l'utilisation des guillemets pour les textes : ils sont toujours requis dans la barre de formule, mais ne doivent pas être utilisés dans le volet *Propriétés*.

Power Fx

Power Fx est le nom du langage de formule utilisé dans Microsoft Power Apps.

Il est spécialement conçu pour permettre la création d'applications sans nécessiter de compétences approfondies en programmation. Notamment, il se distingue par une syntaxe intuitive et familière, proche de celle utilisée dans Excel, ce qui en fait un outil particulièrement accessible pour les utilisateurs non-développeurs. En même temps, il reste suffisamment puissant pour répondre aux besoins des développeurs professionnels.

Ce langage est déclaratif, ce qui signifie qu'il permet de décrire ce que vous voulez accomplir sans devoir spécifier chaque étape pour y parvenir. Par exemple, une formule *Power Fx* peut être utilisée pour calculer dynamiquement la valeur d'un champ en fonction d'autres champs. Ce calcul se met à jour automatiquement dès que les valeurs des champs concernés changent, simplifiant ainsi les processus interactifs.

La syntaxe de Power Fx est familière pour les utilisateurs d'Excel. Elle inclut des fonctions bien connues comme *Sum()*, *If()* ou *Len()*, et bien d'autres. Grâce à cela, ces utilisateurs retrouvent un environnement qu'ils connaissent déjà, ce qui accélère l'apprentissage et l'utilisation du langage. En effet, le cœur de l'utilisation de ce langage repose sur l'appel de fonctions et leur combinaison en les imbriquant, à l'image de ce que l'on fait dans Excel, tout en offrant des possibilités supplémentaires.

Un autre aspect clé de *Power Fx* est sa capacité à contrôler les comportements et les propriétés des applications créées. Il permet, par exemple, de définir l'apparence des boutons, de spécifier des actions déclenchées lors d'interactions comme un clic ou encore d'afficher des données en temps réel en fonction des entrées utilisateur. Ces fonctionnalités rendent les applications développées plus interactives et réactives. Dans la *Partie I : Niveau débutant*, vous avez déjà eu l'occasion de le vérifier par vous-même à travers les deux applications développées, *Liste* et *Courriels*.

De plus, *Power Fx* est un projet open source, ce qui signifie que Microsoft a rendu son code accessible à la communauté. Cela permet non seulement à d'autres développeurs de contribuer à son évolution, mais également de l'utiliser dans des outils en dehors de Power Apps, comme dans Power Automate (Flow) ou Power Virtual Agents.

Enfin, *Power Fx* est conçu pour travailler avec les données et les contextes définis dans Power Apps, ce qui facilite considérablement les interactions avec des sources de données externes telles que SharePoint, Dataverse ou encore Excel.

Ainsi, ce langage de fonctions va vous permettre de créer des applications interactives, rendant la conception et la personnalisation des applications accessibles à un large éventail d'utilisateurs.

Extensibilité de la barre de formule

La zone de travail de l'éditeur de la barre de formule est largement extensible avec une zone de visibilité bien plus importante que celle proposée dans le volet *Propriétés*.

En effet, complètement à la droite de la barre de formule se trouve un chevron descendant qui permet de la développer, et de faire apparaitre trois menus supplémentaires en bas.

Cette zone est encore plus extensible en tirant son bord inférieur vers le bas.

Figure 175 Zone extensible

*Pour le moment, **ne vous préoccupez pas** de comprendre en détail la formule présentée dans l'exemple. Il me fallait une formule un peu longue pour expliquer la suite. Progressivement, vous découvrirez les éléments nécessaires pour l'analyser, et vous constaterez qu'elle est finalement moins complexe qu'elle n'en a l'air !*

En revanche, **intéressez-vous** aux menus qui viennent d'apparaître en bas de l'éditeur de la barre de formule : *Mettre le texte en forme, Supprimer la mise en forme, Rechercher et remplacer.*

Mise en forme

Le menu *Mettre le texte en forme* est particulièrement utile lorsque votre formule est complexe, comme dans l'exemple. En effet, il décompose toutes les fonctions, facilitant ainsi leur lecture et leur compréhension.

À l'inverse, le menu *Supprimer la mise en forme* rétablit l'affichage d'origine en supprimant cette structure détaillée.

Observez ci-dessous son impact sur la formule de l'exemple précédent.

```
SortByColumns(
    Filter(
        [@Fruits];
        StartsWith(
            Title;
            TextSearchBox1.Text
        )
    );
```

Figure 176 Formule mise en forme (extrait)

Rechercher et remplacer

Le menu *Rechercher et remplacer* est un outil pratique qui
permet de localiser rapidement des éléments spécifiques
dans une formule et, si nécessaire, de les remplacer par
d'autres valeurs ou expressions.

Il peut être ouvert en utilisant un raccourci clavier (Ctrl + F
pour rechercher et Ctrl + H pour rechercher et remplacer) ou
en cliquant sur l'icône associée dans l'éditeur de la barre de
formule.

Une fois ouvert, le champ de recherche permet d'entrer un
terme ou une partie d'une formule que vous souhaitez
localiser. De plus, le menu prend en charge la recherche
sensible à la casse et l'utilisation d'expressions exactes, ce qui
vous permet de cibler des termes spécifiques sans affecter
des parties non pertinentes de la formule. Power Apps
indique le nombre d'occurrences totales et met en évidence
toutes les occurrences correspondantes dans la formule.

Si le terme recherché apparaît plusieurs fois, des flèches vous
permettent de passer d'une occurrence à une autre.

Figure 177 Recherche de [@Fruits]

Dans cet exemple, la notation *[@Fruits]* fait référence à une table de fruits quelconque. Elle est utilisée pour lever d'éventuelles ambiguïtés en cas de conflits de noms. Cependant, comme il n'existe aucune ambiguïté dans ce cas précis, je peux remplacer cette notation par une forme plus courante : *Fruits*.

Le mode de remplacement est activé en cliquant sur le chevron à gauche (ou Ctrl + H). Ensuite, il suffit d'entrer une valeur de remplacement dans le champ dédié.

Figure 178 Rechercher et remplacer

Une option permet de remplacer une occurrence unique ou toutes les occurrences d'un coup (remplacement global).

Comme pour toute modification dans Power Apps Studio, vous pouvez annuler les remplacements si nécessaire grâce à la commande *Annuler* (Ctrl + Z).

Valeur et type des données

L'éditeur de formule permet aussi d'afficher instantanément les valeurs d'une formule et le type de données manipulé.

C'est vrai pour toutes les formules de calcul, y compris celles concernant l'apparence.

Dans l'exemple ci-dessous, vous obtenez le résultat de la couleur, sous forme d'un visuel, en cliquant simplement dans la formule.

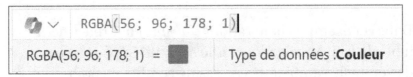

Figure 179 Affichage visuel de la couleur

De même, lors de la manipulation des données, vous pouvez afficher le jeu de données source ou résultant. Par exemple, si vous souhaitez consulter les valeurs de la table *Fruits*, il vous suffit de cliquer sur *Fruits* dans la formule, puis sur le *chevron* situé juste en-dessous dans la bande grise. Cela fera apparaître la table des valeurs utilisées dans la formule, ainsi que le type de données de *Fruits*.

⌄	SortByColumns(Filter(Fruits;	
∧ Fruits	Type de données :**Table**	
Stock		Title
40		Ananas
1300		Citron

Figure 180 Valeurs de la table Fruits (extrait)

Mieux encore ! Vous pouvez effectuer cette manipulation à n'importe quel endroit dans la formule afin d'afficher les résultats intermédiaires. En effet, lorsque Power Apps Studio est en mesure de le faire, il affichera les valeurs correspondantes. Cet outil constitue une aide précieuse pour déboguer vos formules ou pour mieux comprendre leur résultat.

Saisie assistée

La saisie assistée est une fonctionnalité conçue pour simplifier et accélérer la création de formules en fournissant des suggestions intelligentes et une aide contextuelle.

Cette fonctionnalité intervient dès que vous commencez à saisir une formule ou une expression. Par exemple, dès que vous commencez à taper un mot-clé ou une fonction, l'éditeur affiche automatiquement une liste de suggestions pertinentes.

Lorsque vous sélectionnez une fonction, une aide contextuelle peut apparaître sous la forme d'une infobulle. Celle-ci présente le fonctionnement de la fonction, les arguments requis et le type de données attendu, vous permettant de mieux comprendre son utilisation sans avoir à quitter l'éditeur.

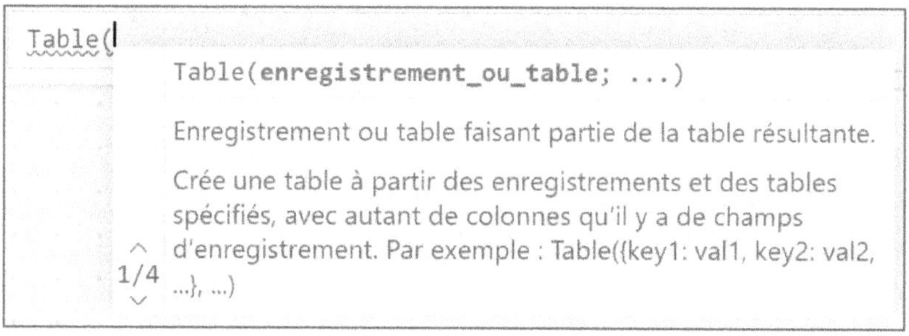

Figure 181 Exemple d'infobulle contextuelle

De plus, pour encore plus de commodité, la saisie assistée permet d'accepter une suggestion en appuyant simplement sur *Tab* ou *Entrée*, réduisant ainsi le risque d'erreurs de frappe et améliorant la rapidité de votre travail.

Par ailleurs, l'éditeur intègre une analyse des erreurs en temps réel. Si une formule contient une erreur, des messages d'erreur ou des soulignements apparaissent, ce qui vous aide à identifier et corriger rapidement le problème.

Par exemple, dans la Figure 181, le liseré rouge sous la fonction *Table()* indique qu'elle contient des arguments non valides. Cela s'explique par le fait que la fonction n'a pas encore été complétée. Une fois que ses arguments seront correctement renseignés, cette indication disparaîtra.

La lisibilité est également optimisée grâce à l'utilisation de la couleur syntaxique : les fonctions, les chaînes de texte et les noms de contrôles sont affichés avec des couleurs distinctes, rendant les formules plus faciles à lire et à comprendre.

Copilot

Le *Copilot* est une fonctionnalité d'intelligence artificielle conçue pour vous assister dans la création et la modification de formules. Son objectif principal est de simplifier et d'optimiser le développement des applications en fournissant des suggestions pertinentes et en aidant à résoudre les éventuels problèmes liés aux formules.

Notamment, si vous rencontrez une difficulté avec une fonction ou une syntaxe particulière, *Copilot* offre des explications détaillées et intelligentes sur le rôle de la formule ou des expressions concernées. Cela en fait un véritable outil d'apprentissage intégré, utile pour les utilisateurs novices comme pour les développeurs plus expérimentés.

Pour utiliser cette fonctionnalité, **sélectionnez** une formule déjà existante dans l'application, par exemple celle de la

Figure 175. Puis **cliquez** sur l'icône colorée de *Copilot* dans la barre de formule, **sélectionnez** l'option *Expliquer cette formule* : un texte explicatif s'affiche.

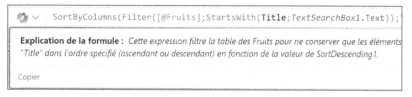

```
SortByColumns(Filter([@Fruits];StartsWith(Title;TextSearchBox1.Text));
```

Explication de la formule : *Cette expression filtre la table des Fruits pour ne conserver que les éléments "Title" dans l'ordre spécifié (ascendant ou descendant) en fonction de la valeur de SortDescending1.*

Copier

Figure 182 Explication de la formule (extrait)

Le texte complet de l'explication de la formule est : *Cette expression filtre la table des Fruits pour ne conserver que les éléments dont le titre commence par le texte saisi dans TextSearchBox1, puis trie les résultats par la colonne "Title" dans l'ordre spécifié (ascendant ou descendant) selon la valeur de SortDescending1.*

Par ailleurs, vous pouvez utiliser *Copilot* pour lui demander de générer une formule en décrivant simplement vos besoins avec une phrase.

Pour activer cette fonctionnalité, **cliquez** à nouveau sur l'icône colorée de *Copilot* dans la barre de formule, **sélectionnez** l'option *Créer une formule (version préliminaire)*, puis **rédigez** votre demande en français, de manière naturelle. Enfin, **appuyez** sur *Entrée* : une formule est proposée sous votre texte (voir Figure 183). Celle-ci peut ensuite être appliquée, ignorée ou copiée.

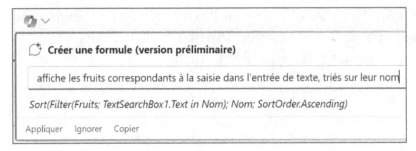

Figure 183 Copilot pour générer une fonction

La formule proposée dans ce scénario est :
Sort(Filter(Fruits; TextSearchBox1.Text in Nom); Nom; SortOrder.Ascending)

Ce type de formule sera abordé ultérieurement.

Enfin, bien que le résultat soit généralement pertinent, il peut être incorrect. Aussi, il doit être examiné soigneusement et compris avant d'être intégré dans votre application.

Grâce à ces capacités, *Copilot* rend le processus de développement dans Power Apps Studio plus accessible, tout en augmentant votre productivité.

Chapitre 8 : Contrôles

Introduction

Lors des manipulations dans les chapitres précédents, vous avez déjà exploré plusieurs contrôles courants, comme les entrées de texte, les boutons ou les galeries.

Afin de vous offrir un guide pratique et centralisé, ces contrôles sont brièvement récapitulés ici, accompagnés de tous ceux que vous allez découvrir maintenant.

Toutefois, l'objectif n'est pas de détailler tous les paramètres de chaque contrôle, mais plutôt de les présenter de manière concise en mettant en avant les propriétés les plus intéressantes, illustrées par un exemple ou une suggestion.

Nommage des contrôles

Lorsque vous ajoutez un contrôle, celui-ci est automatiquement nommé avec un nom en anglais, suivi d'un numéro incrémental, car chaque contrôle doit avoir un nom unique dans l'application. Par exemple, le premier contrôle de type *Bascule* (ou *Toggle* en anglais) sera nommé *Toggle1*, le second *Toggle2*, et ainsi de suite.

Dans les manipulations temporaires proposées dans ce chapitre, ces noms par défaut sont conservés par souci de simplicité. Cependant, lors du développement d'une véritable application, **renommez** chaque contrôle avec un nom explicite, comme expliqué dans la section *Renommer le contrôle* du *Chapitre 5 : Concevoir une application simple*.

Propriétés des contrôles

Pour afficher ou modifier une propriété d'un contrôle, il est indispensable de cliquer sur ce dernier pour le sélectionner. Cela peut sembler évident, mais il s'agit d'une erreur très fréquente, aussi bien chez les débutants que chez les utilisateurs plus expérimentés, de ne pas sélectionner le bon contrôle avant de procéder à des modifications.

Ensuite, *Power Apps Studio* propose deux méthodes différentes pour modifier les propriétés. Dans la *Partie I : Niveau débutant,* vous avez vu essentiellement la méthode qui utilise le volet de droite des *Propriétés.* Ce volet étant lui-même décomposé en deux sous-onglets : *Affichage, Avancé.*

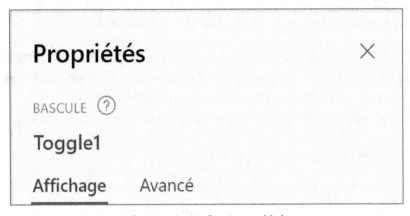

Figure 184 Volet Propriétés

Si le volet Propriétés ne s'affiche pas, **cliquez** *sur l'icône Propriétés dans le menu horizontal.*

Le volet des propriétés constitue un outil fondamental pour configurer rapidement les composants d'une application.

Il offre une interface graphique, généralement en français, qui facilite la modification des paramètres des contrôles sans nécessiter de compétences avancées en écriture de formules complexes. Ce volet permet également un gain de temps appréciable, car il rend possible la modification directe de propriétés courantes, telles que la couleur, la taille ou la visibilité, en quelques clics. Cette approche visuelle minimise les risques d'erreurs syntaxiques que l'on pourrait rencontrer en saisissant des formules manuellement. Par ailleurs, le volet des propriétés est particulièrement accessible aux débutants, qui peuvent ainsi explorer et manipuler facilement les propriétés des contrôles sans avoir à maîtriser le langage *Power Fx*.

Cependant, le volet des propriétés présente certaines limites. Pour des configurations complexes, notamment la gestion de comportements conditionnels avancés, il s'avère souvent insuffisant. De plus, une propriété peut être localisée soit dans l'onglet *Affichage*, soit dans l'onglet *Avancé*, ce qui peut nécessiter quelques tâtonnements pour la retrouver. Enfin, certaines propriétés sont traduites en français, tandis que d'autres, comme les propriétés comportementales (*OnSelect*, *OnChange*, etc.), restent en anglais, ce qui peut ajouter une couche de confusion.

C'est pourquoi il peut être avantageux pour vous de passer à l'éditeur situé dans la *barre de formule*, qui se trouve en haut et au milieu, comme expliqué précédemment.

Figure 185 Barre de formule (exemple)

Utiliser la barre de formules

En particulier, la liste déroulante des propriétés de la barre des formules, à gauche du signe égal ('='), permet de retrouver plus facilement une propriété.

À droite du signe égal, se trouve la formule à écrire. Très souvent, l'écriture d'une formule fait référence à un autre contrôle.

Par exemple, **disposez** un contrôle *Entrée de texte (TextInput1)* et un contrôle *Étiquette de texte (Label1)*. Puis

paramétrez la propriété *Text* du contrôle *Label1*, en tapant la formule suivante :

```
"Bonjour " & TextInput1.Text
```

Cette formule permet de concaténer des chaînes de caractères avec l'opérateur &. Elle combine une chaîne fixe avec une valeur dynamique issue de l'autre contrôle. Notamment, la partie *TextInput1.Text* retourne la valeur saisie dans le contrôle *TextInput1*.

Remarquez que l'accès à la propriété *Text* se fait à l'aide de l'opérateur point ('.'). Cet opérateur est saisi après le nom du contrôle dont vous voulez récupérer une propriété. Si vous tapez uniquement le point, sans continuer la saisie, Power Apps vous affiche la liste des propriétés disponibles. Cette liste est contextuelle puisqu'elle dépend du contrôle sélectionné.

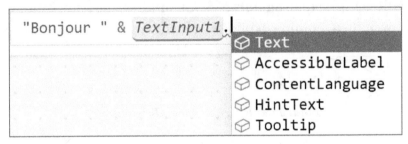

Figure 186 Liste des propriétés manipulables (extrait)

L'ordre d'apparition des propriétés est aussi déterminé. En particulier, la propriété la plus populaire s'affiche en premier.

Par ailleurs, il peut arriver qu'une propriété complexe possède elle-même une sous-propriété. Power Apps Studio le signale en affichant un liseré rouge sous la formule pour indiquer qu'il manque un argument. Dans ce cas, il suffit d'insérer un autre point après la dernière propriété pour afficher la liste des propriétés disponibles.

Si aucune liste de propriété n'apparaît, cela signifie que le problème est ailleurs.

Dans la pratique

Pour suivre les présentations des contrôles, vous êtes invité à créer une nouvelle application canevas Power Apps que vous nommerez par exemple '*<vos initiales> Contrôles*', et dans laquelle vous ferez les manipulations.

Par ailleurs, **souvenez-vous** que pour ajouter un contrôle vous pouvez cliquer sur le choix + *Insérer* dans le menu horizontal puis, dans la zone *Rechercher*, taper le nom du contrôle et le sélectionner dans le résultat de recherche.

Enfin, pour ceux qui utilisent une version anglaise de Power Apps, le nom du contrôle et de ses propriétés importantes sont entre parenthèses. Si vous utilisez *une version anglaise*, **n'oubliez pas** de remplacer systématiquement les points-virgules (";") par des virgules (",") dans les formules d'exemple.

Contrôles Entrée

Les contrôles d'entrée peuvent être combinés pour créer des applications interactives et dynamiques; parfaitement adaptées aux scénarios comme la gestion de listes ou la personnalisation d'entrées utilisateur.

Bouton

Le contrôle *Bouton* est utilisé pour déclencher une action lorsqu'il est cliqué.

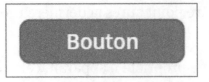

Figure 187 Bouton (Button)

Par exemple, si vous voulez un bouton qui, lorsqu'il est cliqué, crée une liste de villes, **paramétrez** sa propriété *OnSelect* avec la formule indiquée ci-dessous.

```
Set(glbVilles;["Nantes"; "Rennes"])
```

Cette formule a pour effet de créer ou de mettre à jour une variable globale nommée *glbVilles*. Cette variable est accessible dans l'ensemble de l'application, ce qui en fait une variable globale.

La valeur assignée à cette variable est une liste contenant deux chaînes de caractères : *"Nantes"* et *"Rennes"*. Dans Power Apps, une liste est considérée comme une table à une seule colonne.

Ainsi, cette formule permet de stocker la liste des villes *"Nantes"* et *"Rennes"* dans la variable globale *glbVilles*, afin qu'elle puisse être réutilisée dans d'autres parties de l'application selon les besoins.

Entrée de texte

Ce contrôle permet à l'utilisateur de saisir une chaîne de texte dans une boîte d'entrée.

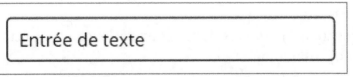

Figure 188 Entrée de texte (TextInput)

Le texte par défaut ("Entrée de texte") s'affiche via la propriété *Default*, tandis que la valeur saisie est accessible via la propriété *Texte (Text)*.

La propriété *Format*, quant à elle, permet de sélectionner le formatage *Texte* ou *Nombre* de la saisie.

Souvent, le texte par défaut (*Default*) est supprimé, sinon l'utilisateur doit le supprimer manuellement avant de remplir le contrôle. En revanche, une indication sur la saisie peut être mise dans la propriété *Texte d'information* (*HintText*), comme *Saisissez votre âge*. En effet, ce texte disparaît automatiquement dès que l'utilisateur saisit le premier caractère.

Entrée du stylo / stylet

Il permet de capturer des signatures ou des dessins. Le contrôle s'intitule *Entrée du stylo*, toutefois *Entrée de stylet* semble plus approprié.

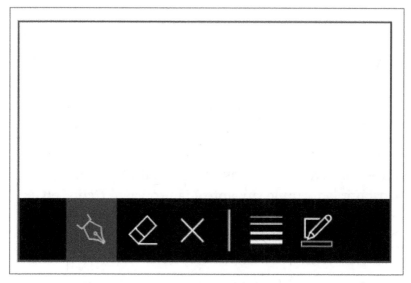

Figure 189 Entrée de stylet (PenInput)

La propriété *Image* du contrôle permet de restituer la signature, le dessin ou la forme réalisée.

Notamment, elle peut être affichée en direct via la propriété *Image* d'un contrôle de type *Image* (qu'il faut ajouter).

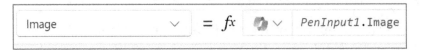

Figure 190 Formule de l'image

Dans la capture d'écran ci-dessus (Figure 190), la propriété *Image* affichée <u>à gauche</u> correspond à celle d'un contrôle de type *Image*. La formule utilisée, *PenInput1.Image*, fait référence à la propriété *Image* du contrôle d'entrée de stylet, nommé *PenInput1*.

Liste déroulante

Ce contrôle, affiche une liste de valeurs dans un menu déroulant pour sélectionner une option.

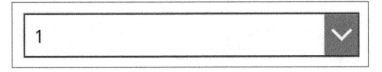

Figure 191 Liste déroulante (Dropdown)

Si vous souhaitez afficher certaines villes de l'Ouest de la France qui se trouvent dans une table, il vous suffira d'attribuer la formule suivante à la propriété *Items*, en remplacement de la valeur par défaut *DropDownSample*.

```
["Nantes"; "Rennes"; "Brest"]
```

Reportez-vous à la manipulation proposée dans le *Chapitre 5 : Concevoir une application simple* pour un exemple concret.

Zone de liste

Affiche une liste d'éléments sans menu déroulant. Ce contrôle convient pour les listes de moins de cinq valeurs.

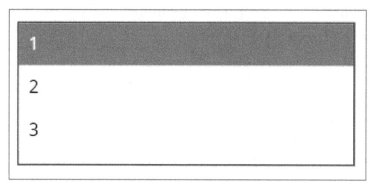

Figure 192 Zone de liste (ListBox)

Il suffit de remplacer la valeur par défaut, *ListboxSample*, de la propriété *Items* par les valeurs concernées (voir la *Figure 91*, page 124).

Zone de liste déroulante

Ce contrôle est similaire à une liste déroulante, mais il permet de sélectionner plusieurs éléments et il possède une zone de recherche.

Figure 193 Zone de liste déroulante (ComboBox)

Lorsque vous insérez ce contrôle, une fenêtre contextuelle intitulée *Sélectionner une source* s'affiche à côté. Elle vous propose soit d'utiliser une connexion existante, soit de créer une nouvelle connexion à une source de données, comme un classeur Excel ou une liste SharePoint. Cela a pour effet d'ajouter la connexion à votre application, tout en préremplissant certaines propriétés, notamment *Source de données* (*Items*).

Vous avez toutefois la possibilité de renseigner manuellement ces propriétés, y compris *Source de données* (*Items*), si vous le préférez.

Par exemple :

```
Items = ["Nantes"; "Rennes"; "Brest"]
DisplayFields = ["Value"]
SearchFields = ["Value"]
```

Dans l'exemple ci-dessus, le champ *DisplayFields* affiche le(s) champs que vous souhaitez voir afficher dans la liste déroulante. De même, le champ *SearchFields* affiche le(s) champs que vous souhaitez voir utiliser pour rechercher les éléments de la liste déroulante.

Comme il s'agit d'une source de données simple, la valeur "*Value*" représente littéralement la valeur de chaque élément de la liste. S'il s'agissait d'une liste d'utilisateurs de l'annuaire Active Directory, il faudrait indiquer les noms des colonnes comme [FullName], [Email], etc. Si la source de données était une liste SharePoint, il faudrait indiquer le nom de ses colonnes.

Sélecteur de dates

Ce contrôle permet à l'utilisateur de choisir une date.

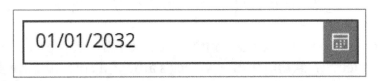

Figure 194 Sélecteur de dates (DatePicker)

Pour alimenter la date par défaut (*DefaultDate*), avec la date du jour, utilisez la fonction *Today()*.

Pour une autre date, vous pouvez utiliser la fonction *Date()*, comme dans la copie d'écran ci-dessus avec la formule *Date(2032;01;01)* pour le 1er janvier 2032.

Case à cocher

Le contrôle case à cocher permet de choisir ou non une option binaire, par exemple pour indiquer si une ville est déjà visitée.

Figure 195 Case à cocher (Checkbox)

La propriété *Value* du contrôle prend la valeur *true* (vraie) quand elle est cochée et *false* (faux) quand elle n'est pas cochée.

Lorsqu'une case est cochée, vous pourriez souhaiter faire apparaître un contrôle supplémentaire, tel qu'une *Entrée de texte*. Pour y parvenir, **commencez** par ajouter le contrôle *Entrée de texte*. Ensuite, **configurez** sa propriété *Visible* en fonction de la valeur de *Value* de la case à cocher, à l'aide de la formule suivante. Dans cette formule, le contrôle *Case à cocher* est nommé *Checkbox1*. Si votre contrôle porte un nom différent, **adaptez** la formule en conséquence.

```
Checkbox1.Value
```

Si vous souhaitez inverser le comportement d'affichage de l'entrée de texte, afin que l'affichage se fasse quand la case à cocher n'est pas cochée, **utilisez** la fonction *Not()*, qui inverse vrai (*true*) en faux (*false*) et inversement.

```
Not(Checkbox1.Value)
```

Une alternative consiste à utiliser l'opérateur de négation ('!'), qui est l'équivalent de la fonction *Not()*.

```
!Checkbox1.Value
```

Case d'option

Ce contrôle classique permet de sélectionner une seule option parmi plusieurs.

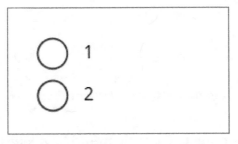

Figure 196 Case d'option (Radio)

La propriété *Selected.Value* du contrôle contient la valeur de l'option sélectionnée.

Par exemple, pour permettre la sélection d'une ville parmi celles de l'Ouest de la France, **affectez** à sa propriété *Items* une source de données comme :

```
["Nantes"; "Rennes"; "Brest"]
```

Ensuite, **ajoutez** un contrôle Étiquette de texte et **paramétrez** sa propriété *Text* avec la formule suivante. Si votre contrôle porte un nom différent, **adaptez** la formule en conséquence.

```
Radio1.Selected.Value
```

Bascule

Il permet de choisir entre deux états.

Figure 197 Bascule (Toggle)

La propriété *FalseText* contient le texte à afficher quand la bascule n'est pas activée ("Désactivée"), tandis la propriété *TrueText* contient le texte à afficher quand la bascule est activée ("Activée").

La valeur de la bascule (*true/false*) se récupère avec la propriété *Value*, comme dans :

```
Toggle1.Value
```

Tout comme dans le contrôle Case à cocher, vous pouvez utiliser la fonction Not() ou l'opérateur ! pour inverser le résultat.

Curseur

Ce contrôle permet de sélectionner une valeur dans une plage dont les bornes sont définies par les propriétés Min et Max.

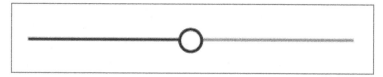

Figure 198 Curseur (Slider)

Les valeurs sont uniquement numériques. Par exemple, si vous voulez que votre utilisateur sélectionne un rang de popularité pour une ville (1 à 10).

```
Min = 1
Max = 10
```

Évaluation

Le contrôle *Évaluation* affiche une évaluation par étoiles, par exemple pour donner une note aux villes visitées.

Figure 199 Évaluation (Rating)

Le nombre d'étoiles est paramétrable via la propriété *Max*.

Minuteur

Ce contrôle ajoute un compte à rebours ou une minuterie pour déclencher une action.

Figure 200 Minuteur (Timer)

Ce contrôle ne sert pas uniquement à chronométrer des examens ou des épreuves quelconques.

En effet, il possède des propriétés intéressantes. Ces propriétés permettent de configurer le contrôle Minuteur de manière flexible pour répondre à des besoins variés, tels que des minuteries interactives, des délais programmés ou des répétitions cycliques : voir un exemple avec la fonction *Refresh()*, page 360.

Durée (Duration)

La propriété *Durée* détermine la durée totale du minuteur en millisecondes. Par exemple, si vous souhaitez que le minuteur fonctionne pendant 12 secondes, vous définirez cette propriété à 12000. Cette valeur est une durée fixe qui limite le temps pendant lequel le minuteur s'exécute avant d'atteindre la fin.

Répéter (Repeat)

La propriété *Répéter* est un paramètre booléen (vrai ou faux) qui détermine si le minuteur redémarre automatiquement après avoir atteint la fin de sa durée. Lorsque cette propriété est définie sur *true*, le minuteur se réinitialise et redémarre en boucle après avoir expiré. Si elle est sur *false*, le minuteur s'arrête une fois la durée écoulée.

Démarrage automatique (AutoStart)

La propriété *Démarrage automatique* contrôle si le minuteur démarre automatiquement lorsqu'il devient visible ou actif dans l'application. Si cette propriété est définie sur *true*, le minuteur se lance dès que l'utilisateur accède à l'écran contenant le contrôle. Si elle est sur *false*, le minuteur ne démarre que lorsque l'utilisateur l'active manuellement, généralement via un bouton ou une autre interaction.

Pause automatique (AutoPause)

La propriété *Pause automatique* permet de mettre le minuteur en pause automatiquement lorsque l'utilisateur quitte l'écran où se trouve le contrôle. Si cette propriété est définie sur *true*, le minuteur s'arrête temporairement lorsqu'il n'est plus visible, et reprend là où il s'était arrêté lorsque l'utilisateur revient sur l'écran. Si elle est sur *false*, le minuteur continue son exécution en arrière-plan, même lorsque l'écran est quitté.

OnTimerEnd

La propriété *OnTimerEnd* contient une ou plusieurs actions à exécuter lorsque le minuteur atteint la fin de sa durée. Par exemple, vous pouvez utiliser cette propriété pour déclencher une fonction, actualiser une variable ou naviguer vers un autre écran une fois que le minuteur a expiré.

OnTimerStart

La propriété *OnTimerStart* spécifie une ou plusieurs actions à exécuter lorsque le minuteur commence à s'exécuter. Cela inclut les moments où il démarre pour la première fois ou redémarre après avoir été réinitialisé. Vous pouvez utiliser cette propriété pour initialiser des variables, déclencher des animations ou exécuter des calculs dès que le minuteur commence.

Formulaire d'affichage

Le *Formulaire d'affichage* est un contrôle qui offre la possibilité d'afficher en lecture seule les données d'une source de données sous une présentation structurée, c'est-à-dire sous forme de formulaire avec des colonnes et leurs en-têtes clairement affichés.

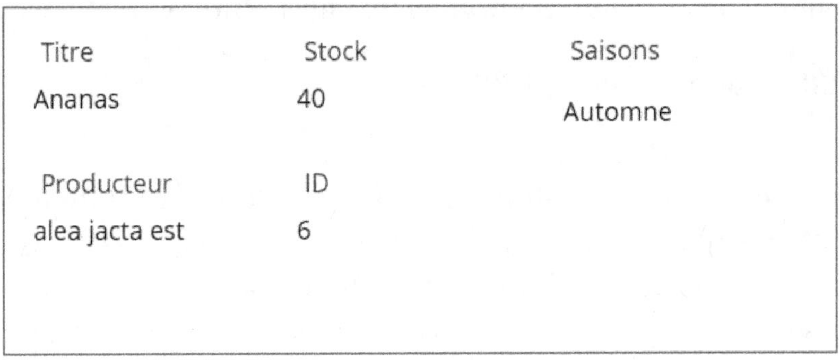

Titre	Stock	Saisons
Ananas	40	
		Automne
Producteur	ID	
alea jacta est	6	

Figure 201 Formulaire d'affichage (FormViewer) - Illustration

Lorsque le formulaire est connecté à une source de données, il importe automatiquement les champs de cette source en lecture seule.

Vous pouvez ensuite les réorganiser dans le formulaire. Ce formulaire est souvent utilisé conjointement avec le formulaire de modification.

Formulaire de modification

Le *Formulaire de modification* est un contrôle avancé qui offre la possibilité d'afficher et de modifier les données d'une source de données sous une présentation structurée, c'est-à-dire sous forme de formulaire avec des colonnes et leurs en-têtes clairement affichés.

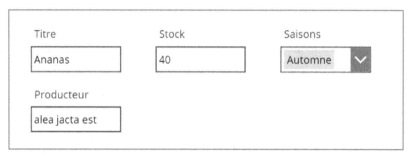

Figure 202 Formulaire de modification (Form) - Illustration

Lorsque le formulaire est connecté à une source de données, il importe automatiquement les champs de cette source en mode modification, rendant les valeurs directement éditables. Vous pouvez ensuite les réorganiser selon vos besoins.

Ce formulaire se distingue également par l'utilisation des fonctions spécifiques qui lui sont associées. Ces dernières permettent non seulement d'afficher ou de modifier le contenu du formulaire de manière intuitive, mais aussi de mettre à jour la source de données en un seul clic. Ces fonctions seront examinées en détail dans le *Chapitre 10 : Fonctions à connaître.*

Éditeur de texte enrichi

Comme son nom l'indique, l'*Éditeur de texte enrichi* permet de rédiger le corps du message avec une mise en forme avancée, dépassant le simple texte brut.

Figure 203 Éditeur de texte enrichi (RichTextEditor)

Les trois petits points ('...') du menu horizontal ouvrent un menu complémentaire de mise en forme du contenu.

Il offre également la possibilité de copier-coller du contenu directement depuis un document Word. Vous pouvez même directement utiliser le codage HTML, si vous connaissez ce langage de balisage.

Par exemple, en paramétrant la propriété *Default* avec la valeur suivante :

```
"<h1>Bienvenue</h1>
<p>Découvrez nos principales
fonctionnalités :</p>
<ul>
  <li><b>Gestion des tâches</b></li>
  <li><b>Tableau de bord</b></li>
  <li><b>Notifications</b></li>
</ul>
<p><i>Astuce : Cliquez sur 'Aide' pour en
savoir plus.</i></p>
```

```
<a href='https://www.votre-
application.com'>Aide</a>"
```

Vous obtenez :

Figure 204 éditeur de texte enrichi - Illustration

Saisie d'adresse

Le contrôle *Saisie d'adresse* est conçu pour faciliter la saisie d'adresses physiques de manière intuitive et efficace.

Figure 205 Saisie d'adresse (AddressInput)

Une licence Premium est nécessaire pour utiliser ce contrôle. D'autre part, les fonctionnalités géospatiales doivent être activées pour l'environnement : à voir avec votre Administrateur du centre d'administration de la Power Platform.

Ce contrôle permet aux utilisateurs de renseigner des informations telles que le numéro de rue, le nom de la rue, la ville, le code postal et le pays à travers des champs prédéfinis, ce qui garantit une collecte de données standardisées et bien structurées.

Une des fonctionnalités clés de ce contrôle est sa capacité à valider et standardiser les adresses saisies. Par exemple, il peut vérifier que le code postal correspond bien à la ville renseignée, ce qui réduit les erreurs de saisie et améliore la qualité des données collectées. De plus, lorsqu'il est configuré pour inclure une fonction d'autocomplétions, il peut proposer des suggestions d'adresses en temps réel pendant que l'utilisateur commence à taper. Cette fonctionnalité accélère le processus de saisie tout en minimisant les erreurs potentielles.

Le contrôle *Saisie d'adresse* peut également s'intégrer avec des services de cartographie comme Bing Maps ou Google Maps. Cette intégration permet, par exemple, de convertir une adresse en coordonnées géographiques (géocodage) ou d'afficher visuellement l'emplacement correspondant sur une carte. Cela ouvre la voie à des applications interactives et géolocalisées.

Dans la pratique, ce contrôle trouve son utilité dans des scénarios variés, tels que la collecte d'adresses de livraison ou de facturation, l'enregistrement d'emplacements pour des rendez-vous ou des événements, ou encore l'ajout de points d'intérêt dans des applications basées sur la géolocalisation.

Contrôles Affichage

Les deux contrôles ci-dessous sont complémentaires. L'étiquette de texte est idéale pour du contenu rapide et dynamique. Le texte HTML offre une plus grande flexibilité pour des mises en page riches et des éléments stylisés. Vous pouvez les combiner pour répondre aux besoins spécifiques de votre application Power Apps.

Le contrôle Enquête Forms Pro étant déconseillé par Microsoft, il n'est plus présenté.

Étiquette de texte

Ce contrôle est utilisé pour afficher du texte statique ou dynamique dans l'application. Il est utile pour présenter des informations ou des résultats calculés.

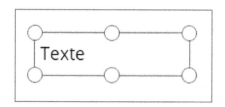

Figure 206 Étiquette de texte (Label)

Ce contrôle est largement utilisé dans les applications Power Apps.

Parmi ses nombreuses propriétés, *Text* est celle qui est le plus souvent configurée. Cependant, d'autres propriétés, telles que *Visible*, *Size* (Taille), et bien d'autres encore, peuvent également être personnalisées en fonction des besoins.

De nombreux exemples d'utilisation et de paramétrage ont été intégrés à travers les deux applications développées, *Liste* et *Courriels*.

Texte HTML

Ce contrôle permet d'afficher du contenu HTML dans l'application, permettant un rendu riche en styles ou en mise en page.

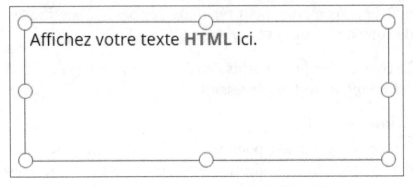

Figure 207 Texte HTML (HtmlText)

Par exemple, pour afficher les villes sous forme de liste HTML, avec des styles de mise en forme, vous pouvez configurer la propriété HtmlText (Texte HTML) avec les instructions suivantes :

```
"<ul style='color:blue; font-size:16px;'>
<li>Nantes</li>
<li>Rennes</li>
<li>Brest</li>
</ul>"
```

Ce qui donne :

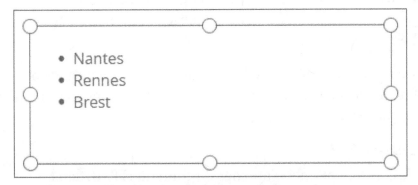

Figure 208 Texte HTML - Illustration

Cela génère une liste avec les noms des villes; chaque élément étant stylé en bleu et de taille 16px.

Contrôles Disposition

Ces contrôles offrent une grande flexibilité pour concevoir des interfaces utilisateur interactives et adaptées à vos besoins; tout en structurant les données de manière claire et esthétique.

Galerie verticale

Une *Galerie verticale* affiche les éléments d'une source de données en une liste verticale. Chaque élément est représenté dans une "case" individuelle.

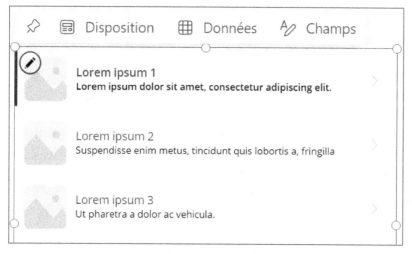

Figure 209 Galerie verticale (Gallery)

Introduction

C'est "LE" contrôle par excellence de Power Apps, car il est quasiment incontournable et extrêmement puissant.

Il permet d'afficher une collection de données sous une forme visuellement structurée et répétitive. Elle est idéale pour présenter des ensembles d'éléments comme des enregistrements de bases de données, des lignes issues de listes SharePoint, ou encore des éléments provenant de classeurs Excel ou d'autres sources de données connectées.

Les données affichées dans une galerie peuvent prendre différentes formes, qu'il s'agisse de texte, d'images, d'icônes, ou même de contrôles personnalisés.

La galerie fonctionne selon une structure répétitive, où chaque élément suit le même modèle de mise en page. Ainsi, toute modification de la structure, comme l'ajout d'un champ ou d'une image, s'applique automatiquement à tous les éléments de la galerie.

La galerie offre une grande personnalisation de la mise en page, permettant d'ajouter ou de modifier des contrôles comme des libellés, des images, des icônes ou des boutons pour enrichir l'expérience utilisateur.

Vous pouvez également ajuster la taille des contrôles pour réduire ou augmenter l'espace qu'ils occupent, ou les déplacer afin de créer une disposition personnalisée. Lorsque vous effectuez ces modifications dans le canevas, il suffit de modifier uniquement la première "case" : les cases situées en dessous s'adapteront automatiquement à ces changements.

Disposition

Figure 210 Disposition du volet Propriétés

La *Disposition* désigne la manière dont les éléments sont organisés visuellement dans un contrôle.

Par exemple, dans une galerie, la disposition détermine si les données s'affichent verticalement, horizontalement ou sous forme de mosaïque. Elle inclut aussi la structure des éléments individuels, comme l'ordre des champs (par exemple, une image en haut avec un texte en dessous).

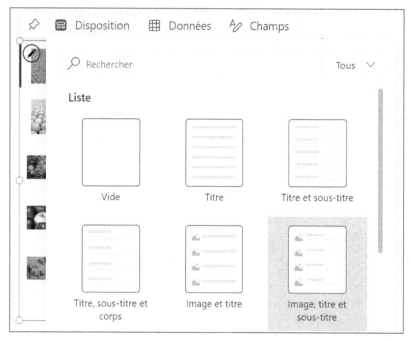

Figure 211 Choix de la disposition de liste – Illustration

Le choix d'une disposition de liste, par exemple *Image, titre et sous-titre*, entraîne systématiquement la création de contrôles correspondants dans la galerie. Dans le cas de la disposition *Image, titre et sous-titre* : deux contrôles étiquettes et un contrôle image.

Vous pouvez ajouter vos propres contrôles à la galerie, y compris un autre contrôle galerie pour créer une sous-liste. Les contrôles que vous ajoutez ne seront pas impactés par un changement de disposition.

Pour ajouter un contrôle à une galerie, **placez-vous** sur un contrôle déjà existant à l'intérieur de la galerie, plutôt que de rester au niveau global de celle-ci.

Données

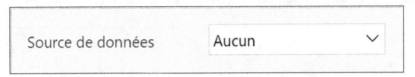

Figure 212 Source de données du volet Propriétés

Les *Données* (*Items*) correspondent au contenu qui alimente un contrôle comme une galerie. Elles proviennent généralement d'une source connectée, comme une liste SharePoint, une table Dataverse, une base de données SQL, ou encore un classeur Excel.

Ce sont ces données qui définissent ce que la galerie va afficher.

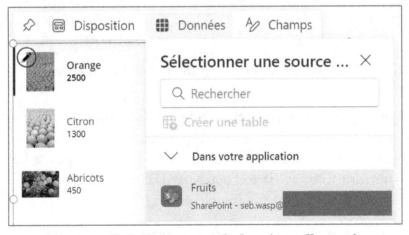

Figure 213 Choix de la source de données – Illustration

La gestion des données peut inclure des opérations comme filtrer, trier ou rechercher des éléments, ou encore les mettre à jour en fonction de l'interaction avec l'utilisateur.

Champs

Figure 214 Champs du volet Propriétés

Les *Champs* représentent les colonnes ou attributs individuels des données affichées dans un contrôle.

Par exemple, dans une galerie connectée à une liste de produits, les champs pourraient inclure le nom du produit, son prix, ou encore une image.

Dans Power Apps, vous pouvez choisir quels champs afficher et comment les organiser.

En particulier, l'association entre le nom des colonnes de la source et le nom des contrôles se fait à l'aide de Champs.

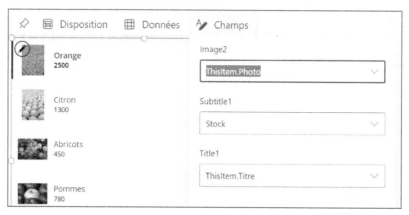

Figure 215 Association entre colonnes et contrôles – Illustration

Les champs sont liés directement à la source de données, et leurs valeurs changent dynamiquement en fonction des données sous-jacentes.

Galerie verticale vide

Une *Galerie verticale vide* est une galerie préconfigurée sans contenu, prête à recevoir des données.

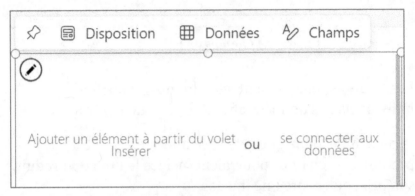

Figure 216 Galerie verticale vide

Vous pouvez obtenir exactement le même résultat à partir d'une *Galerie verticale* existante et la disposition de liste *Vide*.

Galerie horizontale

Une *Galerie horizontale* affiche les éléments d'une source de données en une liste horizontale.

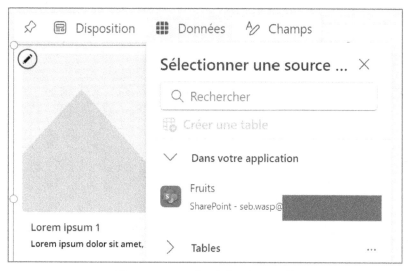

Figure 217 Galerie horizontale

Une galerie horizontale fonctionne comme une galerie verticale (cf. ci-dessus), hormis pour les dispositions proposées par défaut qui sont uniquement de type Carrousel pour former des tuiles.

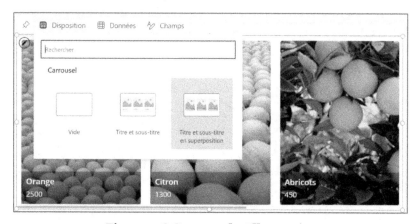

Figure 218 Carrousel – Illustration

Galerie horizontale vide

Une *Galerie horizontale vide* est une galerie horizontale sans contenu initial, personnalisable pour recevoir des données.

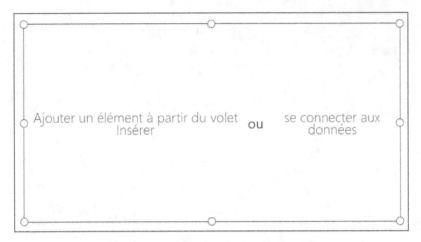

Figure 219 Galerie horizontale vide

Vous pouvez obtenir exactement le même résultat à partir d'une *Galerie horizontale* existante et la disposition de carrousel *Vide*.

Galerie à hauteur flexible

Une *Galerie à hauteur flexible* ajuste automatiquement la hauteur de chaque élément en fonction de son contenu, dans une disposition verticale.

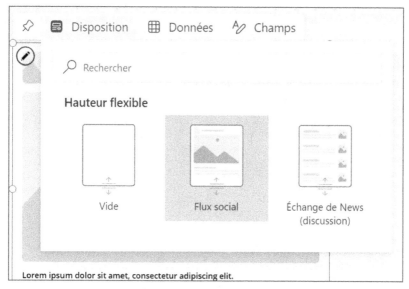

Figure 220 Galerie à hauteur flexible

Galerie à hauteur flexible vide

Une *Galerie à hauteur flexible vide* est une galerie verticale vide avec des hauteurs ajustables pour chaque carte en fonction de leur contenu.

Figure 221 Galerie à hauteur flexible vide

Vous pouvez obtenir exactement le même résultat à partir d'une *Galerie à hauteur flexible* existante et la disposition de hauteur flexible *Vide*.

Table de données

Un contrôle *Table de données* est un composant conçu pour afficher des données structurées dans un format tabulaire, semblable à un tableau dans Excel.

Titre	Stock	Saisons	Producteur
Orange	2500	Été	
Citron	1300	Été	
Abricots	450	Printemps	
Pommes	780	Printemps	
Raisins	40	Automne	Sapori di Vigna

Figure 222 Table de données (Data Table) - Illustration

La *Table de données* permet d'afficher les informations sous forme de lignes et de colonnes, ce qui en fait un choix idéal pour présenter des données organisées.

Les colonnes du tableau sont entièrement configurables : il est possible de choisir lesquelles afficher, d'en définir l'ordre et la largeur, et même de personnaliser leur formatage, que ce soit pour des textes, des nombres ou des dates.

De plus, il est possible d'ajouter des fonctionnalités de tri et de filtrage pour permettre aux utilisateurs de manipuler les données selon leurs besoins.

En revanche, ce type de contrôle ne dispose pas de propriétés comportementales, comme *OnSelect* ou d'autres actions similaires.

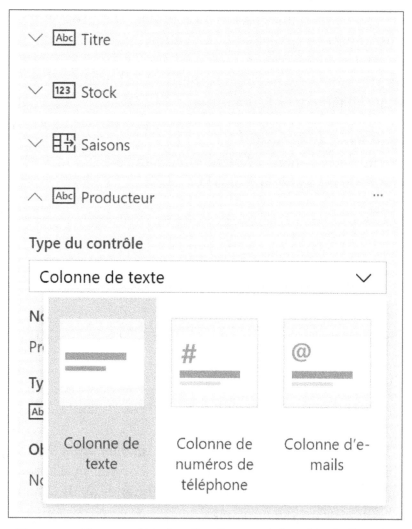

Figure 223 Personnalisation des champs de la table de données

Comparé à une galerie, la *Table de données* présente une mise en page plus rigide puisqu'elle s'en tient à une structure tabulaire. Cependant, cette rigidité la rend plus simple à configurer pour des scénarios où une présentation stricte est suffisante, comme dans le cas d'une liste de données standardisée.

En termes d'utilisation, ce contrôle est idéal pour afficher des données issues d'une base de données ou d'une autre source, permettant ainsi une consultation rapide. Il est souvent utilisé dans des applications de gestion pour donner un aperçu des enregistrements et peut aussi servir à permettre une sélection de lignes afin d'afficher ou de modifier les détails ailleurs dans l'application.

Conteneur horizontal

Un contrôle *Conteneur horizontal* organise des contrôles enfants de manière horizontale.

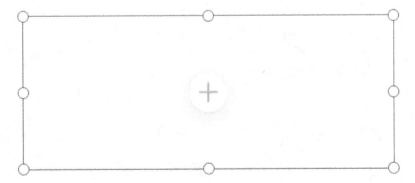

Figure 224 Conteneur horizontal (Container)

Un contrôle *Conteneur horizontal* est un élément d'interface utilisateur qui permet de regrouper et d'organiser d'autres contrôles, comme des boutons, des étiquettes ou des champs de saisie, sur un axe horizontal.

Il est conçu pour structurer et aligner les éléments enfants côte à côte, ce qui facilite la création d'interfaces utilisateur claires et bien organisées.

L'une des principales fonctionnalités de ce type de conteneur est qu'il aligne automatiquement les contrôles qu'il contient dans une rangée.

Il offre également des options de répartition de l'espace, permettant de choisir, par exemple, entre une répartition égale entre les contrôles, un alignement à gauche ou un alignement à droite.

De plus, le conteneur horizontal permet de personnaliser son style en ajustant des paramètres comme les marges, les bordures ou d'autres propriétés, pour harmoniser l'apparence des contrôles enfants qu'il contient.

Il est également conçu pour être adaptable, ce qui lui permet de s'ajuster dynamiquement à la taille de l'écran ou de l'application, rendant ainsi les interfaces plus réactives.

Ce type de contrôle ne dispose pas de propriétés comportementales, comme *OnSelect* ou d'autres actions similaires.

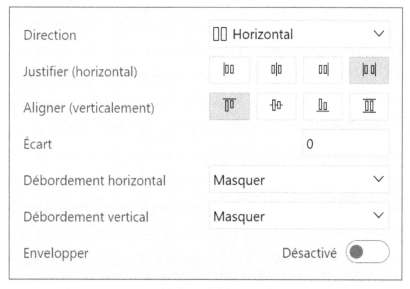

Figure 225 Propriétés spécifiques d'un conteneur

Ce type de conteneur est particulièrement utile dans des scénarios où des éléments doivent être alignés horizontalement.

Par exemple, il peut être utilisé pour organiser des boutons d'action comme *Réinitialiser, Annuler, Envoyer* sur une même ligne, ou pour créer une barre d'outils ou un menu horizontal.

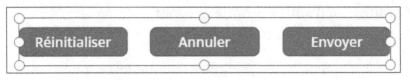

Figure 226 Conteneur horizontal - Illustration

Il peut également servir à disposer côte à côte des champs de saisie et leurs étiquettes, ce qui permet d'optimiser l'espace vertical de l'interface. En regroupant ces éléments dans un conteneur unique, il simplifie considérablement la gestion de l'interface, car il devient possible de manipuler un seul conteneur au lieu de devoir gérer chaque contrôle individuellement.

Un conteneur peut lui-même contenir d'autres conteneurs.

À tout moment, vous pouvez basculer un conteneur horizontal vers un conteneur vertical grâce à son paramétrage (voir Figure 225).

Conteneur vertical

Un contrôle *Conteneur vertical* organise des contrôles enfants de manière verticale.

Ce contrôle fonctionne exactement comme un conteneur horizontal (cf. ci-dessus), hormis la disposition qui est vertical.

Tout comme le conteneur horizontal, ce type de contrôle ne dispose pas de propriétés comportementales, comme *OnSelect* ou d'autres actions similaires.

Conteneur

Un contrôle *Conteneur* peut être configuré pour organiser ses éléments enfants sans imposer un alignement horizontal ou vertical.

Contrairement aux conteneurs horizontaux et verticaux, il n'intègre pas de notions de direction, de justification, d'alignement ou de débordement.

Ce contrôle agit simplement comme une enveloppe pour les contrôles enfants, offrant la possibilité de manipuler un seul conteneur plutôt que de gérer chaque contrôle individuellement.

Ce type de contrôle ne dispose pas de propriétés comportementales, comme *OnSelect* ou d'autres actions similaires.

Contrôles Médias

Image

Ce contrôle permet d'afficher une image fixe dans l'application.

Figure 227 Image (Image)

La propriété *Image* sert à indiquer l'image à afficher. La taille maximale d'une image est de 64 Mo. De plus, la totalité des médias ne peuvent pas dépasser 200 Mo.

Dans le menu contextuel du contrôle, **cliquez** sur *Modifier*.
Un petit menu apparaît, vous offrant différentes possibilités :
remplacer l'image d'exemple par un fichier média existant
(inexistant pour le moment), utiliser une image du stock de
la bibliothèque Microsoft, ou charger une image depuis votre
ordinateur.

Puis, **choisissez** *Images en stock*, et **sélectionnez** une
image quelconque : celle-ci s'affiche dans l'image.

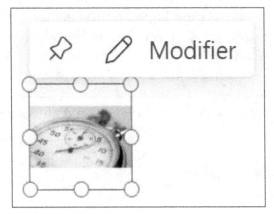

Figure 228 Affichage de l'image – Illustration

Elle est aussi stockée dans l'application. Pour le vérifier,
cliquez sur les trois petits points ('...') du volet
complètement à gauche, puis sur *Média*.

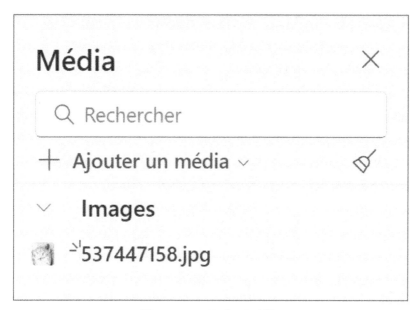

Figure 229 Volet Média

Objet 3D

Ce contrôle permet d'afficher et manipuler des modèles 3D.

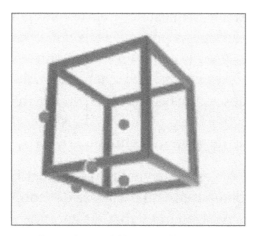

Figure 230 Objet 3D (ViewIn3D)

Un *contrôle Objet 3D* est un composant interactif qui permet d'afficher et de manipuler des modèles 3D directement dans une application.

Ce type de contrôle est particulièrement utile dans des scénarios nécessitant des représentations visuelles tridimensionnelles, comme ceux des domaines de la conception industrielle, de l'immobilier ou encore de l'enseignement.

Le contrôle Objet 3D permet avant tout d'intégrer des fichiers 3D au format GLB, qui est un format standard et compact pour les graphiques tridimensionnels.

Une fois intégré, il offre des fonctionnalités interactives, telles que la possibilité pour les utilisateurs de faire pivoter l'objet, de le déplacer ou de zoomer pour examiner les moindres détails. Ces interactions sont intuitives et visent à améliorer l'expérience utilisateur, en rendant l'exploration des modèles aussi naturelle que possible.

De plus, ce contrôle peut être lié aux données de l'application. Par exemple, il est possible de configurer le contrôle pour qu'il affiche différents modèles en fonction des choix effectués par l'utilisateur. Cela le rend particulièrement utile dans des scénarios pratiques tels que la visualisation de produits en 3D pour le commerce et la vente, la présentation d'objets complexes comme des machines ou des organismes vivants dans des contextes éducatifs, ou encore la fourniture de vues interactives d'équipements dans des scénarios de maintenance et de support technique.

Enfin, ce contrôle est conçu pour être compatible avec une large gamme d'appareils, qu'il s'agisse de mobiles, de tablettes ou de navigateurs web. Cela garantit une expérience fluide pour les utilisateurs, peu importe leur plateforme.

Pour l'ajouter à une application Power Apps, il suffit de l'insérer depuis l'éditeur et de configurer ses propriétés, telles que la source du fichier 3D ou les paramètres d'interaction. En combinant ces possibilités, le contrôle

Objet 3D permet de créer des expériences utilisateur modernes et immersives.

Caméra

Ce contrôle active la caméra de l'appareil pour capturer une photo.

Figure 231 Caméra (Camera)

Exemple d'utilisation

Pour immortaliser un moment avec une belle photo, **assurez-vous** d'autoriser l'utilisation de la caméra dans votre navigateur. En général, celui-ci vous demande la permission dès l'ajout du contrôle. Si vous avez refusé par inadvertance, il est facile de corriger cela : **cliquez** sur la petite icône située à gauche de l'URL *make.powerapps.com* pour modifier votre choix.

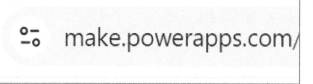

Figure 232 Icône des autorisations du navigateur

Pour prendre la photo, et l'afficher dans un contrôle *Image* par exemple, **utilisez** une variable. Une variable est un petit emplacement nommé en mémoire qui stocke une image ou du texte, comme un pense-bête numérique. Notamment, **paramétrez** la propriété *OnSelect* de votre contrôle Caméra :

```
Set(glbPhoto; Camera1.Photo)
```

Dans cet exemple, *glbPhoto* représente le nom de la variable globale dans laquelle la photo sera stockée.

La propriété *Camera1.Photo* correspond à l'image capturée par le contrôle de caméra nommé *Camera1*. Cette propriété contient l'image, qui peut ensuite être utilisé ou traité dans l'application. Ainsi, cette formule stocke l'image prise par la caméra dans la variable *glbPhoto*, permettant de la réutiliser ailleurs dans l'application, que ce soit pour l'afficher, la télécharger ou l'envoyer à une autre source pour traitement.

Notamment, **paramétrez** la propriété *Image* du contrôle *Image*, avec uniquement :

```
glbPhoto
```

Une fois l'application lancée avec la touche F5, **cliquez** sur la caméra : une photo sera automatiquement prise et affichée dans le contrôle *Image*.

Lecteur de code-barres

Le contrôle Lecteur de code-barres permet de scanner un code-barres ou un QR code.

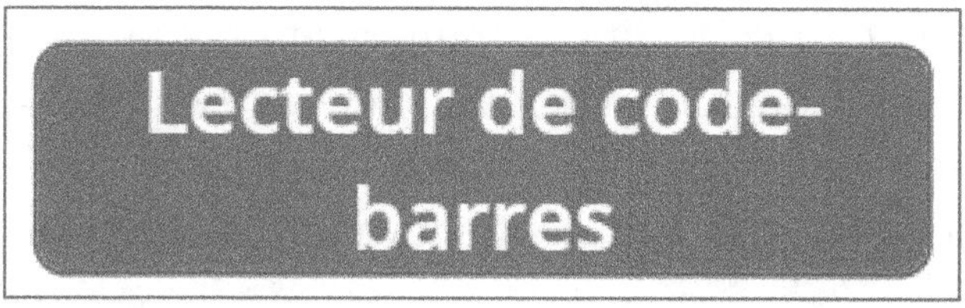

Lecteur de code-barres

Figure 233 Lecteur de code-barres (Barcode Reader)

Pour lire les codes-barres, l'application doit être ouverte dans l'application mobile Power Apps sur un appareil compatible.

Principales propriétés spécifiques

OnScan : Actions à effectuer lorsqu'un code-barres est scanné avec succès.

OnCancel : Actions à effectuer lorsqu'un scan de code-barres est annulé par l'utilisateur.

OnChange : Actions à effectuer lorsqu'une propriété du contrôle de lecteur de codes-barres est modifiée, y compris les propriétés de sortie.

Barcodes : Propriété de sortie qui contient une table des codes-barres scannés avec deux colonnes : Value et Type. Value correspond à la valeur textuelle du code scanné, tandis que Type indique le type de code scanné.

BarcodeType (Auto par défaut): Le type de code-barres à scanner. Vous pouvez cibler plusieurs types de codes-barres en les concaténant. Exemple : 'Microsoft.BarcodeReader.BarcodeType'.Code128 & 'Microsoft.BarcodeReader.BarcodeType'.Code39.

ScanningMode (Mode d'analyse en français) : Définit si le lecteur doit automatiquement scanner le premier code-barres détecté, permettre à l'utilisateur de sélectionner le code-barres à scanner parmi ceux visibles ou scanner plusieurs codes-barres lors d'une seule session.

ScanningQuality (Qualité de numérisation en français, *Automatic* par défaut) : La qualité d'image utilisée par le lecteur de codes-barres. Une qualité élevée est adaptée aux petits codes-barres, mais peut entraîner des performances plus lentes.

PreferFrontCamera : Si activé, le lecteur de codes-barres utilisera par défaut la caméra frontale au lieu de la caméra arrière.

BeepOnScan : Si activé, le lecteur de codes-barres émettra un bip lorsqu'un code-barres est scanné.

VibrateOnScan : Si activé, le lecteur de codes-barres vibrera lorsqu'un code-barres est scanné.

Vidéo

Ce contrôle affiche une vidéo à partir d'un fichier de l'application ou d'une URL.

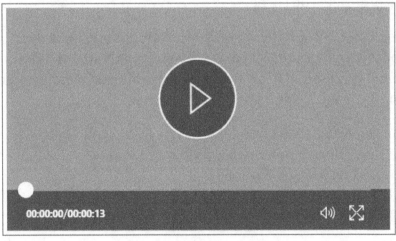

Figure 234 Vidéo (Video)

Les vidéos externes doivent être accessibles de manière anonyme (sans aucune authentification). Utilisez HTTPS pour toutes les vidéos externes afin de garantir la compatibilité avec les navigateurs modernes.

Principales propriétés spécifiques

OnEnd : Actions à effectuer lorsque la lecture d'un clip audio ou vidéo se termine.

OnPause : Actions à effectuer lorsque l'utilisateur met en pause le clip lu par un contrôle audio ou vidéo.

OnStart : Actions à effectuer lorsque l'utilisateur met en pause le clip lu par un contrôle audio ou vidéo.

Media : Identifiant pour le clip qu'un contrôle audio ou vidéo lit.

Loop : Indique si un clip audio ou vidéo redémarre automatiquement dès qu'il a fini de se lire.

ShowControls : Indique si un lecteur audio ou vidéo affiche, par exemple, un bouton de lecture et un curseur de volume, ou si un contrôle de dessin affiche, par exemple, des icônes pour dessiner et effacer.

Audio

Ce contrôle lit un fichier audio ou un flux audio.

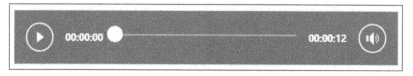

Figure 235 Audio (Audio)

Principales propriétés spécifiques

Ce sont exactement les mêmes que celles du contrôle *Vidéo* (cf. ci-dessus).

Microphone

Le contrôle Microphone permet d'enregistrer un son via le micro de l'appareil.

Figure 236 Microphone (Microphone)

Selon l'appareil qui exécute l'application, le format enregistré est 3gp pour Android, AAC pour iOS et OGG pour les navigateurs web.

Principales propriétés spécifiques

OnStop : Actions à effectuer lorsque l'utilisateur arrête un enregistrement avec un contrôle microphone.

Audio : Le clip audio capturé lorsque l'utilisateur enregistre avec le microphone de l'appareil.

Mic : Identifiant numérique du microphone sur un appareil disposant de plusieurs microphones. La numérotation débute à 0.

Exemple d'utilisation

Pour enregistrer un morceau sonore, et l'écouter dans un contrôle *Audio* par exemple, **utilisez** une variable. Notamment, **paramétrez** la propriété *OnStop* de votre contrôle *Microphone* :

```
Set(glbAudio;Self.Audio)
```

Dans cet exemple, *glbAudio* représente le nom de la variable globale dans laquelle l'enregistrement sonore sera stocké.

Dans la seconde partie de la formule, le mot-clé *Self* fait référence au contrôle dans lequel cette formule est exécutée. Si, par exemple, le contrôle microphone s'intitule *Microphone1*, *Self* représente *Microphone1*. La propriété *Audio* est quant à elle spécifique à l'enregistreur vocal, et correspond à l'audio capturé par ce dernier.

Notamment, **paramétrez** la propriété *Media* du contrôle *Audio*, avec uniquement :

```
glbAudio
```

Une fois l'application lancée avec la touche F5, **cliquez** sur le microphone et **parlez** pendant quelques secondes, puis, à la fin, **cliquez** sur le bouton d'arrêt du contrôle.

Tout de suite derrière, **démarrez** le contrôle *Audio* : vous entendez le morceau sonore enregistré.

Ajouter une image

Le contrôle *Ajouter une image* permet aux utilisateurs d'ajouter une image à une application en important un fichier depuis leur appareil (téléphone, tablette, ordinateur, etc.). Ce contrôle est particulièrement utile dans les applications nécessitant la capture de données visuelles, comme des formulaires d'inspection, des rapports ou des applications collaboratives.

Figure 237 Ajouter une image (Add Media With Image)

Ce contrôle est un contrôle groupé contenant deux sous-contrôles : une *Image* (*UploadedImage*) et un bouton *Ajouter une image* (*AddMediaButton*). Le contrôle *Image* affiche l'image téléchargée ou un espace réservé si aucune image n'a été téléchargée. Le bouton *Ajouter une image* invite l'utilisateur à sélectionner une image à télécharger.

Principales propriétés spécifiques

Media : La propriété *AddMediaButton1.Media* contient la photo importée.

Exporter / Importer

Ces contrôles permettent d'exporter et d'importer des données entre applications Power Apps.

Notamment, si vous souhaitez créer plusieurs applications utilisant les mêmes données sans partager ces données en dehors de ces applications, vous pouvez les exporter et les importer à l'aide d'un contrôle *Exporter* et d'un contrôle *Importer*. Lorsque vous exportez des données, un fichier compressé est créé, que vous pouvez copier sur un autre appareil, mais il ne peut être lu que dans Power Apps.

Activer cette fonctionnalité dans votre application peut l'exposer à des vulnérabilités de sécurité et à des fuites de données. Il est recommandé de conseiller aux utilisateurs d'importer uniquement des fichiers reconnus et de confiance, et de n'exporter que des données non confidentielles ou sensibles.

La fonctionnalité d'exportation n'est pas prise en charge dans les navigateurs web.

Principales propriétés spécifiques

OnSelect : Actions à effectuer lorsque l'utilisateur tape ou clique sur le contrôle.

Data : Le nom d'une collection que vous souhaitez exporter vers un fichier local.

Visionneuse PDF

La *Visionneuse PDF* affiche un document PDF dans l'application.

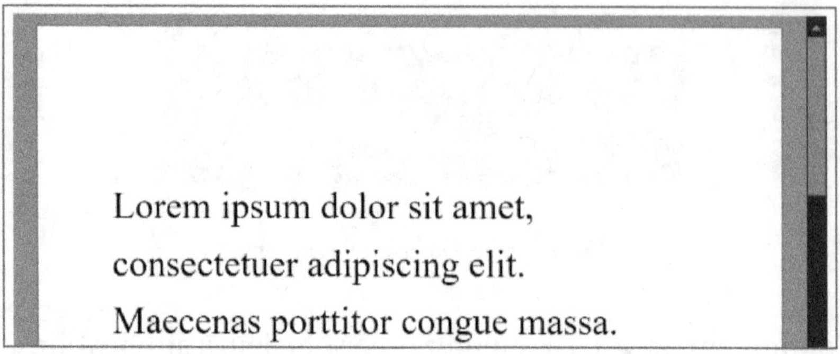

Figure 239 Visionneuse PDF (PDF Viewer)

Utilisez HTTPS uniquement (et non HTTP) pour accéder au fichier PDF.

Le fichier PDF doit être accessible de manière anonyme (sans aucune authentification), sinon vous obtiendrez le message ci-dessous.

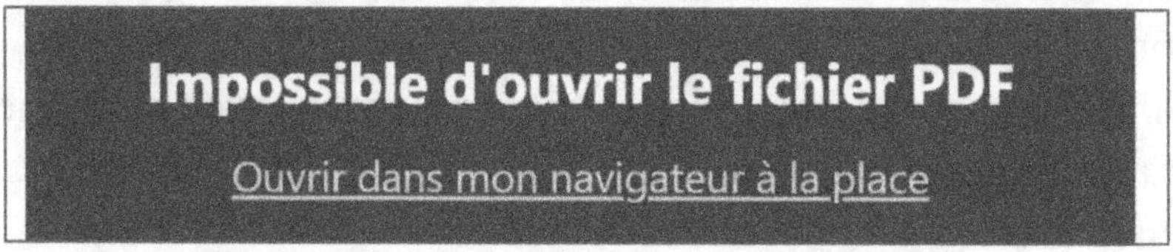

Figure 240 Impossible d'ouvrir le fichier PDF

Principales propriétés spécifiques

OnStateChange : Actions à effectuer lorsque l'état du contrôle change.

Document : L'URL, encadrée par des guillemets doubles, d'un fichier PDF.

ShowControls : Indique si la visionneuse PDF affiche, par exemple, la recherche, la pagination ou l'ouverture dans une application externe.

Exemple d'utilisation

Pour illustrer le fonctionnement de ce contrôle, **paramétrez** sa propriété Document avec l'exemple donné par Microsoft :

```
"https://blog.mozilla.org/security/files/2015
/05/HTTPS-FAQ.pdf"
```

Vous obtenez :

Figure 241 Visionneuse PDF – Illustration

Carte interactive

Ce contrôle affiche une carte interactive intégrée.

Figure 242 Carte interactive (Interactive map)

Une licence Premium est nécessaire pour utiliser ce contrôle. D'autre part, les fonctionnalités géospatiales doivent être activées pour l'environnement : à voir avec votre Administrateur du centre d'administration de la Power Platform.

Vous pouvez y placer des marqueurs de points d'intérêts à partir d'une source de données contenant des adresses ou des coordonnées géographiques (latitude et longitude).

En cas de zoom arrière, les marqueurs se regroupent automatiquement en clusters, permettant de simplifier la visualisation des données.

Sur les appareils mobiles et dans les expériences web, la carte peut indiquer la position actuelle de l'utilisateur et calculer un itinéraire vers sa destination.

De plus, il est possible de basculer entre une vue routière et une vue satellite pour une expérience plus adaptée à vos besoins.

Gardez à l'esprit que, selon la nature des données, certaines sont envoyées à Azure Maps, Bing Cartes, TomTom.

En revanche, Microsoft annonce que Power Apps ne lie les requêtes de recherche à aucun utilisateur ou client lorsqu'elles sont partagées avec TomTom, et les requêtes de recherche partagées ne peuvent pas être utilisées pour identifier des individus ou clients.

Principales propriétés spécifiques

Les propriétés spécifiques sont très nombreuses.

Globalement, vous pouvez paramétrer :

Le *style* (de la carte, la vue satellite, etc.),

Les *comportements* (zoom par défaut, latitude / longitude par défaut, etc.),

Les *points d'intérêts* (emplacements, couleurs, etc.),

L'*itinéraire* (itinéraire optimisé pour la distance, le temps, etc.),

La *forme* (outils de dessin sur la carte, etc.),

La *sortie* (capture du déplacement, etc.).

Contrôles Icônes

Les contrôles *icônes* jouent un rôle important en permettant d'ajouter des éléments visuels interactifs ou informatifs à vos applications. Ils améliorent l'expérience utilisateur en offrant des représentations visuelles qui rendent les actions et les informations plus accessibles et intuitives.

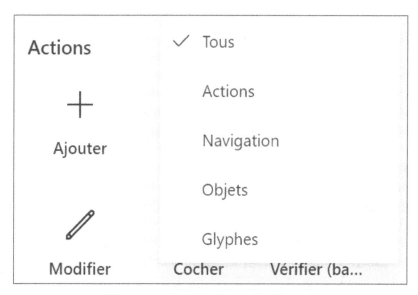

Figure 243 Icônes (Icons) – Extrait

Par exemple, les icônes peuvent être utilisées pour faciliter la navigation au sein de l'application, comme une icône de maison pour renvoyer à la page d'accueil ou une flèche pour permettre de revenir à une étape précédente.

Ces contrôles sont également très utiles pour représenter des actions spécifiques, telles qu'une icône en forme de disque pour enregistrer des données, une corbeille pour supprimer un élément ou un crayon pour signaler la possibilité de modifier un contenu.

En plus de cela, les icônes offrent des repères visuels essentiels pour indiquer des informations importantes ou attirer l'attention sur certains éléments, par exemple en utilisant une icône d'avertissement ou une icône d'information.

En remplaçant le texte par des icônes, vous pouvez également simplifier l'interface utilisateur, réduisant ainsi l'encombrement visuel tout en créant une interface plus esthétique et intuitive.

Par ailleurs, les contrôles icônes contribuent à améliorer l'accessibilité lorsqu'ils sont accompagnés de balises accessibles. Cela permet aux utilisateurs ayant des besoins spécifiques de mieux interagir avec l'application.

Enfin, les contrôles *icônes* dans Power Apps sont hautement personnalisables. Vous pouvez ajuster des paramètres tels que leur taille, leur couleur, leur position ou encore leur comportement interactif.

Les contrôles *icônes* ne se limitent pas à un aspect visuel, mais s'inscrivent pleinement dans la conception fonctionnelle et esthétique d'une application Power Apps.

Principales propriétés spécifiques

Fill : La couleur d'arrière-plan d'un contrôle.

OnSelect : Actions à effectuer lorsque l'utilisateur sélectionne un contrôle.

Icon : Le type d'icône à afficher (par exemple, *Home* ou *Airplane*).

Rotation : Le nombre de degrés pour faire pivoter l'icône.

Color : La couleur de l'icône, définie par son nom ou par des valeurs RGBA.

Contrôles Formes

Les contrôles *Formes* permettent d'intégrer des éléments graphiques simples, tels que des rectangles, des cercles, des lignes ou d'autres formes géométriques, au sein d'une application.

Figure 244 Formes (Forms)

Ces contrôles jouent un rôle essentiel dans l'amélioration de l'esthétique et de l'organisation visuelle de l'interface utilisateur, sans nécessiter de fonctionnalités interactives complexes.

Ces contrôles sont utilisés pour structurer l'interface en servant, par exemple, de séparateurs, d'arrière-plans ou de cadres, ce qui contribue à rendre l'agencement des éléments plus intuitif et attrayant.

En outre, ils peuvent être employés comme éléments décoratifs en personnalisant leur apparence grâce aux couleurs, aux bordures et aux ombres, ce qui permet de renforcer l'identité visuelle de l'application.

Ils sont également utiles pour mettre en évidence des zones spécifiques, en attirant l'attention des utilisateurs sur des informations ou des actions importantes à l'aide de formes encadrant ou soulignant ces éléments.

Enfin, en combinant plusieurs formes, il est possible de simuler des diagrammes ou des représentations graphiques simples, comme des flèches directionnelles ou des zones interconnectées.

Bien que ces contrôles soient non interactifs par défaut, ils peuvent être associés à des actions ou des animations pour enrichir l'expérience utilisateur.

Principales propriétés spécifiques

Fill : La couleur d'arrière-plan d'un contrôle.

OnSelect : Actions à effectuer lorsque l'utilisateur sélectionne un contrôle.

Contrôles Graphiques

Ces contrôles permettent de créer des interfaces riches et informatives; idéales pour analyser et présenter des données complexes.

Histogramme

Un contrôle *Histogramme* dans Power Apps est un composant visuel qui sert à représenter des données sous forme de barres, permettant ainsi de visualiser la répartition d'une série de données continues ou discrètes.

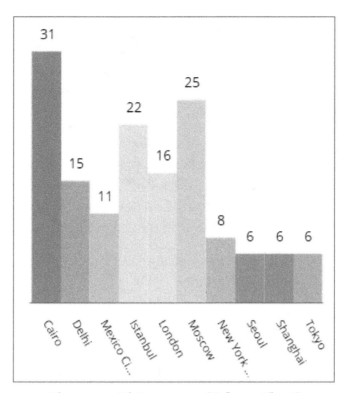

Figure 245 Histogramme (Column Chart)

Les histogrammes sont des contrôles groupés. Chaque
groupe contient trois contrôles : une *Étiquette* (*Label*) pour
le titre, le graphique du diagramme (*ColumnChart*), et une
Légende (*Legend*).

Chaque barre de l'histogramme correspond à un intervalle,
également appelé classe, et sa hauteur représente le nombre
de valeurs (ou fréquence) qui appartiennent à cet intervalle.
Cette approche est particulièrement utile pour analyser des
distributions, car elle aide à identifier visuellement des
tendances, des concentrations ou des écarts au sein d'un
ensemble de données.

Ce type de contrôle offre également la possibilité de
personnaliser les intervalles, par exemple en ajustant la
largeur des barres ou en modifiant le nombre d'intervalles

pour affiner la granularité de la représentation. En outre, les histogrammes dans Power Apps peuvent être reliés à des collections ou des sources de données, ce qui permet une mise à jour dynamique et en temps réel lorsque les données évoluent.

Un histogramme est souvent utilisé dans des contextes tels que l'évaluation des performances, par exemple en analysant les ventes ou la production selon différentes plages, ou encore pour explorer la répartition démographique ou d'autres caractéristiques au sein d'une base de données.

Il peut également servir à analyser la fréquence des événements dans un système.

Principales propriétés spécifiques

Items : La source de données qui s'affiche dans le graphique.

NumberOfSeries : Nombre de colonnes de données représentées dans un histogramme.

Exemple d'utilisation

Dans cet exemple, vous cherchez à représenter le nombre maximum de touristes quotidiens par ville.

Pour cela, **paramétrez** la propriété *ColumnChart.Items* avec ce tableau :

```
Table(
    {Ville: "Nantes"; Touristes: 6000};
    {Ville: "Rennes"; Touristes: 4000};
    {Ville: "Angers"; Touristes: 2000};
    {Ville: "Brest"; Touristes: 3000}
)
```

Dans ce scénario, la fonction *Table()* permet de créer une table contenant plusieurs lignes, où chaque ligne est définie par des colonnes nommées *Ville* et *Touristes*. La colonne

Ville contient les noms des villes, comme *"Nantes"*, *"Rennes"*, *"Angers"* et *"Brest"*, sous forme de chaînes de caractères. De son côté, la colonne *Touristes* contient le nombre de touristes pour chaque ville correspondante, soit respectivement *6000, 4000, 2000* et *3000*.

Ainsi, cette formule génère une table structurée contenant les informations suivantes : Nantes avec 6000 touristes, Rennes avec 4000 touristes, Angers avec 2000 touristes et Brest avec 3000 touristes. Cette table est ensuite utilisée pour afficher ces données dans un histogramme.

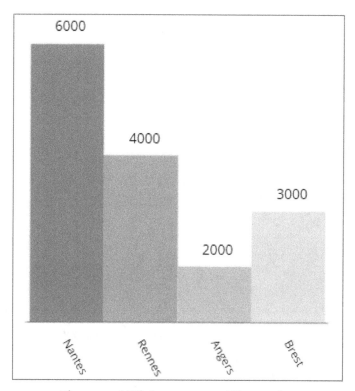

Figure 246 Histogramme – Illustration

Dans cet histogramme, chaque barre représente une ville, et sa hauteur correspond au nombre de touristes.

Graphique en courbes

Un contrôle graphique en courbes permet d'afficher des données sous forme de courbes tracées sur un graphique. Ce contrôle est particulièrement utile pour représenter des séries chronologiques, des tendances ou des comparaisons entre différents ensembles de données.

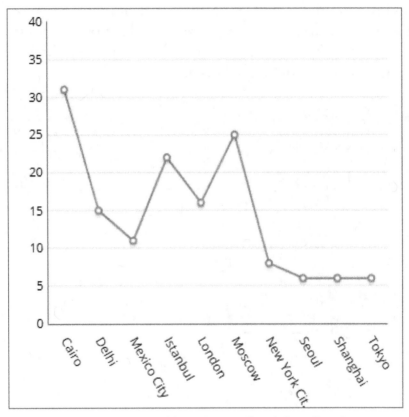

Figure 247 Graphique en courbes (Line Chart)

Les graphiques en courbes sont des contrôles groupés. Chaque groupe contient trois contrôles : une *Étiquette* (*Label*) pour le titre, le graphique du diagramme (*LineChart*), et une *Légende* (*Legend*).

Le graphique en courbes repose généralement sur deux axes principaux. L'axe horizontal (*X*) représente des catégories ou des périodes, tandis que l'axe vertical (*Y*) illustre des valeurs quantitatives. Ce type de graphique permet souvent d'afficher plusieurs courbes simultanément sur un même visuel, facilitant ainsi la comparaison entre différentes séries de données.

Comme tous les contrôles disponibles dans *Power Apps*, le graphique en courbes peut être lié à des sources de données dynamiques telles que *SharePoint, Dataverse* ou des collections internes à l'application. Les données affichées dans le graphique sont alors mises à jour en temps réel, ce qui le rend particulièrement adapté aux applications interactives.

Principales propriétés spécifiques

Items : La source de données qui s'affiche dans le graphique.

NumberOfSeries : Nombre de colonnes de données représentées dans un graphique en courbes.

Exemple d'utilisation

Dans cet exemple, vous cherchez à représenter l'évolution mensuelle du nombre de visiteurs dans une ville.

Pour cela, **paramétrez** la propriété *LineChart.Items* avec ce tableau :

```
Table(
    {Mois: "Janvier"; Visiteurs: 1000};
    {Mois: "Février"; Visiteurs: 1200};
    {Mois: "Mars"; Visiteurs: 1500};
    {Mois: "Avril"; Visiteurs: 2000}
)
```

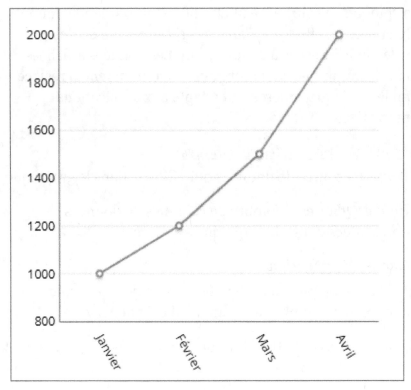

Figure 248 Graphique en courbes – Illustration

Les points sont connectés par une courbe pour montrer la croissance des visiteurs au fil des mois.

Graphique en secteurs

Un contrôle graphique en secteurs est une représentation visuelle de données sous forme de diagramme circulaire. Ce type de graphique est utilisé pour montrer des proportions en pourcentages.

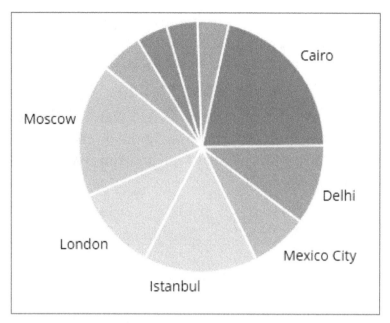

Figure 249 Graphique en secteurs (Pie Chart)

Les graphiques en secteurs sont des contrôles groupés. Chaque groupe contient trois contrôles : une *Étiquette* (*Label*) pour le titre, le graphique du diagramme (*PieChart*), et une *Légende* (*Legend*).

Ce type de graphique permet de visualiser la proportion de différentes catégories ou segments dans un ensemble de données total, chaque segment représentant une "part" du cercle en fonction de sa valeur. Ainsi, chaque segment est proportionnel à la valeur de la catégorie qu'il illustre par rapport à l'ensemble des données.

Les graphiques en secteurs permettent une représentation claire et proportionnelle des données, où chaque segment traduit visuellement l'importance relative d'une catégorie. Il est également possible de les personnaliser en ajustant des éléments tels que les couleurs, les libellés ou encore la taille du graphique, selon les besoins spécifiques de l'application.

Ces graphiques trouvent leur utilité dans des scénarios variés, comme comparer les ventes par région, analyser la répartition des dépenses dans un budget, ou afficher des statistiques démographiques.

Toutefois, il est préférable de les utiliser pour des ensembles de données comportant un nombre limité de catégories, afin d'éviter toute surcharge visuelle qui pourrait rendre l'analyse moins intuitive.

Principales propriétés spécifiques

Items : La source de données qui s'affiche dans le graphique.

ShowLabels : Indique si un graphique en secteurs affiche la valeur associée à chacun de ses secteurs.

Exemple d'utilisation

Dans cet exemple, vous cherchez à représenter la répartition des touristes par ville.

Pour cela, **paramétrez** la propriété *PieChart.Items* avec ce tableau :

```
Table(
    {Ville: "Nantes"; Pourcentage: 40};
    {Ville: "Rennes"; Pourcentage: 20};
    {Ville: "Angers"; Pourcentage: 15};
    {Ville: "Brest"; Pourcentage: 25}
)
```

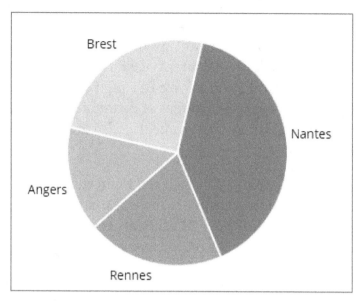

Figure 250 Graphique en secteurs – Illustration

Chaque secteur du graphique représente une ville, et la taille de chaque secteur correspond à son pourcentage.

Vignette Power BI

Ce contrôle permet d'intégrer des vignettes de tableaux de bord Power BI directement dans l'application Power Apps.

Figure 251 Vignette Power BI (Power BI)

*AllowNewAPI (*false par défaut*)* : Indique s'il faut utiliser la nouvelle API lors de l'appel au service Power BI. La valeur *true* utilise la nouvelle API Power BI (qui n'est pas prise en charge dans les scénarios mobiles et certains cas intégrés, mais permet un filtrage plus avancé). *False* utilise l'API d'origine.

LoadPowerBIContent : Lorsqu'il est défini sur *True*, le contenu Power BI est chargé et affiché. Lorsqu'il est défini sur *False*, le contenu Power BI est déchargé, ce qui libère de la mémoire et optimise les performances.

PowerBIInteractions : Lorsqu'il est défini sur *True*, il est possible d'interagir avec le contenu Power BI, mais l'événement *OnSelect* de Power Apps ne sera pas déclenché. Lorsqu'il est défini sur *False*, il n'est pas possible d'interagir avec la tuile, mais l'événement *OnSelect* de Power Apps sera déclenché lorsque la tuile est sélectionnée.

Workspace : L'espace de travail Power BI d'où provient la vignette.

Dashboard : Le tableau de bord Power BI d'où provient la vignette.

Tile : Le nom de la vignette Power BI que vous souhaitez afficher.

<u>*Exemple d'utilisation*</u>

Ci-dessous, il s'agit d'une illustration à partir d'un tableau de bord Power BI Online.

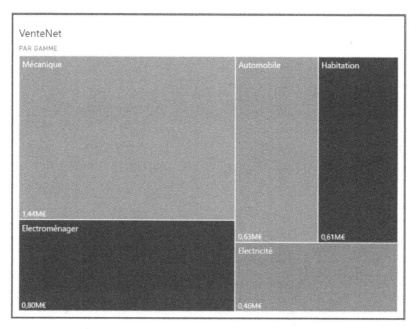

Figure 252 Vignette Power BI – Illustration

Contrôles AI Builder

Ces contrôles permettent d'exploiter des technologies avancées pour automatiser le traitement des informations.

Lecteur de carte de visite

Ce contrôle permet de scanner des cartes de visite et d'extraire automatiquement les informations comme le nom; l'adresse électronique ou l'entreprise.

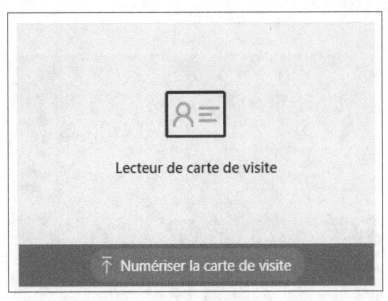

Figure 253 Lecteur de carte de visite (Business Card Reader)

Il s'agit d'un composant Premium. Un utilisateur qui se sert d'une application contenant ce composant doit avoir une licence AI Builder.

Traitement des tickets de caisse

Ce contrôle permet d'extraire des informations structurées d'un ticket de caisse (articles; prix; total).

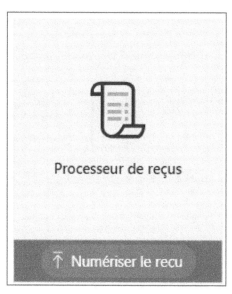

Figure 254 Traitement des tockets de caisse (Receipt Processor)

Il s'agit d'un composant Premium. Un utilisateur qui se sert d'une application contenant ce composant doit avoir une licence AI Builder.

Traitement de formulaires

Ce contrôle analyse des formulaires structurés et en extrait les données saisies.

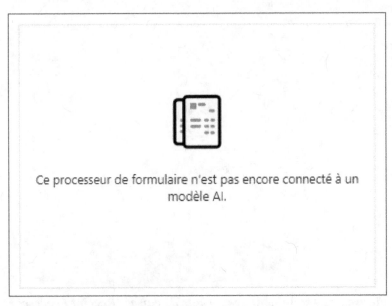

Ce processeur de formulaire n'est pas encore connecté à un modèle AI.

Figure 255 Traitement de formulaires (Form Processor)

Il s'agit d'un composant Premium. Un utilisateur qui se sert d'une application contenant ce composant doit avoir une licence AI Builder.

Reconnaissance de texte (OCR)

Ce contrôle permet de lire et extraire du texte d'une image; comme une enseigne ou un panneau.

Figure 256 Reconnaissance de texte (Text Recognizer)

Il s'agit d'un composant Premium. Un utilisateur qui se sert d'une application contenant ce composant doit avoir une licence AI Builder.

Contrôles Mixed Reality

Afficher dans MR

Ce contrôle permet d'afficher des objets 3D ou des modèles dans un environnement de réalité mixte. Il est utilisé pour visualiser des éléments dans un contexte réel.

Figure 257 Afficher en MR (View in MR)

Pour afficher un objet dans votre espace, l'application doit être lancée dans l'application mobile Power Apps d'un matériel compatible avec la réalité mixte.

Afficher la forme dans MR

Ce contrôle permet de créer et afficher des formes géométriques simples (comme des cubes ou des sphères) dans un espace MR.

Figure 258 Afficher la forme en MR (View Shape in MR)

Pour afficher un objet dans votre espace, l'application doit être lancée dans l'application mobile Power Apps d'un matériel compatible avec la réalité mixte.

Mesure de la caméra

Ce contrôle mesure les dimensions de la capture vidéo (par exemple, largeur et hauteur en pixels).

Figure 259 Mesure de la caméra (Measure in MR)

Ce contrôle peut être utilisé pour ajuster dynamiquement la taille d'un affichage basé sur l'image capturée.

Pour effectuer une mesure, l'application doit être lancée dans l'application mobile Power Apps d'un matériel compatible avec la réalité mixte.

Notation dans MR

Permet de placer des annotations directement dans un environnement réel, visibles en MR.

Figure 260 Notation dans MR (Annotate in MR)

Pour marquer ou annoter, l'application doit être lancée dans l'application mobile Power Apps d'un matériel compatible avec la réalité mixte.

Chapitre 9 : Gestion des données

Power Apps se distingue par sa capacité à se connecter aisément à un grand nombre de sources de données, qu'elles soient hébergées dans le cloud ou en local. Ces sources incluent des fournisseurs tiers tels qu'Amazon Redshift, Oracle, Google, IBM DB2 ou Dropbox, ainsi que des solutions Microsoft comme Excel, SharePoint, SQL Server ou Dataverse.

Parmi les sources de données Microsoft, *Dataverse* occupe une place particulière. Bien que ce livre ne détaille pas son rôle et ses avantages, il est important de noter que son utilisation gagne en popularité, remplaçant de plus en plus souvent *SharePoint*, pourtant largement répandu.

Vous constaterez que le choix de la source de données n'est pas toujours évident, car chaque source a ses propres limites et contraintes. Aucune source de données n'est "parfaite". En pratique, il est courant d'utiliser des sources familières, comme Excel ou SharePoint, et c'est tout à fait acceptable. Pour apprendre à maîtriser Power Apps, il est préférable de travailler avec des données que vous connaissez bien. L'optimisation des données peut venir dans un second temps. Tenter d'optimiser tout dès le départ est souvent difficile, et cela ne s'applique pas qu'à Power Apps ! ☺

En revanche, il est important de connaître l'existence et les principes de fonctionnement des principales sources de données. C'est pourquoi vous trouverez ci-dessous une introduction à Microsoft Dataverse.

Introduction à Dataverse

Dataverse, anciennement connu sous le nom de *Common Data Service (CDS)*, est une solution de gestion de données puissante proposée par Microsoft. Il s'agit d'un *service de stockage* structuré qui permet aux applications Power Apps de gérer efficacement les données.

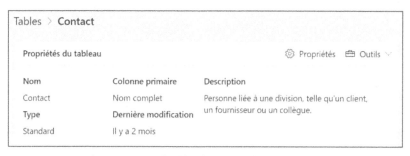

Figure 261 Détails d'une table Dataverse

Définition et utilité

Dataverse est une plateforme de gestion des données qui permet de stocker, de gérer et de partager des données dans un environnement sécurisé. Il offre une structure standardisée qui peut être étendue en fonction des besoins spécifiques d'une organisation, ce qui en fait un outil idéal pour les applications métier.

Avantages pour le stockage des données

Les données Microsoft Dataverse sont organisées sous forme de tables. Une table est constituée de colonnes. Vous pouvez créer vos propres tables personnalisées ou utiliser les tables prédéfinies. La granularité de la protection est fine, car il est possible de protéger les champs des enregistrements individuels.

Parmi les principaux avantages de Dataverse figurent une sécurité renforcée grâce à des contrôles d'accès granulaires ; une intégration fluide avec l'écosystème Microsoft ; la possibilité de gérer des relations complexes entre les données à l'aide de modèles prédéfinis ou personnalisés.

Concrètement, Dataverse offre des fonctionnalités intégrées pour les règles métier, les workflows, les champs calculés, etc. Dataverse offre aussi des capacités de sécurité et d'audit hiérarchiques, au niveau des lignes et des champs.

Figure 262 Paramétrage d'une table Dataverse

Limitations et contraintes

Dataverse est une solution puissante mais qui peut être coûteuse, notamment pour les petites entreprises ou les projets nécessitant un grand volume de données. Les frais de licences, de stockage supplémentaire et les fonctionnalités avancées peuvent rapidement augmenter les coûts. De plus, sa configuration et son utilisation nécessitent des compétences techniques avancées, ce qui peut poser un défi pour les équipes moins expérimentées. Bien que conçu pour gérer des données relationnelles, il peut rencontrer des limitations de performance avec de très grands ensembles de données ou des requêtes mal optimisées.

Par ailleurs, Dataverse est fortement intégré à l'écosystème Microsoft, ce qui le rend moins flexible pour les entreprises utilisant des solutions tierces. Les intégrations avec des systèmes non-Microsoft peuvent être complexes, et sa gestion de la sécurité, bien que robuste, demande un effort important pour être configurée correctement. Les limites de stockage par défaut, la dépendance à la Power Platform et le temps nécessaire pour apprendre à l'utiliser efficacement sont également des aspects à considérer. Ainsi, bien qu'adapté aux entreprises investies dans Microsoft, il peut ne pas convenir à toutes les organisations.

Dans ce cas, *SharePoint* peut être une alternative à Dataverse pour des projets nécessitant une gestion simple des données, notamment grâce à ses listes et bibliothèques incluses dans de nombreuses licences Microsoft 365, ce qui le rend plus abordable et facile à utiliser. Cependant, SharePoint possède aussi ses propres limitations. Il est moins adapté pour des bases de données relationnelles complexes ou des volumes massifs de données, avec des performances limitées pour des listes très volumineuses. De plus, SharePoint n'offre pas les fonctionnalités avancées de Dataverse, ce qui en fait une option pertinente uniquement pour des besoins modestes ou des budgets restreints.

Connexion à des sources de données externes

Pour des raisons historiques, culturelles ou techniques, les organisations continuent de se connecter et d'exploiter de manière intensive des sources de données hétérogènes pour stocker leurs informations métiers.

Les notions générales sur les connecteurs et les connexions ont été abordées précédemment dans le *Chapitre 4 : Notions de base*.

Dans cette section, nous mettons en lumière certains des connecteurs les plus fréquemment utilisés. Bien qu'il existe actuellement plus de 1 000 connecteurs disponibles, certains se distinguent par leur popularité.

Parmi eux, on trouve notamment les connecteurs *Utilisateurs Office 365*, *Office 365 Outlook*, *Excel* et *SharePoint*.

Les connecteurs *Utilisateurs Office 365* et *Office 365 Outlook* ont déjà été présentés en détail et manipulés dans le *Chapitre 6 : Concevoir une application connectée.*

Les connecteurs *Excel* et *SharePoint* sont décrits ci-dessous. Mais avant d'y parvenir, il convient d'aborder un concept clé souvent mal compris : le mécanisme de *délégation.* Ce principe "naturel" joue un rôle crucial dans le traitement de volumes massifs de données au sein des applications Power Apps.

Délégation

Par défaut, Power Apps ne peut récupérer que les 500 premiers éléments d'une liste (ce nombre peut être augmenté à 2000).

Cette contrainte est spécifique à Power Apps. Elle s'applique à toutes les sources de données auxquelles Power Apps est connecté.

Cela signifie que si votre liste ou votre table contient des milliers d'éléments, vous devrez appliquer des filtres ou des *requêtes déléguées* pour limiter les données chargées dans l'application.

La *délégation* désigne la capacité d'envoyer des opérations de traitement, telles que les filtres, les tris ou les recherches, directement à la source de données au lieu de charger toutes les données dans Power Apps pour les traiter localement. Cette approche permet d'améliorer les performances de l'application tout en réduisant les limitations liées à la quantité de données manipulées.

Ce mécanisme de délégation est spécifique à la source de données. Toutes les sources de données ne prennent pas en charge la délégation, et même parmi celles qui la supportent, certaines fonctions ou opérations peuvent ne pas être délégables. Les sources de données couramment délégables, sont *Microsoft Dataverse, SharePoint, SQL Server, Salesforce*. En revanche, Excel ne supporte pas la délégation.

La délégation ne nécessite <u>aucun paramètre</u> à activer dans Power Apps pour qu'il soit opérationnel. Cependant, son fonctionnement effectif dépend des fonctions utilisées, des types de données manipulés et, dans certains cas, de la manière dont les formules sont rédigées.

Par exemple, dans Power Apps, la fonction *Filter()* est utilisée pour extraire des enregistrements spécifiques d'une source de données en fonction de critères définis. Elle permet de filtrer une liste ou une table pour ne conserver que les lignes qui remplissent certaines conditions, par exemple *Filter(Clients; Pays = "Suisse")*. Dans cet exemple, la fonction sélectionne tous les enregistrements de la liste *Clients* où la colonne *Pays* contient la valeur *Suisse*.

```
Filter(Clients;Pays = "Suisse")
```

Figure 263 Délégation avec Filter()

La fonction *Filter()* est potentiellement *"délégable"*. Cela signifie que Power Apps peut envoyer la requête directement à la source de données SharePoint, Dataverse, SQL Server ou Salesforce, pour qu'il applique le filtre et renvoie uniquement les résultats pertinents. Cela réduit considérablement la charge de données à gérer localement.

La délégation dépend étroitement de la manière dont la formule est rédigée, même lorsqu'elle utilise des fonctions théoriquement *"délégables"*. En particulier, l'emploi d'un opérateur non délégable rend toute l'expression non délégable. Par exemple, dans le cas précédent, on pourrait réécrire la formule avec l'opérateur *in*, qui n'est pas délégable : *Filter(Clients; "Suisse" in Pays)*.

Bien que cette formule fournisse un résultat identique à la version initiale, elle déclenchera un avertissement concernant la délégation.

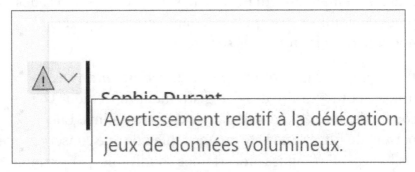

Figure 264 Avertissement à la délégation (extrait)

De plus, l'opérateur *in* non-délégable sera souligné avec un liseré marron dans la barre de formule.

```
Filter(Clients; "Suisse" in Pays)
```

Figure 265 Opérateur non-délégable

Dans ce cas, Power Apps est contraint de charger les données dans l'application et d'appliquer la logique localement, ce qui peut poser des problèmes de performance si la source contient un grand volume d'enregistrements.

Par ailleurs, la compatibilité dépend des types de colonnes utilisées et des connecteurs de données spécifiques. De plus, des opérations plus complexes, certaines expressions personnalisées ou certaines conditions ne sont pas "*délégables*" et impliquent un traitement local.

Lorsque cela se produit, Power Apps affiche *un petit point bleu* dans la barre de formule, avec un avertissement signalant que seule une partie des données sera prise en compte. Dans ce cas, il est recommandé de structurer les formules de manière à permettre la délégation complète des requêtes.

Connecteur Excel

Le connecteur *Excel* dans Power Apps permet d'utiliser des fichiers Excel comme source de données pour vos applications. Il est particulièrement utile si vous disposez de données structurées dans un fichier Excel que vous souhaitez manipuler ou afficher dans une application. Cependant, il y a quelques points importants à connaître concernant son fonctionnement.

Fonctionnement général

Le connecteur Excel s'utilise en général avec un fichier stocké dans un service de stockage cloud comme *OneDrive* ou *SharePoint*. Cela garantit que le fichier est accessible en ligne et peut être mis à jour simultanément par plusieurs utilisateurs si nécessaire.

Cela signifie également qu'en cas de mise à jour du classeur Excel, votre application Power Apps pourra récupérer ces modifications, à condition que le classeur reste accessible. Cette connexion dynamique permet à l'application de refléter en temps réel ou presque les données actualisées du classeur, garantissant ainsi une synchronisation efficace entre les deux outils.

Configuration du fichier Excel

Pour utiliser un fichier Excel comme source de données, il est important que les données soient organisées correctement.

En particulier, elles doivent être structurées sous forme de tableau dans Excel, et non comme une simple plage de cellules. Vous pouvez créer un tableau en sélectionnant vos données dans Excel et en utilisant l'option *Format en tant que tableau.*

Il est également essentiel de donner des noms clairs et uniques aux colonnes du tableau, car Power Apps se base sur ces noms pour référencer les champs dans votre application.

Pour que l'application Power Apps puisse continuer à bénéficier des mises à jour du classeur Excel, il est impératif de ne ni modifier ni supprimer les noms des colonnes du classeur. Ces noms servent de référence dans l'application, et tout changement pourrait entraîner des erreurs ou des dysfonctionnements dans les formules ou les contrôles liés aux données.

Limites et contraintes

Malgré son intérêt, il existe néanmoins des limites et des contraintes à l'utilisation du connecteur Excel dans Power Apps.

Concernant la taille des données, les fichiers Excel utilisés doivent rester relativement légers. Si votre fichier contient un grand nombre de lignes, par exemple plus de 2000, cela peut entraîner des performances limitées, car Power Apps charge toutes les données en mémoire car le connecteur Excel n'est pas délégable.

Par ailleurs, bien qu'Excel permette un accès multi-utilisateur, il n'est pas optimisé pour des mises à jour intensives ou concurrentes. Si plusieurs utilisateurs tentent de manipuler les mêmes données simultanément, cela peut générer des conflits.

Enfin, le connecteur permet de lire et de modifier les données, mais les mises à jour restent adaptées à des scénarios simples.

Pour en savoir plus sur les limites et contraintes du connecteur, **consultez** l'article suivant de Microsoft :

```
https://learn.microsoft.com/fr-
fr/connectors/excelonlinebusiness
```

Si vous préférez, **utilisez** ce lien raccourci :

```
https://tinyurl.com/mw36ramk
```

Scénarios d'utilisation

Le connecteur Excel est idéal pour des scénarios tels que l'affichage de tableaux de bord simples à partir de données statiques ou semi-dynamiques stockées dans un fichier Excel.

Il peut également être utilisé pour des formulaires interactifs permettant aux utilisateurs de compléter ou de modifier des informations qui seront ensuite sauvegardées dans le fichier.

Enfin, il est particulièrement adapté pour le prototypage rapide, lorsque vous souhaitez tester une idée ou concevoir une application sans avoir à mettre en place une infrastructure complexe.

Pour en savoir plus sur le connecteur Excel, **suivez** ce lien qui vous conduit à sa documentation :

```
https://learn.microsoft.com/fr-fr/power-
apps/maker/canvas-
apps/connections/connection-excel
```

Si vous préférez, **utilisez** ce lien raccourci :

```
https://tinyurl.com/yrvs384r
```

Exemple d'utilisation

Pour illustrer l'utilisation du connecteur Excel, **téléchargez** le classeur Excel nommé *produits_base_fr.xlsx*, avec ce lien :

```
https://docs.google.com/spreadsheets/d/1qdpwP
MJdqKri90x326_8G9w_Rvs2pXUC/
```

Si vous préférez, **utilisez** ce lien raccourci :

```
https://tinyurl.com/4t6ak2b8
```

Quand vous l'aurez téléchargé, **gardez** son nom par défaut : *produits_base_fr.xlsx*.

Puis, **créez** une nouvelle application Power Apps canevas vierge, et, dans le menu horizontal, **cliquez** sur le choix *Ajouter des données*.

Dans le pop-up qui s'ouvre, **tapez** le mot *excel* dans la zone *Rechercher* et **cliquez** sur *Importer à partir d'Excel*. Éventuellement, vous pouvez aussi cliquer sur *Excel Online (Business)* pour travailler avec des classeurs Excel stockés dans OneDrive Entreprise, SharePoint ou des groupes Office 365, avec les contraintes et conditions présentées ci-dessus.

Avec la fenêtre qui s'ouvre, **recherchez** et **ouvrez** le classeur *produits_base_fr.xlsx*, puis dans le volet de droite, **cochez** la case *Produits*, qui est le nom de la table dans le classeur.

Puis, **ajoutez** un contrôle de type galerie verticale.

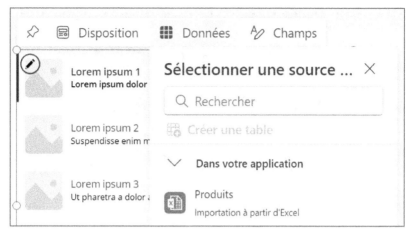

Figure 266 Ajouter la source de données

Puis, **sélectionnez** la source de données *Produits*.

Optionnellement, vous pouvez modifier la disposition du formulaire pour qu'il affiche les informations sous le format *Titre, sous-titre et corps*. Une fois cette disposition appliquée, vous pouvez attribuer les champs aux sections correspondantes de la manière suivante :

- Body : Catégorie
- Subtitle : Description
- Title : Nom

Cette configuration permet de structurer les données de manière claire et intuitive, en mettant en avant le champ *Nom* en tant que titre principal, suivi des détails supplémentaires dans les champs *Description* et *Catégorie*.

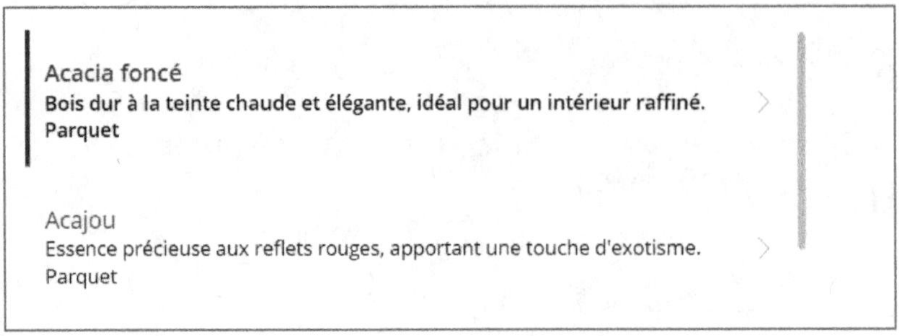

Figure 267 Galerie verticale alimentée (extrait)

Alternatives

Si votre application Power Apps devient plus complexe ou si vos besoins en gestion de données augmentent, il est judicieux d'explorer d'autres alternatives comme les listes SharePoint, Dataverse ou une base de données SQL.

Ces produits offrent une meilleure évolutivité, une gestion des données plus robuste et sont mieux adaptées à des applications exigeantes.

Bien qu'Excel soit largement utilisé, les limitations liées à son connecteur suffisent à me dissuader de l'utiliser. À l'inverse, SharePoint, malgré ses imperfections, me paraît parfaitement adapté à de nombreuses situations en entreprise.

Connecteur SharePoint

Rôle du connecteur

Le connecteur *SharePoint* dans Power Apps est l'un des connecteurs les plus populaires. Il est aussi le connecteur le plus intégré dans la *Power Plateform*.

En particulier, il permet de créer des applications qui interagissent avec vos données directement depuis SharePoint, qu'il s'agisse de les afficher, de les modifier ou de les organiser. Ce connecteur est particulièrement adapté aux organisations qui utilisent déjà SharePoint pour stocker et gérer leurs informations.

Pour utiliser le connecteur SharePoint, vos données doivent être stockées dans des listes SharePoint ou des bibliothèques de documents.

Bibliothèque SharePoint

Dans SharePoint, une *bibliothèque* est un espace centralisé qui permet de stocker, organiser, partager et gérer des fichiers ou des informations structurées. Elle est conçue pour faciliter la collaboration et offrir un accès efficace aux documents ou autres types de données au sein d'une organisation.

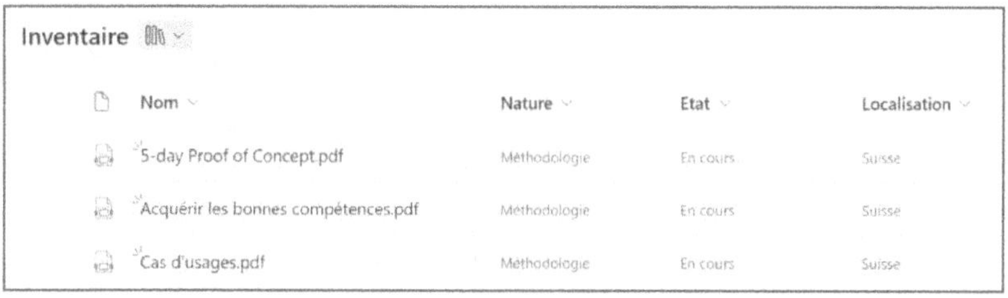

Figure 268 Bibliothèque SharePoint (extrait)

Il existe plusieurs types de bibliothèques, chacun répondant à des besoins spécifiques. La *bibliothèque de documents* est la plus courante ; elle est utilisée pour stocker des fichiers comme des documents Word, des tableurs Excel, des PDF ou encore des images. Elle offre des fonctionnalités comme la coédition en temps réel, le contrôle de versions et la gestion fine des autorisations. Les *bibliothèques d'images* sont optimisées pour la gestion des contenus visuels, tandis que les *bibliothèques de formulaires* sont utilisées pour stocker des modèles InfoPath. D'autres variantes incluent les *bibliothèques multimédias*, destinées aux fichiers audio ou vidéo, ainsi que les *bibliothèques de pages*, qui permettent de créer et de gérer des pages sur un site SharePoint.

Les bibliothèques de SharePoint offrent de nombreuses fonctionnalités. Parmi elles, le contrôle des versions permet de conserver un historique des modifications apportées aux fichiers, facilitant la restauration de versions antérieures si nécessaire. Les métadonnées jouent également un rôle important : en ajoutant des colonnes personnalisées pour décrire ou catégoriser les documents, il devient plus facile de rechercher et trier les fichiers. La collaboration est optimisée grâce à la coédition en temps réel, où plusieurs utilisateurs peuvent modifier un document *simultanément*, sans écraser les modifications faites par les autres personnes. SharePoint permet également de configurer des flux de travail automatisés, par exemple pour valider ou approuver des documents. Enfin, l'intégration avec la recherche SharePoint offre une recherche avancée, permettant de retrouver des fichiers à partir de mots-clés, de métadonnées ou d'auteurs.

La gestion des autorisations dans SharePoint est très flexible. Les administrateurs peuvent définir des niveaux d'accès spécifiques au niveau de la bibliothèque, des dossiers ou même des fichiers individuels. Cette granularité garantit que seuls les utilisateurs autorisés peuvent consulter ou modifier les documents.

En termes d'accessibilité, les fichiers d'une bibliothèque SharePoint peuvent être consultés depuis un navigateur web, via l'application mobile SharePoint ou encore synchronisés localement avec OneDrive, ce qui permet de travailler hors ligne si besoin.

Une bibliothèque dans SharePoint constitue une solution robuste pour centraliser et gérer les ressources numériques, tout en facilitant la collaboration entre les membres d'une équipe. Elle garantit également la sécurité des informations et leur accessibilité, ce qui en fait un outil essentiel pour les organisations qui souhaitent structurer efficacement leurs documents et améliorer leurs processus de travail.

Liste SharePoint

Une liste SharePoint fonctionne comme une table Excel ou une base de données légère, et elle est idéale pour stocker des données organisées avec des colonnes définissant différents types d'informations.

Figure 269 Liste SharePoint (extrait)

Concrètement, une liste est composée d'éléments et de colonnes. Chaque colonne est nommée et possède un type de données spécifique, comme du texte, des nombres, des dates, des choix (menu déroulant), des liens, des pièces jointes, ou encore des personnes (via une connexion avec l'annuaire de l'entreprise). Chaque élément correspond à une ligne dans cette structure, et chaque ligne contient des données associées aux colonnes définies. Une liste SharePoint peut contenir jusqu'à 30 millions d'éléments.

Les listes sont extrêmement flexibles et peuvent être utilisées pour une très grande variété de besoins, tels que la gestion de tâches, le suivi d'inventaire, le stockage de contacts, ou la gestion de projets. Très souvent, elles remplacent avantageusement les classeurs Excel, quand ceux-ci stockent uniquement des données. Elles offrent également des fonctionnalités puissantes, comme des alertes par courriel, des vues personnalisées (tri, regroupement, ou filtrage des données), des workflows pour automatiser des processus, et des intégrations avec les outils Microsoft comme Power Automate ou Power Apps. De très nombreuses applications Power Apps dans le monde s'appuient sur les listes SharePoint pour stocker les données métiers des utilisateurs.

De plus, SharePoint permet de gérer les autorisations au niveau des listes et des éléments, offrant ainsi un contrôle précis sur qui peut voir ou modifier les données. C'est un outil central pour collaborer efficacement tout en gardant une certaine structure et sécurité des informations.

Utiliser SharePoint avec le connecteur

Le connecteur SharePoint est aussi flexible et prend en charge une large gamme d'opérations. Vous pouvez, par exemple, extraire des données d'une liste SharePoint pour les afficher dans votre application, permettre aux utilisateurs d'ajouter de nouveaux éléments à la liste ou encore modifier et supprimer des éléments existants. De plus, il prend en charge les champs complexes tels que les choix multiples, les pièces jointes, les colonnes de recherche et les colonnes de personnes ou de groupes. En particulier, l'intégration des listes et bibliothèques SharePoint avec la *Power Plateform* est très poussée. Cela simplifie beaucoup son usage dans Power Apps et Power Automate.

Performances

Il existe néanmoins quelques contraintes à connaître.

Bien que le connecteur permette des actions sur les données, les performances peuvent être affectées si les listes sont très volumineuses ou si plusieurs utilisateurs effectuent des modifications simultanées.

Dans ce genre de situation, des solutions alternatives, comme l'utilisation de *Dataverse*, peuvent s'avérer plus pertinentes.

Si votre liste contient des milliers d'éléments, il est essentiel d'appliquer des filtres ou d'utiliser des requêtes déléguées pour limiter la quantité de données chargées dans l'application. Pour plus de détails, **consultez** la section *Délégation* dédiée à la délégation mentionnée précédemment.

Cas d'usages

Le connecteur SharePoint est particulièrement utile dans des scénarios variés. Il est idéal pour créer des formulaires personnalisés afin de remplacer les formulaires standards de SharePoint, par exemple pour soumettre des demandes, gérer des tâches ou enregistrer des informations.

Il est aussi très utilisé pour des tableaux de bord ou des applications interactives affichant des données issues de SharePoint, avec la possibilité de filtrer, rechercher ou organiser ces données. Enfin, il s'intègre bien dans des processus automatisés lorsqu'il est combiné avec Power Automate, permettant de déclencher des workflows en fonction des actions effectuées dans l'application.

Pour des applications plus complexes, nécessitant des performances élevées ou un volume important de données, il peut être intéressant d'utiliser d'autres sources de données, comme Dataverse, qui propose des fonctionnalités supplémentaires : voir plus haut la section consacrée à Dataverse.

Exemple d'utilisation

Pour illustrer l'utilisation du connecteur SharePoint, vous pouvez utiliser n'importe quelle liste SharePoint.

Dans ce scénario, j'utilise une liste de clients avec ces données (voir Figure 270).

Titre	Téléphone	Ville	Pays	Age
Paul Martin	03 04 05 060	Anvers	Belgique	68
Jean Dupont	02 03 04 050	Bruxelles	Belgique	42
Marie Curie	04 05 06 070	Liège	Belgique	
Julie Girard	02 03 04 05 06	Nantes	France	
Camille Dubois	01 02 03 04 05	Paris	France	36
Louis Bernard	2 82 93 031	Luxembourg City	Luxembourg	40
Sophie Durant	021 098 76 54	Genève	Suisse	24
Claire Fournier	043 210 98 76	Zurich	Suisse	38

Figure 270 Liste Clients

Puis, **créez** une nouvelle application Power Apps canevas vierge, et, dans le menu horizontal, **cliquez** sur le choix *Ajouter des données*.

Dans le pop-up qui s'ouvre, **tapez** le mot *sharepoint* dans la zone Rechercher.

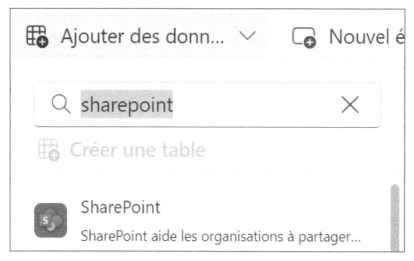

Figure 271 Connecteur SharePoint

Puis **cliquez** sur le connecteur *SharePoint*, avec l'icône vert foncé.

En fonction de vos actions précédentes dans Power Apps, vous vous trouvez dans l'une des deux situations suivantes : soit une connexion existe déjà avec vos données, soit aucune connexion n'a encore été établie. Ces deux cas sont détaillés dans les sections suivantes : *Connexion déjà existante* et *Connexion absente*.

Premièrement, **commencez** par consulter la section *Connexion déjà existante* pour vérifier si elle correspond à votre situation. Si ce n'est pas le cas, **passez** à la section *Connexion absente.* Une fois que vous avez identifié votre cas, vous pourrez suivre les instructions spécifiques à votre situation, car vous relevez nécessairement de l'une de ces deux possibilités.

Connexion déjà existante

Si vous avez une connexion à SharePoint qui existe déjà, vous devriez voir cette fenêtre avec votre identifiant à la place de *seb.wasp* :

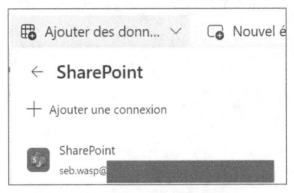

Figure 272 Connexion déjà existante

Dans ce cas, **cliquez** sur la connexion existante pour l'utiliser.

Puis, **ignorez** la section *Connexion absente* et **passez** directement à la section *Se connecter à un site SharePoint*. Cela vous permettra de configurer votre connexion avec le site SharePoint en question sans avoir à traiter les étapes liées à l'absence de connexion.

Connexion absente

Dans la section précédente, vous avez appris à gérer les manipulations associées à une <u>connexion déjà existante</u>. Dans cette section, nous supposons qu'aucune connexion à SharePoint n'est encore configurée.

Dans ce contexte, lorsque vous avez cliqué sur le connecteur SharePoint, un volet SharePoint est apparu sur la droite de l'écran. Ce volet permet de configurer une nouvelle connexion. Vous pourrez y renseigner les informations nécessaires pour établir un lien avec votre site SharePoint, comme l'URL du site et les éventuelles autorisations requises pour accéder aux données.

SharePoint

SharePoint aide les organisations à partager et à collaborer avec des collègues, partenaires et clients. Vous pouvez vous connecter à SharePoint Online ou à une batterie locale de serveurs SharePoint 2016 ou 2019 à l'aide de la passerelle de données locale pour gérer des documents et répertorier des éléments.

(●) Se connecter directement (services de cloud computing)

( ) Se connecter à l'aide de la passerelle de données locale

Figure 273 Création d'une connexion SharePoint

Ce volet propose deux options pour établir une connexion, en fonction de vos besoins.

La première option consiste à se connecter directement aux services de cloud computing, correspondant à l'utilisation de SharePoint Online. Cette solution entièrement basée sur le cloud est simple à configurer et ne nécessite qu'une authentification pour accéder à vos données.

La seconde option permet de se connecter à une instance locale de SharePoint, telle que SharePoint 2016 ou 2019. Dans ce cas, il est indispensable de configurer une passerelle de données locale pour établir la connexion entre votre application et le serveur SharePoint. Cependant, cette méthode, bien qu'intéressante, est plus technique et dépasse le cadre de ce livre. Si cette option vous intéresse, il est recommandé de vous rapprocher de votre administrateur informatique, qui pourra vous guider dans sa mise en œuvre et répondre à vos questions.

Gardez la case cochée par défaut (*Se connecter directement aux services de cloud computing*), puis, tout en bas du volet, **cliquez** sur le bouton *Se connecter*.

Ensuite, **poursuivez** avec la section suivante, qui s'intitule *Se connecter à un site SharePoint*.

Se connecter à un site SharePoint

Le volet *Se connecter à un site SharePoint* apparaît sur la droite de l'écran.

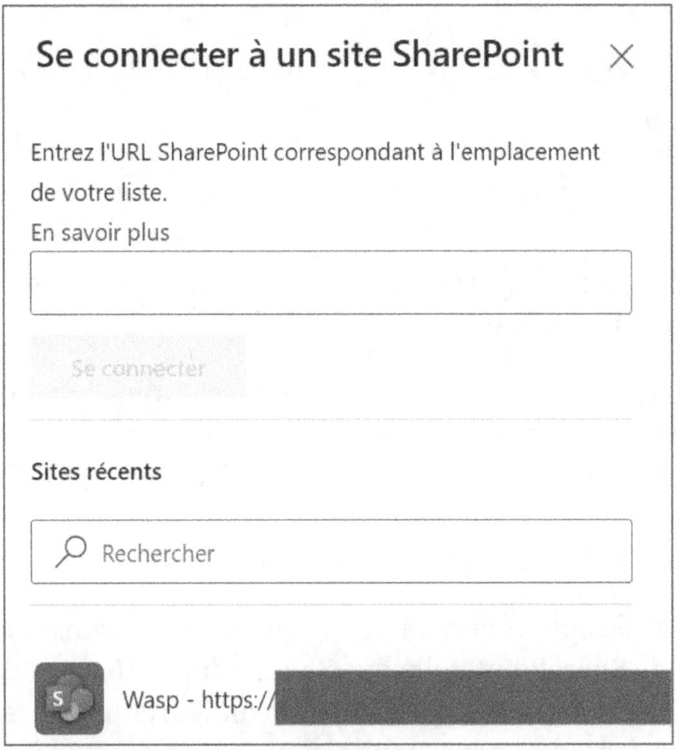

Figure 274 Se connecter à un site SharePoint

Dans ce volet, **cliquez** sur votre site SharePoint de travail qui devrait se trouver sous *Sites récents* : le volet s'actualise et il affiche le contenu du site SharePoint.

Figure 275 Choisir une liste (extrait)

Dans cette liste, **cochez** la case de la liste SharePoint qui vous intéresse. Dans ce scénario, c'est la liste *Clients*.

Puis, tout en bas de ce volet, **cliquez** sur le bouton *Se connecter*.

Ensuite, **ajoutez** un contrôle de type galerie verticale.

Puis, **sélectionnez** la source de données *Clients*.

Optionnellement, vous pouvez modifier la <u>disposition</u> du formulaire pour qu'il affiche les informations sous le format *Titre, sous-titre et corps*. Une fois cette disposition appliquée, vous pouvez attribuer les <u>champs</u> aux sections correspondantes de la manière suivante :

- Body : Ville
- Subtitle : Pays
- Title : Titre

Cette configuration permet de structurer les données de manière claire et intuitive, en mettant en avant le champ *Titre* en tant que titre principal, suivi des détails supplémentaires dans les champs *Pays* et *Ville*.

Figure 276 Galerie verticale alimentée avec Clients (extrait)

En raison de ses nombreuses qualités, la connexion à SharePoint est favorisée dans la suite de cet ouvrage. Vous trouverez, en page 519, un guide détaillé pour reproduire les listes utilisées ici.

Permissions d'accès aux données

Principe des accès aux données

Lorsque vous connectez des sources de données externes, il est essentiel de gérer les permissions de la source de données pour garantir que seules les personnes autorisées peuvent accéder aux données sensibles.

En effet, chaque connecteur utilise un compte utilisateur ou une authentification déléguée pour accéder aux données. La plupart des connecteurs nécessitent que l'utilisateur se connecte avec des informations d'identification, comme un compte Microsoft ou un identifiant *OAuth* pour des services tiers. Les droits d'accès spécifiques sont souvent définis directement dans le service connecté, par exemple les permissions sur une liste SharePoint ou les droits d'accès à une base de données SQL. Ces droits dépendent généralement du rôle ou des paramètres configurés sur la source de données.

Interaction de l'environnement

Ensuite, dans l'environnement Power Platform, les permissions sont gérées par des rôles. Les *utilisateurs ordinaires* peuvent utiliser les applications et les connecteurs autorisés, tandis que les *créateurs* disposent de la capacité de concevoir ou de modifier des applications, y compris la configuration des connecteurs. Les *administrateurs d'environnement*, quant à eux, ont un contrôle total sur la gestion des connecteurs, des flux de données et des politiques associées. Vous trouverez des informations détaillées sur ces possibilités dans la section précédente *Blocage et limitations* du *Chapitre 4 : Notions de base.*

Authentification dans Power Apps

Dans le cas précis de Power Apps, celui-ci utilise Azure Active Directory (AAD), qui offre la possibilité de se synchroniser avec votre annuaire Active Directory local. Les utilisateurs se connectent à l'application Power Apps et à ses connecteurs avec leurs compte et mot de passe usuels.

Autrement dit, chaque utilisateur accédant à l'application s'authentifie avec ses propres identifiants pour utiliser les connecteurs.

Exemple

Prenons l'exemple de Bob, qui a développé une application Power Apps connectée à une liste SharePoint et à une table SQL Server. Lors de la création de l'application, les connexions à SharePoint et SQL Server ont été configurées avec les identifiants de Bob. Par la suite, Bob a autorisé Alice à utiliser cette application.

Lorsque Alice exécute l'application, celle-ci se connecte à SharePoint et SQL Server en utilisant ses identifiants (ceux d'Alice). Les permissions appliquées dépendront alors des droits attribués à son compte dans les systèmes sources, comme ses autorisations sur une liste SharePoint ou une base de données SQL.

Performances des accès aux données

La question des performances est un sujet vaste et complexe. Dans cette section, nous nous concentrerons uniquement sur l'optimisation des accès aux sources de données, un aspect crucial pour assurer de bonnes performances. En effet, d'après mon expérience personnelle, près de 90 % des problèmes de performance sont directement liés aux accès aux données.

Une des premières étapes consiste à réduire les requêtes aux sources de données. Limiter le nombre de connexions aux sources en regroupant les données ou en chargeant celles-ci uniquement lorsque nécessaire est une stratégie efficace. Microsoft recommande de limiter le nombre de connecteurs dans une application canevas à un maximum de 10 et les références de connexion à 20. Dépasser ces limites peut allonger les temps de chargement pour les utilisateurs au lancement de l'application.

Par ailleurs, ne chargez que les colonnes nécessaires et assurez-vous que vos données, notamment dans SharePoint, sont bien indexées pour accélérer les requêtes. Pour les données statiques, il peut être pertinent de les précharger dans l'application afin d'éviter des appels inutiles. L'application *Liste* décrite dans le *Chapitre 5 : Concevoir une application simple*, illustre cette situation à travers l'utilisation d'un tableau et l'intégration d'un classeur Excel.

En outre, il est préférable d'utiliser des sources de données qui permettent la délégation d'opérations, comme SharePoint, Dataverse ou SQL Server. La délégation est la capacité d'envoyer une partie des calculs ou des traitements directement à la source de données plutôt que de les exécuter localement dans l'application. Cela permet de manipuler efficacement de grandes quantités de données sans dépasser les limites imposées par Power Apps, comme les 2 000 premiers enregistrements récupérés localement.

Par ailleurs, pour les galeries et les listes, il est conseillé de limiter le nombre d'éléments affichés en appliquant des filtres ou une pagination.

Tester régulièrement les performances de l'application est une autre pratique essentielle. L'outil intégré de suivi des performances dans Power Apps permet d'identifier les points de ralentissement. Il est présenté dans la section précédente, intitulée *Gestion des erreurs* du *Chapitre 4 : Notions de base*.

Notion d'objet structuré

Dans Power Apps, un objet structuré, sous forme de clé-valeur, est souvent utilisé pour modéliser une donnée ou un élément provenant d'une source de données ou manipulé directement dans l'application.

Par exemple :

```
{Nom:"Marie"; Téléphone:"01 02 03 04 05"}
```

Chaque partie de l'objet comprend une clé (par exemple, *Nom* et *Téléphone*) qui représente un champ ou une propriété, et une valeur associée ("Marie" pour le champ

Nom et "01 02 03 04 05" pour le champ *Téléphone*) qui contient une information spécifique.

Ce type d'objet peut être créé ou manipulé à l'intérieur de l'application via des fonctions comme *Collect()* ou *Patch()*, ou bien provenir d'une source de données externe telle que SharePoint, Excel, ou Dataverse.

Par exemple, une fonction telle que *Collect(Adresses; {Nom: "Marie"; Téléphone: "01 02 03 04 05"})* ajoute cet objet dans une collection nommée *Adresses*, ce qui le rendrait disponible pour des manipulations ou des affichages ultérieurs.

Une fois créé ou récupéré, cet objet peut être utilisé dans divers scénarios au sein de l'application. Il peut être affiché dans une galerie ou un formulaire, où chaque champ de l'objet sera accessible.

Il est également possible d'accéder aux valeurs des champs spécifiques en utilisant des expressions comme *Objet.Nom* pour obtenir "Marie" ou *Objet.Téléphone* pour accéder à "01 02 03 04 05".

Dans un objet, l'ordre des paires clé-valeur n'a effectivement aucune importance. Dans le contexte de Power Apps, les objets *{ Nom: "Marie"; Téléphone: "01 02 03 04 05" }* et *{ Téléphone: "01 02 03 04 05"; Nom: "Marie" }* sont considérés comme strictement identiques.

Cela signifie que, tant que les clés et leurs valeurs associées sont les mêmes, l'objet représente les mêmes données, indépendamment de l'ordre dans lequel les paires sont définies. Cette flexibilité rend la manipulation des objets plus pratique et cohérente, notamment lorsque vous travaillez avec des fonctions comme *Patch()* ou lors de la création d'enregistrements dans une source de données.

Chapitre 10 : Fonctions à connaître

Présentation

Microsoft Excel propose plus de 500 fonctions, tandis que les applications canevas de Power Apps en comptent 213. Bien que ce nombre soit inférieur, il reste significatif et continue d'évoluer avec l'ajout périodique de nouvelles fonctions.

L'objectif ici n'est pas de reproduire la documentation officielle, mais de mettre en lumière les fonctions qui me semblent essentielles à maîtriser dans Power Apps. Cela dit, cela représente tout de même environ 60 fonctions, la plupart expliquées et souvent accompagnées d'exemples illustrés !

Rassurez-vous, maîtriser les fonctions dans Power Apps demande un peu de temps, tout comme l'apprentissage des formules dans Excel n'a probablement pas été immédiat. Avec de la pratique, leur utilisation devient progressivement plus intuitive et naturelle.

Par souci de cohérence, les quelques fonctions déjà abordées auparavant sont intégrées ici.

Version française

La liste exhaustive et détaillée de toutes les fonctions est disponible sur le site de Microsoft, accessible à cette adresse pour la version française :

```
https://learn.microsoft.com/fr-fr/power-
platform/power-fx/formula-reference-canvas-
apps
```

Si vous préférez, **utilisez** ce raccourci pour la version française :

```
https://tinyurl.com/5d28u9wn
```

Version anglaise

Dans la version française de Power Apps, certaines fonctions ont été traduites littéralement, ce qui peut entraîner des erreurs. Par exemple, la fonction *Year()*, utilisée pour extraire l'année d'une date, a été traduite en *Année()*. Cependant, au moment où ces lignes sont rédigées, la fonction *Année()* n'existe pas. Il est donc nécessaire d'utiliser *Year()* même dans la version française de Power Apps.

Aussi, vous trouverez la liste des fonctions en anglais à cette adresse :

```
https://learn.microsoft.com/en-us/power-
platform/power-fx/formula-reference-canvas-
apps
```

Ou, si vous préférez le raccourci :

```
https://tinyurl.com/32vw9zdh
```

Principes de base

Avant de débuter, **gardez** à l'esprit certains principes de base pour les fonctions.

Il est crucial de bien comprendre la nature des données renvoyées par une fonction. Typiquement, certaines fonctions de manipulation de données retournent un enregistrement unique, tandis que d'autres renvoient une table d'enregistrements. Cette distinction est importante, car un enregistrement unique peut être directement utilisé dans une étiquette de texte, tandis qu'une table d'enregistrements devra être exploitée à travers un contrôle comme une galerie, par exemple.

De plus, comme dans Excel, il est tout à fait possible d'imbriquer des fonctions les unes dans les autres, à condition de respecter la nature des données renvoyées par chaque fonction et de veiller à ce que la formule soit syntaxiquement correcte. Cela permet de créer des formules complexes et dynamiques tout en garantissant leur bon fonctionnement.

Fonctions générales

User

La fonction *User()* renvoie les informations sur l'utilisateur actuellement connecté.

Sa syntaxe est :

```
User()
```

Une méthode simple pour afficher cette information est d'ajouter une étiquette de texte et de paramétrer sa propriété *Text* avec :

```
User().FullName
```

Ce qui donne :

Sébastien Wasp

Figure 277 User().FullName

Il est possible aussi de récupérer l'adresse de courrier électronique de l'utilisateur (*Email*), l'URL de sa photo (*Image*), et son identifiant unique dans Microsoft 365 (*EntraObjectId*).

Notify

Cette fonction affiche une notification sous forme de bandeau en haut de l'écran.

Sa syntaxe est :

```
Notify( Message [; NotificationType [ ;
Timeout ] ] )
```

Vous pouvez spécifier un type de notification (*Information, Success, Warning, Error*) en tant que second paramètre, afin de bénéficier d'effets visuels adaptés. De plus, un troisième paramètre optionnel permet de définir la durée pendant laquelle le bandeau restera visible, en millisecondes.

Par exemple:

```
Notify("Action réussie !";
NotificationType.Success; 12000)
```

Cette fonction affiche durant 12 secondes :

Figure 278 Notify()

Blank

La fonction Blank génère une valeur vide (*blank*).

Sa syntaxe est :

```
Blank()
```

Elle peut être utilisée pour insérer une valeur *NULL* dans un champ, ce qui permet de supprimer toute donnée présente dans le champ concerné.

IsBlank

La fonction *IsBlank()* permet de vérifier si une valeur est vide (*blank*) ou s'il s'agit d'une chaîne de caractères vide. Elle vérifie aussi si une table ne contient aucun élément.

Sa syntaxe est :

```
IsBlank( valeur )
```

Par exemple, si la variable *Nom* est vide, la formule suivante renvoie *true* (*vrai*) :

```
IsBlank(Nom)
```

Dans les applications existantes, il est recommandé de remplacer *IsBlank()* par *IsBlankOrError()* : voir ci-dessous pour l'explication.

IsEmpty

La fonction *IsEmpty()* permet de déterminer si une table contient des enregistrements.

Sa syntaxe est :

```
IsEmpty( table )
```

IsEmpty renvoie une valeur booléenne : *true* si la table est vide, sinon *false*.

Elle revient à utiliser la fonction *CountRows()* pour vérifier si le nombre d'enregistrements est égal à zéro.

Il est également possible d'identifier les erreurs de source de données en associant *IsEmpty()* à la fonction *Errors()* : voir plus bas.

Date et heure

Now

La fonction *Now()* renvoie la date et l'heure actuelles au moment de son évaluation.

Par exemple, la fonction suivante retourne *12/01/2032 14:35* au moment de son évaluation le 12 janvier 2032 :

```
Now()
```

Today

La fonction *Today()* renvoie la date actuelle à minuit au moment de son évaluation.

Par exemple, la fonction suivante retourne *12/01/2032 00:00* au moment de son évaluation le 12 janvier 2032 :

```
Today()
```

DateValue, TimeValue, DateTimeValue

La fonction *DateValue()* convertit une chaîne représentant une date en une valeur de type date/heure. Cette fonction ignore les informations relatives à l'heure présentes dans la chaîne de date.

La fonction *TimeValue()* convertit une chaîne représentant une heure en une valeur de type date/heure. Cette fonction ignore les informations relatives à la date présentes dans la chaîne d'heure.

La fonction *DateTimeValue()* convertit une chaîne contenant une date et une heure en une valeur de type date/heure.

La syntaxe de ces fonctions est la suivante :

```
DateValue(Chaîne[; Langue ])
TimeValue(Chaîne[; Langue ])
DateTimeValue(Chaîne[; Langue ])
```

'Chaîne' est une chaîne de texte contenant une date, une heure ou une combinaison de date et d'heure. Le format supporté de l'heure est *hh:mm, hh:mm:ss, hh:mm:ss:cc.*

'Langue' est optionnel : indique la langue sur deux caractères comme *'fr', 'en'*, etc. En son absence, la langue des paramètres de l'utilisateur est utilisée.

Exemples :

```
DateValue("12/01/2032"; "fr")
TimeValue("14:35")
DateTimeValue("12 janvier 2032 14:35:00" )
```

DateAdd

La fonction *DateAdd()* permet d'ajouter un nombre d'unités à une valeur de type date/heure, générant ainsi une nouvelle date/heure. Pour soustraire des unités, il suffit d'utiliser une valeur négative.

Par exemple, la formule suivante retourne la date dans 7 jours :

```
DateAdd(Now(); 7; TimeUnit.Days)
```

Les unités peuvent être *TimeUnit.Milliseconds, TimeUnit.Seconds, TimeUnit.Minutes, TimeUnit.Hours, TimeUnit.Days, TimeUnit.Months, TimeUnit.Quarters, TimeUnit.Years.* L'unité par défaut est *TimeUnit.Days.*

DateDiff

La fonction *DateDiff()* renvoie la différence entre deux valeurs de type date/heure. Le résultat est un nombre entier d'unités.

Les unités sont les mêmes que *DateAdd()*.

Par exemple, la formule suivante retourne la différence en jours entre les deux dates :

```
DateDiff(Now(); DateValue("31/12/2036"))
```

Manipulation de texte

Les fonctions de manipulation de texte sont assez simples pour une personne qui connaît ces manipulations dans Excel. Vous trouverez ci-dessous quelques fonctions fréquemment utilisées.

Concat

Cette fonction combine les valeurs d'une table dans une chaîne.

Par exemple, la fonction suivante retourne une liste des noms de produits d'une librairie-papeterie, séparés par des points-virgules.

```
Concat(Commandes; Produit & "; ")
```

Ce qui donnerait quelque chose comme : *"Roman L'Éveil; Cahier Linéa; Stylo Prisme; Agenda Zenith; ..."*

Text

La fonction Text() formate une valeur en texte, dans un format texte spécifique. Ce format texte peut tenir compte de la langue indiquée.

Dans l'exemple ci-dessous, la fonction Now() renvoie la date du jour, et la fonction Text() formate le texte selon la mise en forme imposée ("yyyy-mm-dd") :

```
Text(Now(); "yyyy-mm-dd")
```

Le 14 janvier 2032, la fonction renverra : "2032-01-14".

Value

La fonction *Value()* convertit une chaîne de texte contenant des caractères numériques en un nombre. Cette fonction est notamment utilisée pour effectuer des calculs sur des nombres saisis sous forme de texte.

La syntaxe est la suivante :

```
Value(Chaîne[; Langue ])
```

'Chaîne' est une chaîne de texte contenant des caractères numériques. Elle peut être précédée d'un symbole monétaire.

'Langue' est optionnel : indique la langue sur quatre caractères comme *'fr-FR', 'en-US'*, etc. En son absence, la langue des paramètres de l'utilisateur est utilisée.

Dans l'exemple ci-dessous, la fonction *Value()* formate le texte "123.44" au format US en nombre (123,44). Le résultat est 246,88 :

```
Value("123.44";"en-US")*2
```

Len

La fonction Len() renvoie la longueur d'une chaîne. Cette fonction peut aussi retourner le nombre de caractères d'une valeur de texte, évaluée par ligne dans la table ou la collection.

Typiquement, la formule ci-dessous retourne *10*.

```
Len("Power Apps")
```

Left, Mid, Right

Ces fonctions sont utilisées pour extraire une partie spécifique d'une chaîne de caractères :

Left() renvoie les premiers caractères d'une chaîne.

Right() renvoie les derniers caractères d'une chaîne.

Mid() renvoie une portion de caractères située au milieu d'une chaîne.

Lorsque l'argument est une chaîne unique, la fonction retourne la partie demandée de cette chaîne. Si l'argument est une table à une seule colonne contenant des chaînes, la fonction produit une nouvelle table à une colonne, avec une colonne *Value* contenant les portions extraites.

La formule ci-dessous retourne *Pow*.

```
Left("Power Apps";3)
```

La formule ci-dessous retourne *pps*.

```
Right("Power Apps";3)
```

La formule ci-dessous retourne *owe*.

```
Mid("Power Apps";2;3)
```

Cette formule extrait une portion de texte à partir de la chaîne "Power Apps". Elle commence à la position 2 (le deuxième caractère, en comptant à partir de 1) et renvoie 3 caractères.

Upper, Lower

Ces fonctions convertissent une chaîne, ou une colonne de valeur de texte, en majuscules (*Upper*) ou minuscules (*Lower*). Elles sont aussi parfois utilisées pour faire des comparaisons sans tenir compte de la casse majuscule / minuscule.

La formule ci-dessous retourne *POWER APPS*.

```
Upper("power apps")
```

Trim

Cette fonction élimine les espaces superflus d'une chaîne, ou d'une colonne de valeur de texte. Lors de la saisie, il arrive qu'un utilisateur insère des espaces avant ou après le texte, ce qui peut devenir problématique par la suite.

La fonction ci-dessous retourne *'Bonjour'*.

```
Trim(" 'Bonjour' ")
```

Replace

La fonction *Replace()* remplace une partie d'une chaîne, ou d'une colonne de valeur de texte, par une autre.

Cette fonction requiert quatre paramètres, séparés par un point-virgule. Le premier spécifie le texte à modifier, le deuxième indique la position de départ du remplacement, le troisième précise le nombre de caractères à remplacer, et le quatrième correspond au nouveau texte à insérer.

Par exemple, la formule ci-dessous retourne *"Power Apps"*.

```
Replace("PowerApps"; 6; 4; " Apps")
```

StartsWith, EndsWith

La fonction *StartsWith()* permet de vérifier si une chaîne débute par une autre, tandis que la fonction *EndsWith()* détermine si une chaîne se termine par une autre.

Les deux fonctions renvoient une valeur booléenne, soit *true* (vrai), soit *false* (faux)

Par exemple :

La formule suivante retourne *false* (faux), car même si la chaîne "Apps" est présente dans le texte, elle ne figure pas au début.

```
StartsWith("Power Apps"; "Apps")
```

La formule ci-dessous retourne *true* (vrai), car la chaîne "Apps" se trouve à la fin du texte.

```
EndsWith("Power Apps"; "Apps")
```

Pour ces deux fonctions, les tests sont insensibles à la casse si la source de données utilisée le permet par défaut. Par exemple, les collections, Dataverse, SharePoint et SQL Server prennent en charge cette insensibilité par défaut, contrairement à Oracle.

Conditions et logique

If

Tout comme dans Excel, la fonction *If()* (Si() en français) évalue une condition et renvoie une valeur en fonction du résultat. Plus précisément, If() est une fonction conditionnelle qui permet de réaliser des vérifications. Elle suit cette structure :

```
If(condition; valeur_si_condition_vraie;
valeur_si_condition_fausse)
```

La condition est d'abord évaluée : si elle est vraie, la fonction renvoie la valeur associée, sinon elle retourne une autre valeur.

Par exemple, la formule suivante retourne "Adulte" si l'âge est supérieur ou égal à 18, et "Mineur" dans le cas contraire :

```
If(Age >= 18; "Adulte"; "Mineur")
```

Considérez un autre exemple, fréquemment rencontré avec les galeries. Dans ces contrôles, le paramètre *FontWeight* (épaisseur de police) des étiquettes de texte est définie par défaut avec la formule :

```
If(ThisItem.IsSelected; FontWeight.Semibold;
FontWeight.Normal)
```

Le mot clé *ThisItem* représente un élément quelconque de la galerie. Pour en savoir plus sur *ThisItem*, **reportez-vous** à la section *Galerie verticale* du *Chapitre 6 : Concevoir une application connectée.*

Cette formule signifie que si l'élément est sélectionné, la condition *ThisItem.Selected* est vraie, et dans ce cas l'épaisseur de la police sera en *Demi-gras* (*FontWeight.Semibold*), dans le cas contraire, elle sera en *Normal* (*FontWeight.Normal*).

Switch

La fonction *Switch()* permet d'évaluer plusieurs cas et de renvoyer un résultat en fonction de la correspondance trouvée. Elle offre une alternative plus simple et lisible aux formules complexes reposant sur des *If()* imbriqués. Cela facilite la gestion de multiples conditions tout en améliorant la clarté du code.

Par exemple, la formule ci-dessous retourne le libellé en clair du statut marital en fonction d'un code.

```
Switch(Marital; "C"; "Célibataire"; "M";
"Marié(e)"; "Autre statut marital")
```

Si le statut marital est "C", le libellé est "Célibataire". Si le statut est "M", le libellé est "Marié(e)". Dans tous les autres car, le libellé est "Autre statut marital".

And

Cette fonction combine des conditions avec un ET logique. La fonction *And()* est utilisée pour vérifier que plusieurs conditions sont simultanément vraies.

Par exemple, la formule suivante renvoie *true (vrai)* si les deux conditions sont remplies. En revanche, si au moins l'une des deux conditions est fausse, elle renvoie *false (faux)*.

```
And(Age >= 18; Pays = "Suisse")
```

Or

La fonction *Or()* combine des conditions avec un OU logique. Elle retourne *true (vrai)* si au moins l'une des conditions est vraie.

Typiquement, la formule suivante retourne *true (vrai)*, si le statut est "En cours" ou "Expédiée". Si le statut ne prend aucune de ces valeurs, la formule retourne *false (faux)*.

```
Or(Statut = " En cours"; Statut = "Expédiée")
```

Not

La fonction *Not()* permet d'inverser une condition. Elle est particulièrement utile pour exprimer une logique contraire de manière concise.

Par exemple, si la variable *Nom* est vide, la formule suivante renvoie *false (faux)* :

```
Not(IsBlank(Nom))
```

En effet, lorsque *Nom* est vide, *IsBlank(Nom)* renvoie *true (vrai)*. La fonction *Not()* inverse alors ce résultat en *false (faux)*.

Formulaires

Les fonctions *EditForm*, *NewForm*, *SubmitForm*, *ResetForm* et *ViewForm* sont essentielles pour gérer les données dans un contrôle de formulaire d'édition des applications canevas Power Apps. Pour mieux comprendre le rôle et l'intérêt des formulaires, reportez-vous à la section consacrée aux *contrôles Entrée* du *Chapitre 8 : Contrôles*.

Les fonctions de formulaires permettent de manipuler l'affichage, la création, la modification, l'enregistrement et la réinitialisation des données dans un formulaire.

Un formulaire peut se trouver dans l'un des trois modes suivants.

Nouveau formulaire (New)

En mode *FormMode.New* (*Nouveau*), le formulaire propose des valeurs par défaut pour permettre la création d'un nouvel enregistrement.

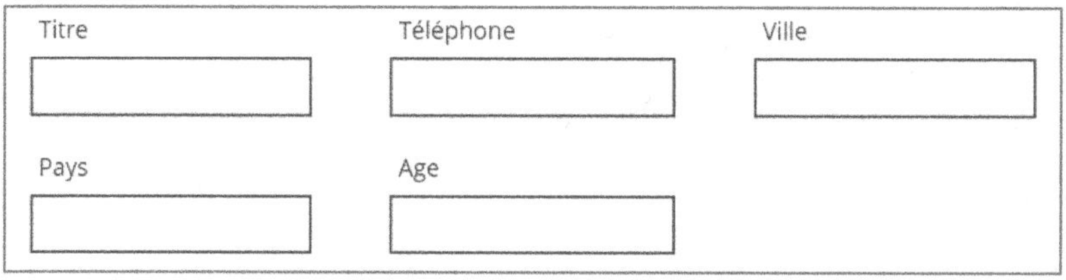

Figure 279 Nouveau formulaire

La propriété *DisplayMode* des champs du formulaire s'adapte en fonction du mode actif du formulaire. En mode *FormMode.New*, les champs du formulaire sont configurés pour être modifiables, ce qui correspond à la valeur *DisplayMode.Edit*. Cela permet aux utilisateurs de saisir ou de modifier les informations nécessaires pour créer un nouvel enregistrement dans la source de données.

Formulaire en modification (Edit)

En mode *FormMode.Edit* (*Modifier*), le formulaire est prérempli avec les données d'un enregistrement existant, que l'utilisateur peut modifier. Une fois les modifications terminées, celles-ci peuvent être enregistrées dans la source de données.

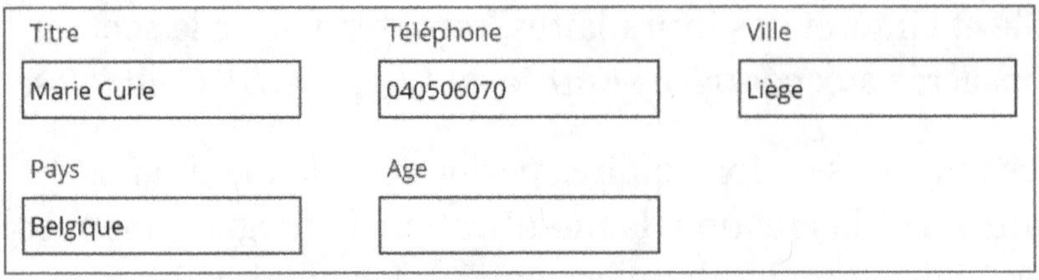

Figure 280 Formulaire en modification

La propriété *DisplayMode* des champs du formulaire s'adapte en fonction du mode actif du formulaire. En mode *FormMode.Edit*, les champs du formulaire sont également configurés pour être modifiables, ce qui correspond à la valeur *DisplayMode.Edit*. Ce mode permet aux utilisateurs de modifier les informations d'un enregistrement existant.

Formulaire en lecture seule (View)

En mode *FormMode.View* (*Affichage*) le formulaire affiche un enregistrement existant en lecture seule, empêchant toute modification des champs.

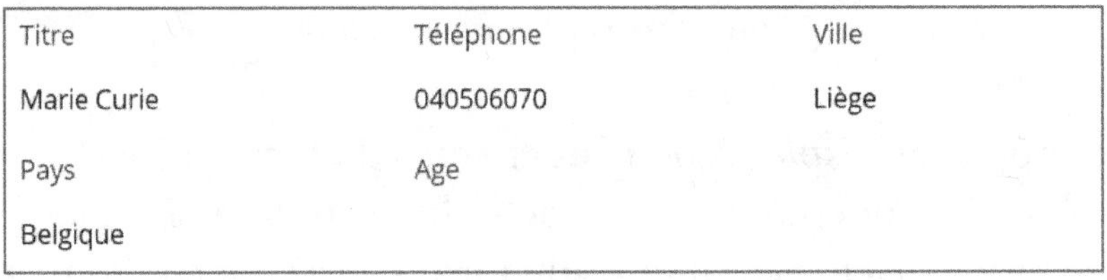

Figure 281 Formulaire en affichage

La propriété *DisplayMode* des champs du formulaire s'adapte en fonction du mode actif du formulaire. En mode *FormMode.View*, les champs sont configurés en lecture seule, ce qui correspond à la valeur *DisplayMode.View*. Cela empêche toute modification des données affichées tout en permettant leur consultation.

SubmitForm

La fonction *SubmitForm()* permet d'enregistrer les modifications effectuées ou de créer un enregistrement selon le mode actif du formulaire.

La syntaxe de cette fonction est la suivante :

```
SubmitForm(NomFormulaire)
```

Elle vérifie les contraintes de validation avant de soumettre les données.

Si les validations, comme les champs obligatoires ou les contraintes spécifiques, sont satisfaites, les données sont enregistrées, et l'événement *OnSuccess* est déclenché. Si le formulaire était en mode *New*, il passe alors automatiquement en mode *Edit*.

En cas d'échec de la validation, les données ne sont pas soumises, et l'événement *OnFailure* est activé.

EditForm

La fonction *EditForm()* met le formulaire en mode *Edit*.

Cette fonction s'utilise avec la syntaxe :

```
EditForm(NomFormulaire)
```

Les données définies dans la propriété *Item* du formulaire remplissent alors les champs.

Lorsqu'une soumission est effectuée avec *SubmitForm()* dans ce mode, l'enregistrement existant est mis à jour.

NewForm

La fonction *NewForm()*, quant à elle, bascule le formulaire en mode *New*.

La syntaxe correspondante est :

```
NewForm(NomFormulaire)
```

Les données de la propriété *Item* sont ignorées, et les champs se remplissent avec les valeurs par défaut définies dans la source de données.

Lorsqu'une soumission est effectuée avec *SubmitForm()* dans ce mode, un nouvel enregistrement est créé.

ResetForm

La fonction *ResetForm()* réinitialise les champs du formulaire à leur état initial, avant toute modification de l'utilisateur.

Cette fonction s'utilise comme suit :

```
ResetForm(NomFormulaire)
```

Si le formulaire est en mode *New*, il repasse automatiquement en mode *Edit*.

ViewForm

La fonction *ViewForm()* place le formulaire en mode *View*, où les champs deviennent non modifiables.

La syntaxe est :

```
ViewForm(NomFormulaire)
```

Dans ce mode, les fonctions *SubmitForm()* et *ResetForm()* ne produisent aucun effet.

Illustrations

Pour illustrer ces fonctionnalités, **ouvrez** votre application en modification et **ajoutez** une connexion à une source de données, comme une liste SharePoint. Si vous ne savez pas comment le faire, **reportez-vous** à la section *Connecteur Excel* du *Chapitre 9 : Gestion des données*. Dans ce scénario, il s'agit d'une liste de clients.

Ensuite, **ajoutez** une galerie verticale pour afficher les données de votre source. Cette galerie sera nommée *Gallery1* dans la suite. Éventuellement, **adaptez** la disposition ou les champs, afin de faire apparaître les champs qui vous intéressent.

Puis, **ajoutez** un contrôle de type *Formulaire de modification*. Ce formulaire sera nommé *Form1*. Enfin, **paramétrez** la propriété *Item* du formulaire avec la formule :

```
Gallery1.Selected
```

Instantanément, le formulaire affiche les données du client sélectionné dans la galerie.

Figure 282 Affichage de la galerie et du formulaire

Pour enregistrer des modifications effectuées dans le formulaire, **ajoutez** un bouton avec la formule suivante dans sa propriété *OnSelect* :

```
SubmitForm(Form1)
```

Vous pouvez aussi utiliser des propriétés comme *OnSuccess* et *OnFailure* du formulaire pour gérer les cas où la soumission est réussie ou échoue, comme dans :

```
Form1.OnSuccess = Notify("Données
enregistrées avec succès";
NotificationType.Success)
Form1.OnFailure = Notify("Erreur lors de
l'enregistrement"; NotificationType.Error)
```

Lorsque la propriété *Form1.OnSuccess* est définie, elle spécifie l'action à exécuter en cas de soumission réussie du formulaire. Dans ce cas précis, la fonction *Notify("Données enregistrées avec succès"; NotificationType.Success)* affiche une notification à l'utilisateur avec le message *"Données enregistrées avec succès"*. Le deuxième argument, *NotificationType.Success*, indique que la notification doit apparaître comme une confirmation de succès, signalée par une couleur verte.

De la même manière, la propriété *Form1.OnFailure* définit le comportement en cas d'échec de la soumission du formulaire, par exemple si une erreur survient au niveau de la connexion à la source de données ou en raison d'une validation incorrecte des champs. Dans cette situation, la fonction *Notify("Erreur lors de l'enregistrement"; NotificationType.Error)* génère une notification contenant le message *"Erreur lors de l'enregistrement"*, présentée sous forme d'une erreur grâce à *NotificationType.Error*. Cela permet à l'utilisateur de comprendre que la soumission n'a pas abouti, avec une couleur rouge.

Puis **faites une modification** quelconque dans le formulaire, par exemple la ville change de *Genève* à *Lausanne*. Et ensuite, **cliquez** sur le bouton. **Constatez** que la valeur change dans la galerie, mais aussi dans la liste SharePoint après avoir actualisé la page SharePoint.

Figure 283 Liste SharePoint mise à jour

Si vous souhaitez réinitialiser un formulaire et annuler les modifications en cours de saisie, un autre bouton peut être configuré avec la formule suivante :

```
ResetForm(Form1)
```

Enfin, pour créer un nouvel enregistrement, un dernier bouton peut contenir cette formule :

```
NewForm(Form1);;
Navigate(Screen2);;
```

Notez l'utilisation des deux points-virgules consécutifs (";;") dans Power Apps, qui indiquent que les deux formules s'exécutent successivement. Cette particularité est propre à la version française de Power Apps, tandis que dans la version américaine, un seul point-virgule (';') suffit à enchaîner les formules.

Ces fonctions permettent de concevoir des applications interactives et efficaces pour gérer des enregistrements dans une source de données.

Manipulation des données

LookUp

La fonction Lookup() permet de rechercher un enregistrement dans une source de données, à l'aide d'un identifiant ou d'une formule.

Dans l'exemple ci-dessous, *Produits* est le nom de la source de données, comme une liste SharePoint ou un classeur Excel.

```
LookUp(Produits; SKU = "SAC-AD-002").Nom
```

Cette formule recherche dans *Produits*, la première ligne dont le SKU est " SAC-AD-002", puis renvoie le nom du produit correspondant. Un *SKU* (*Stock Keeping Unit*), ou unité de gestion des stocks en français, est un identifiant unique attribué à un produit pour faciliter sa gestion dans un inventaire.

Les champs SKU et Nom sont des colonnes de la source de données.

La fonction *LookUp()* est conçue pour ne renvoyer qu'un seul élément : le premier enregistrement qui correspond aux critères spécifiés. Par exemple, dans un scénario où deux produits distincts partagent le même SKU, *LookUp()* retournera uniquement le premier trouvé, sans alerter sur la présence d'entrées multiples.

Pour éviter ce type d'ambiguïté, il est possible d'utiliser d'autres fonctions, comme *Count()*, afin de déterminer au préalable le nombre d'éléments répondant aux critères avant d'exécuter une requête.

Filter

La fonction Filter() filtre une table de données en fonction de critères.

Dans l'exemple ci-dessous, *Commandes* est le nom de la source de données.

```
Filter(Commandes; Statut.Value = "En cours")
```

Cette formule retourne toutes les commandes dont le statut est "En cours". **Remarquez** la présence de la propriété *Value*. Celle-ci est nécessaire car la colonne *Statut* est une colonne de type *Choix* dans SharePoint.

⊤ Titre ⌄		🗓 Date ⌄	⊤ Client ⌄	⊘ Produit ⌄
1001		01/01/2032 00:00	Jean Dupont	Roman L'Éveil
1002		01/02/2032 00:00	Marie Curie	Cahier Linéa

Figure 284 Début de la liste Commandes (extrait)

① Quantité ⌄	$€ Prix unitaire (€) ⌄	$€ Prix total (€) ⌄	⊘ Statut ⌄
2	$20,00	$40,00	Livrée
5	$5,00	$25,00	En cours

Figure 285 Suite et fin de la liste Commandes (extrait)

Les fonctions *Filter()* et *LookUp()* figurent parmi les plus utilisées dans les applications Power Apps. Elles permettent de rechercher et de filtrer efficacement des données dans des collections ou des sources de données, offrant ainsi une grande flexibilité dans la gestion et la présentation des informations.

Toutefois, contrairement à la fonction LookUp() précédente, la fonction Filter() renvoie tous les éléments concernés sous forme d'une <u>table</u>. Par exemple, si trois commandes ont un statut "En cours", la fonction renvoie une table avec 3 enregistrements. Généralement la propriété *Items* d'une galerie sera paramétrée pour afficher le résultat.

Si une seule commande a le statut "En cours", la fonction renvoie une <u>table</u> avec un seul enregistrement. Ce dernier cas est une souvent une source de confusion.

Imaginons que vous soyez certain qu'il n'existe qu'une seule commande avec le statut *"En cours"* dans votre système, car celui-ci empêche d'avoir plusieurs commandes avec ce statut (une hypothèse théorique, bien entendu). Dans ce cas, vous pourriez vouloir récupérer directement le nom du client associé. Cependant, la formule suivante ne va pas fonctionner correctement :

```
Filter(Commandes; Statut.Value = "En
cours").Client
```

Cette formule échoue car la fonction *Filter()* retourne toujours un tableau d'objets, même s'il ne contient qu'un seul enregistrement. Pour récupérer directement le nom du client, il est nécessaire de spécifier l'enregistrement souhaité, même lorsque le tableau ne contient qu'une seule entrée. Par exemple, avec la formule :

```
First(Filter(Commandes; Statut.Value = "En
cours")).Client
```

Celle-ci fonctionne car la fonction First() renvoie le premier élément d'une table sous forme d'un enregistrement.

Search

La fonction Search() effectue une recherche dans une table basée sur une chaîne.

Dans l'exemple ci-dessous, *Commandes* est le nom de la source de données.

```
Search(Commandes; "uri"; Client)
```

Cette formule retourne une <u>table</u> de clients dont le nom de client contient les lettres "uri" comme "Marie Curie". L'utilisation d'un contrôle de type galerie ou table semble appropriée.

Un avertissement concernant la délégation peut apparaître lorsque vous utilisez cette formule, notamment dans la partie *Search*. Cet avertissement indique que la formule pourrait ne pas fonctionner correctement sur des ensembles de données volumineux. Cela se produit parce que certaines fonctions ou opérations ne sont pas entièrement prises en charge par la délégation et sont exécutées localement, ce qui peut entraîner des limitations. Si cet avertissement vous semble flou, il est conseillé de consulter la section dédiée à la *Délégation* dans le *Chapitre 9 : Gestion des données* pour mieux comprendre son impact et savoir comment y remédier.

Sort

La fonction *Sort()* permet de trier une table en fonction d'une formule.

Cette formule est évaluée pour chaque enregistrement de la table, et les résultats obtenus déterminent l'ordre de tri. Elle doit produire un nombre, une chaîne de caractères ou une valeur booléenne, mais ne peut pas retourner une table ou un enregistrement.

Pour effectuer un tri sur plusieurs colonnes, vous pouvez imbriquer des formules *Sort()*.

Imaginons que vous disposiez de cette liste de clients.

Titre ∨	Téléphone ∨	Ville ∨	Pays ∨	Age ∨
Paul Martin	03 04 05 060	Anvers	Belgique	68
Jean Dupont	02 03 04 050	Bruxelles	Belgique	42
Marie Curie	04 05 06 070	Liège	Belgique	
Julie Girard	02 03 04 05 06	Nantes	France	
Camille Dubois	01 02 03 04 05	Paris	France	36
Louis Bernard	2 82 93 031	Luxembourg City	Luxembourg	40
Sophie Durant	021 098 76 54	Genève	Suisse	24
Claire Fournier	043 210 98 76	Zurich	Suisse	38

Figure 286 Liste Clients

Par exemple, pour trier la table *Clients* d'abord par la colonne *Pays*, puis par la colonne *Ville*, vous pouvez utiliser :

```
Sort(Sort(Clients; Pays ); Ville)
```

Lorsqu'une table de données est transmise à la fonction *Sort()*, celle-ci ne modifie pas directement la table. La table est prise en argument et elle retourne une nouvelle table, triée selon les critères spécifiés.

SortByColumns

La fonction *SortByColumns()* permet de trier une table en fonction d'une ou plusieurs colonnes.

Avec *SortByColumns()*, vous spécifiez les noms des colonnes à trier et, facultativement, l'ordre de tri pour chacune. Le tri est effectué dans l'ordre des colonnes définies : d'abord la première colonne, puis la deuxième, etc.

Les noms des colonnes doivent être indiqués sous forme de chaînes de caractères et nécessitent des guillemets doubles s'ils sont inscrits directement dans la formule.

Par exemple, la formule précédente peut s'écrire :

```
SortByColumns(Clients; "Pays";
SortOrder.Ascending; "Ville")
```

De même, lorsqu'une table de données est transmise à la fonction *SortByColumns()*, celle-ci ne modifie pas directement la table. La table est prise en argument et elle retourne une nouvelle table, triée selon les critères spécifiés.

GroupBy

La fonction *GroupBy()* génère une table où les enregistrements sont regroupés selon les valeurs d'une ou plusieurs colonnes. Les enregistrements d'un même groupe sont fusionnés en un seul, auquel une colonne supplémentaire est ajoutée pour contenir une table imbriquée regroupant les colonnes restantes.

La syntaxe est :

```
GroupBy(Table; NomColonne1 [; NomColonne2;
... ]; NomColonneGroupe)
```

'*Table*' est le nom de la table à regrouper.

'*NomColonne(s)*' sont les noms des colonnes de la table utilisées pour regrouper les enregistrements. Ces colonnes deviennent des colonnes de la table résultante.

'*NomColonneGroupe*' est le nom de la colonne destinée à stocker les données des enregistrements qui ne figurent pas dans *NomColonne(s)*.

Un exemple d'utilisation détaillé de la fonction *GroupBy()* est présenté juste ci-dessous.

AddColumns, DropColumns, RenameColumns, ShowColumns

Les fonctions de manipulation des colonnes dans Power Apps offrent des outils puissants pour transformer et adapter vos tables de données selon vos besoins.

La fonction *AddColumns* permet d'ajouter une nouvelle colonne à une table en définissant une formule qui calcule les valeurs de cette colonne pour chaque enregistrement. Vous pouvez y utiliser l'opérateur *ThisRecord* pour faire référence à l'enregistrement actuel ou nommer cet enregistrement grâce à l'opérateur *As*, ce qui peut rendre vos formules plus lisibles, surtout en présence d'enregistrements imbriqués.

La fonction *DropColumns*, quant à elle, supprime des colonnes spécifiques d'une table tout en laissant les autres intactes.

Pour renommer une ou plusieurs colonnes, vous pouvez utiliser la fonction *RenameColumns*. Elle requiert une liste d'arguments sous forme de paires : le nom actuel de la colonne et le nouveau nom souhaité. Si vous souhaitez utiliser un nom déjà existant pour une colonne, vous devez d'abord supprimer ou renommer l'ancienne colonne, soit via *DropColumns*, soit en imbriquant une autre fonction *RenameColumns*.

La fonction *ShowColumns* est utile pour inclure uniquement certaines colonnes d'une table et éliminer toutes les autres. Elle peut également servir à créer une table à une seule colonne à partir d'une table multicolonnes.

Pour chacune de ces fonctions, il est important de noter que la table d'origine reste inchangée : chaque opération génère une nouvelle table, laissant vos données sources intactes. Cette approche garantit que vos données initiales restent sécurisées, tout en vous offrant une grande flexibilité pour manipuler les résultats selon vos besoins.

Première illustration

Ces fonctions peuvent être utiles pour regrouper des données disséminées.

Par exemple, une collection contient le nombre d'habitants de certaines grandes villes européennes et vous aimeriez créer une nouvelle collection qui regroupe le nombre d'habitants par pays.

Ces données sont dans un fichier texte que vous pouvez télécharger directement avec ce lien :

```
https://drive.google.com/file/d/1PHBvj4f6sWHf
y7dS6aia0gfI6r1skR_f/
```

Si vous préférez, **utilisez** ce lien raccourci :

```
https://tinyurl.com/nntf99p7
```

La collection d'origine, que vous pouvez créer en l'associant à la propriété *OnSelect* d'un bouton.

```
ClearCollect(Villes;
    {Ville:"Bruxelles";Pays:"Belgique";Habita
nts:180000};
    {Ville:"Liège";Pays:"Belgique";Habitants:
200000};
    {Ville:"Anvers";Pays:"Belgique";Habitants
:500000};
    {Ville:"Genève";Pays:"Suisse";Habitants:5
00000};
    {Ville:"Zurich";Pays:"Suisse";Habitants:4
00000};
    {Ville:"Luxembourg";Pays:"Luxembourg";Hab
itants:620000};
```

```
    {Ville:"Paris";Pays:"France";Habitants:22
00000};
    {Ville:"Nantes";Pays:"France";Habitants:3
00000})
```

Une fois l'application lancée et le bouton cliqué, la collection
sera accessible dans le panneau des *Variables* de Power Apps
Studio. Ce panneau vous permet de visualiser le contenu de
la collection, de vérifier les données qu'elle contient et de
mieux comprendre comment elles sont structurées pour vos
besoins applicatifs.

La formule ci-dessous peut aussi être associée à la propriété
OnSelect d'un autre bouton.

```
ClearCollect(PaysVillesSélection;
    DropColumns(
        AddColumns(
            GroupBy(
                Villes;
                Pays;
                PaysTotal
            );
            Total;
            Sum(
                PaysTotal;
                Habitants
            )
        );
        PaysTotal))
```

Figure 287 Columns - Illustration 01

Cette formule dans Power Apps réalise plusieurs étapes pour transformer et manipuler une collection de données. Elle commence par regrouper les enregistrements de la collection *Villes* en fonction de la colonne *Pays*, grâce à la fonction *GroupBy()*. Cela crée une nouvelle colonne appelée *PaysTotal* dans laquelle sont stockées des tables imbriquées. Chaque table représente les lignes de *Villes* qui appartiennent au même pays.

Ensuite, la formule utilise la fonction *AddColumns()* pour ajouter une nouvelle colonne nommée *Total* à cette table. Cette colonne est calculée en utilisant la fonction *Sum(PaysTotal; Habitants)*, qui additionne les habitants dans chaque groupe, c'est-à-dire pour chaque pays. Cela permet de calculer le total des habitants pour chaque pays.

La formule poursuit avec la fonction *DropColumns()*, qui supprime la colonne intermédiaire *PaysTotal*. En effet, cette colonne n'est plus nécessaire à ce stade, car elle contient des tables imbriquées qui ne sont pas requises dans le résultat final. Cela simplifie la structure des données pour n'inclure que les informations pertinentes.

Enfin, la fonction *ClearCollect()* est utilisée pour vider la collection existante *PaysVillesSélection* et la remplir avec le résultat des transformations précédentes. La nouvelle version de cette collection contient désormais une liste où chaque ligne représente un pays, avec deux colonnes : *Pays*, qui contient le nom du pays, et *Total*, qui contient le total des habitants pour ce pays.

Pays	Total
Belgique	880000
Suisse	900000
Luxembourg	620000
France	2500000

Figure 288 Sélection de villes par Pays

Seconde illustration

Vous pouvez utiliser la fonction *ShowColumns()* pour vous assurer que les données sont cohérentes et bien renseignées.

Par exemple, supposez que vous ayez deux listes SharePoint. Une première liste, nommée *Producteurs*, contient des noms de producteurs de fruits. Une seconde liste, nommée *Fruits*, contient les noms de fruits avec leur producteur associé.

Vous aimeriez connaître les fruits sans producteur référencé. Pour cela, **paramétrez** la propriété Items d'une galerie avec la formule :

```
Filter(Fruits; Not(Producteur in
ShowColumns(Producteurs; Titre)))
```

La fonction *Filter()* permet de sélectionner les lignes de la table *Fruits* répondant à une condition spécifique.

L'instruction *Not(Producteur in ShowColumns(Producteurs; Titre))* constitue cette condition. Elle vérifie si la valeur du champ *Producteur* dans chaque ligne de la table *Fruits* ne figure pas dans une liste spécifique grâce à l'opérateur *in*.

Cette liste est générée à partir de la table *Producteurs* en utilisant la fonction *ShowColumns(Producteurs; Titre)*, qui extrait uniquement la colonne *Titre* de cette table pour créer une liste de valeurs.

L'utilisation de la fonction *Not()* inverse le résultat de la condition. Autrement dit, si une valeur de *Producteur* est présente dans la colonne *Titre* de la table *Producteurs*, cette ligne sera exclue du résultat.

En revanche, si elle n'y figure pas, la ligne sera incluse dans le résultat final.

La formule complète retourne donc une table contenant uniquement les lignes de *Fruits* où la valeur du champ *Producteur* n'est pas associée à un titre dans la table *Producteurs*.

Patch

Pour simplifier la mise à jour des enregistrements dans une source de données, **privilégiez** l'utilisation du *contrôle de formulaire d'édition*, avec la fonction *SubmitForm()*. En intégrant ce contrôle à votre application, vous permettez aux utilisateurs de modifier les informations directement dans un formulaire intuitif. Une fois les modifications effectuées, ils peuvent les enregistrer, ce qui applique automatiquement les changements à la source de données correspondante. Cela offre une méthode efficace et conviviale pour gérer les mises à jour. La section ci-dessous présente l'utilisation des formulaires.

La fonction *Patch()* est un outil polyvalent pour mettre à jour, créer ou fusionner des enregistrements dans une source de données. Contrairement au contrôle de formulaire d'édition, elle offre une plus grande flexibilité et est particulièrement adaptée aux scénarios complexes où des modifications précises ou multiples doivent être effectuées sur les données. Grâce à sa capacité à traiter à la fois des mises à jour partielles et des ajouts, *Patch()* est souvent utilisée pour des cas nécessitant un contrôle plus détaillé des opérations sur les enregistrements.

La fonction *Patch()* est un puissant outil pour créer, mettre à jour ou fusionner des enregistrements dans une source de données.

Créer des enregistrements

Avec *Patch()* et la fonction *Defaults()*, il est possible de créer un nouvel enregistrement dans la source de données. Voici un exemple de création d'une cliente nommée *Marie Curie*.

```
Patch(Clients; Defaults(Clients);
{Titre:"Marie Curie"})
```

Dans cet exemple, *Clients* est la source de données.

Le rôle de la fonction *Defaults(Clients)* est de créer un enregistrement vierge basé sur *Clients*.

La partie *{Titre: "Marie Curie"}* représente un objet structuré utilisé pour définir les champs et leurs valeurs lors de la création du nouvel enregistrement :

- La *clé* Titre correspond au champ de la source de données à alimenter.

- La *valeur* "Marie Curie" est l'information qui sera insérée dans ce champ.

Cette notation est essentielle dans des fonctions comme *Patch()* ou *Collect()*, où l'objet structure les données à ajouter ou à mettre à jour, assurant ainsi une correspondance précise avec les champs de la source de données.

Modifier des enregistrements

La fonction *Patch()* peut aussi être utilisée pour modifier un ou plusieurs enregistrements d'une source de données. Les champs spécifiés sont mis à jour sans affecter les autres propriétés de l'enregistrement. Par exemple, pour modifier le numéro de téléphone d'une cliente nommée *Marie Curie*.

```
Patch(Clients; First(Filter(Clients;
Titre="Marie Curie")); {Téléphone:"04 05 06
070"})
```

Dans cet exemple, *Clients* est la source de données.

Ensuite, la formule *First(Filter(Clients; Titre="Marie Curie"))* identifie l'enregistrement à modifier. **Notez** qu'il aurait été plus simple et plus performant, d'écrire *LookUp(Clients; Titre="Marie Curie")*. Toutefois, il n'est pas rare de rencontrer l'écriture *First(Filter())*. **N'hésitez pas** à la corriger.

Enfin, *{Téléphone:"04 05 06 070" }* met à jour uniquement le champ *Téléphone*.

Fusionner des enregistrements

Même sans source de données, *Patch()* peut être utilisée pour fusionner plusieurs enregistrements en un seul. Par exemple, pour associer le numéro de téléphone et la ville de la cliente *Marie Curie*.

```
Patch({Titre:"Marie Curie"; Téléphone:"04 05
06 070"}; {Titre:"Marie Curie";
Ville:"Liège"})
```

Dans cet exemple, les deux objets *{Titre:"Marie Curie";*
Téléphone:"04 05 06 070"} et *{Titre:"Marie Curie"; Ville:*
"Nantes"} sont combinés en un seul, avec le résultat :
{Titre:"Marie Curie"; Téléphone:"04 05 06 070";
Ville:"Nantes"}.

Refresh

La fonction *Refresh()* permet d'actualiser les données
provenant d'une source externe.

Par exemple, si la source de données porte le nom *Fruits*, il
suffit d'exécuter la commande *Refresh(Fruits)* pour la mettre
à jour.

Il est également possible d'automatiser cette opération à
l'aide d'un contrôle de type minuteur afin de rafraîchir la
source *Fruits* toutes les 12 secondes.

Pour cela, **connectez** la source de données dans votre
application.

Puis, **configurez** les propriétés du minuteur :

- Durée (*Duration*) : 12000 (soit 12 secondes)
- Répéter (*Repeat*) : Activé
- Démarrage automatique (*AutoStart*) : Activé
- OnTimerEnd : *Refresh(Fruits)*

Ces paramètres permettent au minuteur de mettre à jour
automatiquement les données de la source toutes les 12
secondes.

Gestion de l'état et des variables

Set

La fonction *Set()* permet de créer une variable globale dans Power Apps, c'est-à-dire une variable accessible depuis n'importe quel endroit de l'application. Une variable peut être vue comme une zone nommée et typée en mémoire, où l'on stocke un résultat intermédiaire ou un objet complexe.

Le type de la variable (*numérique, texte, date,* etc.) est automatiquement défini par la valeur assignée via la fonction *Set()*.

Par exemple :

```
Set(NomDeVariable; Valeur)
```

Ici, *NomDeVariable* est le nom de la variable globale, et *Valeur* correspond à ce que vous souhaitez y stocker. Cette souplesse permet d'utiliser facilement des variables dans divers contextes de votre application.

Par exemple, les formules ci-dessous créent différentes variables :

```
Set(Pays; "Belgique")
```

La fonction *Set(Pays; "Belgique")* crée une variable globale nommée *Pays*, de type texte, et l'initialise avec la valeur "Belgique". Cette variable pourra ensuite être utilisée partout dans l'application.

Vous pouvez modifier la valeur de *Pays* à tout moment en utilisant à nouveau la fonction *Set()*.

Par exemple :

```
Set(Pays; "Canada")
```

Cette instruction mettra à jour la variable *Pays* en lui attribuant la nouvelle valeur "Canada". Ainsi, la fonction *Set()* permet non seulement de créer une variable, mais aussi de la réinitialiser ou de la mettre à jour selon vos besoins.

```
Set(Nom; "")
```

La fonction *Set(Nom; "")* crée une variable globale nommée *Nom* et l'initialise avec une valeur vide. Cela signifie que la variable ne contient aucun texte ni aucune donnée.

Dans ce cas, la fonction *IsBlank(Nom)* renverra *true* (*vrai*), car *Nom* est vide. Cette méthode est souvent utilisée pour réinitialiser une variable ou indiquer qu'aucune donnée n'a encore été attribuée à celle-ci.

```
Set(Age; 24)
```

La fonction *Set(Age; 24)* crée une variable globale nommée *Age*, de type numérique, et l'initialise avec la valeur *24*. Par la suite, vous pouvez modifier cette variable en lui attribuant une autre valeur numérique, comme dans l'exemple suivant :

```
Set(Age; 30)
```

Cependant, si vous tentez d'assigner une chaîne de caractères à cette variable, par exemple :

```
Set(Age; "Vingt-quatre")
```

Vous recevrez un message d'erreur indiquant un conflit de types. En effet, une fois créée, la variable possède un type initial défini par la première valeur assignée (*numérique* dans cet exemple), et toute tentative de lui attribuer une valeur d'un autre type (*texte*, *date*, etc.) provoquera un message d'erreur.

```
Set(Stagiaire; {Prenom:"Alice"; Age:24})
```

Cette formule sert à définir une variable nommée Stagiaire.

Stagiaire est le nom de la variable globale. Elle contiendra un enregistrement, c'est-à-dire un ensemble structuré de données.

{Prenom:"Alice"; Age:24} est l'enregistrement qui contient deux champs :

- Prenom : Un champ texte avec la valeur "Alice"
- Age : Un champ numérique avec la valeur 24

Donc, cette formule stocke un enregistrement dans la variable *Stagiaire*, avec deux propriétés : *Prenom* et *Age*. Après avoir exécuté cette formule, vous pourrez accéder à ces informations comme suit :

- Stagiaire.Prenom renverra "Alice"
- Stagiaire.Age renverra 24

Cela permet de définir une variable structurée destinée à regrouper plusieurs informations contextuelles.

Les variables sont très souvent initialisées dans la propriété *OnStart* de l'objet *App*.

Si vous choisissez cette approche, **pensez** à effectuer un clic droit sur *App*, puis à sélectionner *Exécuter OnStart* lorsque vous travaillez sur votre application dans Power Apps Studio.

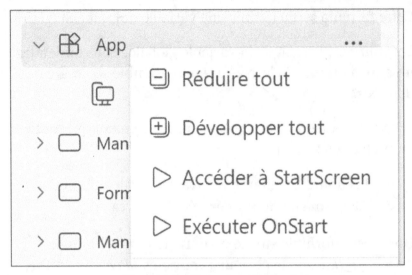

Figure 289 Exécuter OnStart

Je vous recommande de nommer vos variables globales en commençant leur nom par le préfixe *glb* (pour *global*). Cette pratique s'avère très utile lorsque vous rédigez des formules complexes, car en tapant *glb*, Power Apps Studio affichera automatiquement toutes les variables dont le nom commence par ces lettres. Bien entendu, vous êtes libre de choisir un autre préfixe, l'essentiel étant de rester constant et cohérent dans votre approche.

Enfin, les variables globales sont consultables en permanence dans Power Apps Studio, grâce au menu *Variables*. Celui- ci est représenté par une icône avec un x entre accolades *{x}* dans le volet gauche (voir Figure 68).

UpdateContext

Cette fonction crée une variable de contexte locale. Une variable de contexte est spécifique à un écran donné et ne peut pas être utilisée sur d'autres écrans.

Par exemple :

```
UpdateContext({ NuméroPage: 1 })
```

Dans cette formule la fonction *UpdateContext()* permet de créer ou de mettre à jour une variable de contexte locale à l'écran où elle est appelée.

L'objet *{ NuméroPage: 1 }* spécifie la variable à mettre à jour (ici, *NuméroPage*) et sa nouvelle valeur (ici, 1). Si la variable n'existe pas déjà, elle est créée automatiquement.

Lorsque cette fonction est utilisée sur deux écrans différents avec une variable portant le même nom, comme *locErreurs*, Power Apps considère qu'il s'agit de deux variables distinctes. Chacune évolue de manière indépendante, sans influencer l'autre.

C'est aussi une bonne pratique de nommer vos variables locales en commençant leur nom par le préfixe *loc* (pour *locale*).

Enfin, les variables de contexte sont consultables en permanence dans Power Apps Studio, grâce au menu *Variables*. Celui- ci est représenté par une icône avec un x entre accolades *{x}* dans le volet gauche (voir Figure 67, page 88).

Navigate

Cette fonction permet de changer d'écran dans l'application, avec ou sans effet visuel grâce au second paramètre. Celui-ci est optionnel.

Par exemple :

```
Navigate(Screen2; ScreenTransition.Fade)
```

Dans cette formule, la fonction *Navigate()* est utilisée pour changer l'écran affiché dans l'application. Le premier argument, *Screen2*, indique l'écran vers lequel l'utilisateur sera dirigé. Le second argument, *ScreenTransition.Fade*, spécifie l'effet de transition visuelle utilisé lors du changement d'écran, ici une transition fluide de type "fondu".

Il est également possible d'utiliser la fonction *Navigate()* pour passer une valeur lors de la navigation entre écrans, grâce à un troisième argument. Une fois définie, cette variable peut être appelée directement dans l'écran cible.

Par exemple, la formule suivante définie la variable *locElementChoisi* dans l'écran *Screen2* :

```
Navigate(Screen2; ScreenTransition.Fade;
{locElementChoisi:Gallery.Selected})
```

Cette formule permet de naviguer d'un écran à un autre tout en transmettant un contexte spécifique, généralement lié à l'élément sélectionné dans une galerie.

Le troisième argument, *{locElementChoisi: Gallery.Selected}*, est un objet, ou dictionnaire, utilisé pour transmettre des données à l'écran cible. En particulier, il crée une variable de contexte appelée *locElementChoisi* sur l'écran *Screen2* et lui attribue la valeur de l'élément actuellement sélectionné dans la galerie *Gallery*. Cette valeur correspond aux données associées à l'élément sélectionné, comme un enregistrement ou une ligne d'une liste ou d'une table. Cette variable de contexte fonctionne de manière similaire à celle qui pourrait être créée avec la fonction *UpdateContext()*.

Ainsi, lorsque cette formule est exécutée, l'application passe à l'écran *Screen2* en utilisant une transition visuelle de type "fondu" pour un changement fluide. Elle transmet également les données de l'élément sélectionné dans *Gallery*, accessibles sur *Screen2* via la variable de contexte *locElementChoisi*.

Ce type de logique est particulièrement utile pour des scénarios où l'utilisateur sélectionne un élément dans une galerie ou une liste, puis est dirigé vers un écran détaillé (par exemple, une page affichant les informations détaillées de l'élément sélectionné). Les données transmises permettent à l'écran cible de s'adapter dynamiquement au contexte du choix de l'utilisateur.

Reset

Cette fonction réinitialise une valeur d'entrée.

Par exemple :

```
Reset(TextInput1)
```

Cette formule réinitialise le champ de saisie *TextInput1*, à sa valeur par défaut.

Collections

Dans Power Apps, une *collection* est une structure de données temporaire qui stocke un ensemble de données en mémoire locale de l'application. Elle est utilisée pour manipuler, afficher ou gérer des données au sein de l'application sans nécessiter une connexion permanente à une source de données externe.

Une collection ressemble à une table avec des colonnes (champs) et des lignes (enregistrements). Chaque ligne représente un élément ou un enregistrement, et chaque colonne représente une propriété ou un champ.

Les données d'une collection ne sont disponibles que pendant que l'application est en cours d'exécution. Lorsque l'application est fermée, la collection est vidée.

Une collection peut être modifiée à tout moment. Vous pouvez y ajouter, supprimer ou mettre à jour des enregistrements selon les besoins de l'application.

Collect

La fonction *Collect()* permet de créer et de remplir une collection :

```
Collect(ChefService; {Nom: "Jean"; Age: 30})
```

Cette formule crée une collection nommée *ChefService* contenant un enregistrement avec deux colonnes (*Nom* et *Age*).

Clear

Utilisez la fonction *Clear()* pour vider une collection :

```
Clear(ChefService)
```

Cette formule vide totalement la collection *ChefService*, y compris les colonnes précédentes.

ClearCollect

Utilisez *ClearCollect()* pour réinitialiser une collection avec de nouvelles données ou une structure différente :

```
ClearCollect(ChefService; {Nom: "Marie"; Age:
34; Niveau: "Confirmé"})
```

Afficher une collection

Vous pouvez afficher une collection dans un contrôle comme une galerie ou un tableau.

Cas d'usage

Créer une collection avec Collect()

Ce premier exemple illustre l'utilisation de la fonction *Collect()* qui accumule les enregistrements.

Imaginez une application de gestion de stock où les utilisateurs sélectionnent certains articles. Une collection, appelée *Panier*, pourrait contenir ces articles temporairement avant leur enregistrement dans une base de données ou une liste SharePoint.

Pour ajouter un article individuel au panier à l'aide d'un bouton :

```
Collect(Panier; {NomArticle: "Ordinateur";
Prix: 1200})
```

La formule ci-dessus est simple. Toutefois, elle suppose un bouton différent pour chaque article. Ce n'est pas envisageable car cela serait impossible à gérer avec de nombreux articles.

En revanche, le cas d'usage ci-dessous permet de tirer parti de la puissance des fonctions liées aux collections. Notamment, **supposez** l'existence d'une liste SharePoint, nommée *Produits* qui contient tous vos produits (voir Figure 290).

Titre	Prix TTC (€)	SKU	Quantité ...	Fournisseur
Chaussures de sport	$59,00	CHA-SPORT-001	25	SportPro
Sac à dos	$39,00	SAC-AD-002	15	BagWorld
Montre connectée	$129,00	MONT-CON-003	30	TechTime
Veste imperméable	$89,00	VES-IMP-004	20	OutdoorWear

Figure 290 Liste Produits (extrait)

Dans l'application Power Apps, cette liste est affichée via une galerie sur un écran.

Pour ajouter un article à partir de la galerie d'articles, **paramétrez** la propriété *OnSelect* de la galerie avec la formule :

```
Collect(Panier; ThisItem)
```

Cette formule sert à créer une liste dynamique d'articles, stockés dans la collection *Panier*, en fonction des interactions de l'utilisateur.

La fonction *Collect()* permet d'ajouter un ou plusieurs éléments à la collection *Panier*, sans écraser les éléments déjà présents. Si cette collection n'existe pas encore, elle est automatiquement créée par la fonction *Collect()*.

L'objet *ThisItem* correspond à l'élément de la galerie en cours d'interaction, notamment, celui sur lequel l'utilisateur a cliqué.

Cette formule ajoute le produit sélectionné, représenté par *ThisItem*, à la collection *Panier*. Vous pourrez ensuite utiliser cette collection pour afficher les articles ajoutés au panier, comme dans une interface de commande ou un récapitulatif.

Créer une collection avec ClearCollect()

Dans cet autre cas d'usage, la fonction *ClearCollect()* est utilisée.

Contrairement à la fonction *Collect()*, la fonction *ClearCollect()* crée ou réinitialise une collection nommée et y ajoute des données. Si une collection portant le même nom existe déjà, elle est d'abord vidée avant d'être remplie avec de nouvelles données.

Par exemple la formule :

```
ClearCollect(cdeEnCours; Filter(Commandes;
Statut = "En cours"))
```

Cette formule applique un filtre à une source de données (ici, *Commandes*) pour sélectionner uniquement les enregistrements sont en cours, afin d'alimenter la collection *cdeEnCours*.

Par ailleurs, la fonction *ClearCollect()* vide entièrement la collection *cdeEnCours* si elle existe déjà.

Puis, elle y ajoute les enregistrements filtrés par la fonction *Filter()*. Celle-ci filtre les lignes de *Commandes* dont le champ Statut est égal à "En cours".

Cette formule est utile pour actualiser une collection temporaire avec uniquement les commandes "En cours". Par exemple, elle pourrait être utilisée pour afficher ces commandes dans une galerie ou pour effectuer des opérations spécifiques sur cette sous-sélection des données.

Ce dernier exemple est typique de l'utilisation de la fonction *ClearCollect()*, qui repose sur une autre source de données et nécessite que les données soient actualisées.

Gestion des autorisations avec une collection

Un autre cas d'usage courant concerne la gestion des autorisations.

Supposons que vous souhaitiez afficher des données en fonction des autorisations de l'utilisateur. Par exemple, si l'utilisateur est *Chef de service*, il pourra consulter les chiffres relatifs à son service, sinon ces données lui seront inaccessibles.

Il existe de nombreuses approches pour répondre à cette demande classique. Par exemple, si vous avez une liste d'utilisateurs semblable à celle présentée ci-dessous.

T Titre ⌄	T Grade ⌄
Jean	Employé
Marie	Chef de service
Alice	Employé
Didier	Chef de service
Valérie	Employé

Figure 291 Liste Utilisateurs

Comme cette liste possède l'information sur le grade de l'utilisateur, vous pouvez filtrer cette liste pour créer la collection *ChefService*.

```
ClearCollect(ChefService;
Filter(Utilisateurs; Grade = "Chef de
service"))
```

Ensuite, la propriété *Visible* du contrôle qui affiche les données, peut être paramétrée avec la formule suivante :

```
LookUp(ChefService; Nom=User().FullName;
Nom)<>Blank()
```

La fonction principale, *LookUp()*, recherche dans la collection nommée *ChefService*, le premier enregistrement qui satisfait une condition donnée.

La condition spécifiée est que la valeur du champ *Nom* dans cette collection corresponde au nom complet de l'utilisateur actuel, récupéré à l'aide de la fonction *User().FullName*. Si un enregistrement satisfait cette condition, la fonction *LookUp()* renvoie la valeur du champ *Nom* associée à cet enregistrement.

Ensuite, le résultat retourné par la fonction *LookUp()* est comparé à *Blank()* pour vérifier s'il est vide ou non. Si un enregistrement correspondant a été trouvé, le champ *Nom* renvoyé n'est pas vide, et la condition *<>Blank()* est alors évaluée comme *true* (vraie). À l'inverse, si aucun enregistrement ne correspond dans la collection, le résultat de *LookUp()* est vide (c'est-à-dire *Blank()*), et la condition est évaluée comme *false* (fausse).

Si l'utilisateur actuel, identifié par son nom complet, figure dans la collection *ChefService*, la formule renverra *true* et le contrôle sera visible. Sinon, elle renverra *false*, et le contrôle ne s'affichera pas.

Il est évidemment envisageable d'adopter une approche plus nuancée qu'un simple affichage binaire.

Gestion des tables

Table

Dans Power Apps, la fonction *Table()* est utilisée pour créer une table directement au sein d'une formule. Elle permet de générer des données tabulaires en définissant des enregistrements qui représentent les lignes de la table. Chaque enregistrement est composé de paires *champ-valeur*, ce qui permet de structurer facilement les informations.

Par exemple, en utilisant la fonction *Table()* de cette manière :

```
Table(
    {Nom: "Alice"; Age: 24};
    {Nom: "Bob"; Age: 32};
    {Nom: "Charles"; Age: 40}
)
```

Vous obtenez une table contenant trois enregistrements. Ces enregistrements incluent deux colonnes nommées *Nom* et *Age*, chacune associée aux valeurs spécifiées.

Il est important de noter que cette fonction est particulièrement utile pour créer des tables temporaires ou statiques dans votre application, sans dépendre d'une source de données externe. Les colonnes sont automatiquement générées en fonction des champs que vous définissez dans les enregistrements. Cependant, cette table demeure une structure de données temporaire. Elle est utilisée uniquement dans la session ou le contexte où elle est définie et disparaît lorsque vous quittez l'application ou changez de contexte.

Enfin, la table créée avec *Table()* peut être utilisée comme source de données pour des contrôles tels que des galeries ou des formulaires dans Power Apps. Elle peut également être manipulée ou analysée à l'aide d'autres fonctions comme *Filter()*, *Sort()* ou *AddColumns()*. Cela la rend extrêmement polyvalente pour répondre aux besoins de gestion et de présentation des données dans vos applications.

First

La fonction *First()* est utilisée pour obtenir le premier enregistrement d'une table. Elle est particulièrement pratique lorsque vous souhaitez accéder à la première ligne d'un ensemble de données sans avoir à traiter l'intégralité de la table.

Par exemple, si vous avez une table nommée *Clients* (voir Figure 286, page 350) contenant plusieurs enregistrements, l'utilisation de la formule *First(Clients)* renverra uniquement le premier enregistrement de cette table. Le résultat sera présenté sous la forme d'un enregistrement, c'est-à-dire un regroupement de champs (colonnes) et des valeurs correspondantes.

Si vous voulez accéder à une valeur précise au sein de ce premier enregistrement, vous pouvez utiliser la notation par point. Par exemple, la formule *First(Clients).Nom* vous permettra d'obtenir la valeur de la colonne *Nom* pour ce premier enregistrement.

L'ordre des enregistrements dans la table joue un rôle crucial, car la fonction renvoie toujours la première ligne selon cet ordre. Si vous avez besoin de modifier cet ordre avant d'appliquer *First()*, vous pouvez utiliser une fonction comme *Sort()* pour trier les données selon vos besoins.

Last

La fonction *Last()* permet d'extraire le dernier enregistrement d'une table. Elle est utile lorsque vous avez besoin de récupérer spécifiquement la dernière ligne d'un ensemble de données, sans traiter les autres enregistrements.

Par exemple, si vous avez une table nommée *Produits* contenant plusieurs enregistrements (voir Figure 290, page 369), l'utilisation de la formule *Last(Produits)* renverra uniquement le dernier enregistrement de cette table. Le résultat sera un enregistrement, qui inclut tous les champs (colonnes) et les valeurs associées.

Pour accéder à une valeur particulière dans cet enregistrement, vous pouvez utiliser la notation par point. Par exemple, en utilisant *Last(Produits).Nom*, vous obtiendrez la valeur de la colonne *Nom* pour cet enregistrement.

Comme pour la fonction *First()*, l'ordre des enregistrements dans la table est déterminant. Vous pouvez aussi utiliser des fonctions comme *Sort()* pour trier les données selon un critère spécifique.

CountRows

La fonction *CountRows()* est utilisée pour compter le nombre d'enregistrements dans une table. Elle renvoie un entier représentant la quantité totale de lignes présentes dans la table spécifiée. Cette fonction est particulièrement utile lorsque vous devez évaluer la taille d'un ensemble de données ou vérifier si une table contient des enregistrements.

Par exemple, si vous avez une table nommée *Clients* (voir Figure 286, page 350), l'utilisation de la formule *CountRows(Clients)* vous renverra le nombre total d'enregistrements dans cette table. Si la table contient 8 enregistrements, le résultat sera *8*. Si la table est vide, la fonction renverra *0*.

Cette fonction est souvent utilisée pour effectuer des vérifications conditionnelles ou afficher des informations aux utilisateurs.

Par exemple, vous pouvez écrire une formule qui affichera un message approprié en fonction du nombre d'enregistrements présents comme :

```
If(CountRows(Clients) = 0; "Aucun client
trouvé"; "Nombre de clients : " &
CountRows(Clients))
```

Il est important de noter que *CountRows()* fonctionne non seulement avec des tables stockées dans des sources de données externes (comme des listes SharePoint ou des tables Dataverse), mais également avec des tables temporaires créées via des fonctions telles que *Table()* ou *Filter()*.

Quand vous utiliserez cette fonction, vous verrez probablement un message d'avertissement relatif à la délégation signalé par un triangle jaune.

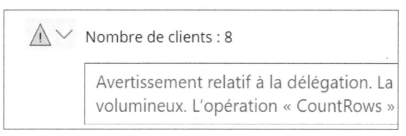

Figure 292 Avertissement relatif à la délégation (extrait)

Pour en savoir plus sur la délégation, **consultez** la section *Délégation*, page 300.

Sum

La fonction *Sum()* est utilisée pour calculer la somme des valeurs numériques dans une table ou une collection. Elle additionne les valeurs d'une colonne spécifique ou d'une expression évaluée pour chaque enregistrement, et elle renvoie le total sous forme d'un nombre.

Par exemple, si vous avez une table nommée *Ventes* contenant une colonne *Montant*, la formule *Sum(Ventes; Montant)* calculera la somme de toutes les valeurs présentes dans la colonne *Montant*. Si la table contient les enregistrements {Montant: 100}, {Montant: 200}, {Montant: 300}, le résultat sera *600*.

Il est important de noter que *Sum()* est compatible avec des tables issues de sources de données externes (comme

SharePoint ou Dataverse) ou des tables temporaires créées avec des fonctions telles que *Table()* ou *Filter()*.

ForAll

La fonction *ForAll()* est utilisée pour effectuer une action ou appliquer une expression sur chaque enregistrement d'une table. Elle permet d'exécuter des opérations répétitives de manière itérative sur les données d'une table ou d'une collection, tout en simplifiant la manipulation des données en masse.

Par exemple, si vous avez une collection nommée *collProduits* contenant une colonne *Prix TTC* et qui réplique la source Produits :

```
ClearCollect(collProduits;Produits);;
```

Ensuite, si vous souhaitez augmenter chaque prix de 10 %, vous pouvez écrire une formule comme suit :

```
ForAll(collProduits; Patch(collProduits;
ThisRecord; {'Prix TTC': 'Prix TTC' *
1,1}));;
```

Ici, la fonction *ForAll()* parcourt chaque enregistrement de la collection *collProduits* et applique l'opération spécifiée, qui met à jour le prix en le multipliant par 1,1.

Un point clé de *ForAll()* est qu'il génère un contexte temporaire pour chaque enregistrement qu'il traite. Dans ce contexte, l'enregistrement en cours est représenté par la variable spéciale *ThisRecord*, ce qui permet d'accéder facilement à ses champs. Par exemple, dans l'exemple précédent, *Prix TTC* ou *Quantité disponible* font référence aux champs de *ThisRecord*.

Gestion avancée des erreurs

Les fonctions d'erreurs jouent un rôle essentiel dans la gestion des erreurs au sein des applications Power Apps. Elles permettent de détecter les erreurs, de proposer des alternatives ou d'exécuter des actions spécifiques. En complément, elles peuvent être utilisées pour créer des erreurs personnalisées ou transmettre des erreurs existantes.

En revanche, si la gestion des erreurs au niveau des formules est désactivée dans les paramètres de l'application, en allant dans *Paramètres*, puis *Mises à jour*, puis *Mis hors service* puis en cochant *Désactiver la gestion des erreurs au niveau des formules*, ces fonctions ne fonctionneront pas correctement.

Propriété App.OnError

Dans Power Apps, la propriété *App.OnError* est une propriété globale qui permet de gérer les erreurs de manière centralisée à l'échelle de l'application. Elle définit un comportement ou une action spécifique à exécuter lorsqu'une erreur se produit, quelle que soit son origine. Cette propriété est particulièrement utile pour capturer et traiter les erreurs générées par les fonctions de manipulation de données (comme *Patch()*, *SubmitForm()*, etc.) ou par d'autres processus de l'application. Elle permet ainsi de centraliser la gestion des erreurs, améliorant la maintenance et l'expérience utilisateur.

Lorsque *App.OnError* capture une erreur, la variable *ErrorKind* indique le type d'erreur à l'aide de codes standards.

Ces codes incluent notamment *ErrorKind.Conflict*, qui indique un conflit dû à une modification concurrente, ou *ErrorKind.ConstraintViolation*, signalant une violation de contraintes.

Parmi les autres types d'erreurs courants, on trouve *ErrorKind.CreatePermission*, *ErrorKind.DeletePermission*, *ErrorKind.EditPermission*, qui reflètent des permissions insuffisantes pour créer, supprimer ou modifier un enregistrement.

D'autres erreurs, comme *ErrorKind.GeneratedValue*, signalent une tentative de modification d'une colonne générée automatiquement par la source de données.

Certaines erreurs, comme *ErrorKind.MissingRequired*, reflètent l'absence d'une valeur obligatoire, tandis que *ErrorKind.NotFound* indique qu'un enregistrement à modifier ou supprimer est introuvable.

Enfin, des erreurs plus générales ou inconnues peuvent être désignées par *ErrorKind.Validation* ou *ErrorKind.Unknown*.

Cette propriété peut être utilisée de différentes manières pour personnaliser le comportement de l'application. Par exemple, vous pouvez afficher un message d'erreur clair et compréhensible pour l'utilisateur, enregistrer les détails de l'erreur dans une collection pour un diagnostic ultérieur, ou fournir des instructions sur la façon de résoudre le problème. Voici un exemple d'utilisation pratique : si l'erreur est de type validation (*ErrorKind.Validation*), vous pouvez afficher un message spécifique à l'utilisateur via la fonction *Notify*. En revanche, pour d'autres types d'erreurs, vous pouvez afficher un message générique et consigner les détails de l'erreur dans une collection nommée *ErrorLog*.

Ce comportement peut être configuré comme suit :

```
If(ErrorKind=ErrorKind.Validation;
Notify("Erreur de validation :
"&ErrorKind;NotificationType.Error);
Notify("Une erreur s'est produite :
"&ErrorKind;NotificationType.Error));;
Collect(collErreurs;{Message:ErrorKind;Kind:E
rrorKind;Horodatage:Now()});;
```

Dans cet exemple, un message explicite est affiché à l'utilisateur selon le type d'erreur, et les informations pertinentes (type d'erreur et horodatage) sont sauvegardées pour une analyse future dans la collection *collErreurs*.

La propriété *App.OnError* présente plusieurs avantages. Elle centralise la gestion des erreurs, ce qui simplifie la maintenance et garantit que toutes les erreurs sont traitées de manière cohérente. Elle offre également une grande flexibilité, permettant d'adapter les actions en fonction des types d'erreurs. Enfin, elle contribue à améliorer l'expérience utilisateur en affichant des messages clairs selon le contexte.

Fonction IfError

La fonction *IfError()* analyse une formule afin de détecter des erreurs. Lorsqu'une erreur est identifiée, une valeur de remplacement est retournée, et l'évaluation s'arrête immédiatement.

Sa syntaxe est :

```
IfError( Valeur1; Remplacement1 [; Valeur2;
Remplacement2; ... [; RésultatParDéfaut ]] )
```

Cette fonction est particulièrement utile pour remplacer une erreur par une valeur valide et permettre aux calculs de se poursuivre. Par exemple, pour éviter un problème de division par zéro, vous pouvez utiliser la formule suivante :

```
IfError( 1/fréquence; -1)
```

Si la variable *fréquence* vaut zéro, la fonction retournera -1. Dans les autres cas, elle renverra le résultat de 1/fréquence.

La fonction *IfError()* permet de chaîner des formules et de continuer uniquement si l'opération précédente a réussi. Par exemple, si la variable fréquence = 1, la formule suivante retourne 0, 33333333 :

```
IfError(1/fréquence; 1/(fréquence+1);
1/(fréquence+2); -1)
```

En effet, la première opération donne 1, la seconde 0,5 et la dernière 0,33333333.

Fonction IsError

La fonction *IsError()* vérifie si une valeur spécifique correspond à une erreur.

Sa syntaxe est :

```
IsError( Valeur )
```

Elle renvoie un résultat booléen (*true* ou *false*).

Par exemple, la formule suivante renvoie *true*, si fréquence = 0 :

```
IsError( 1/fréquence )
```

Dans la pratique, la fonction *IfError()* est plus souvent utilisée.

Fonction IsBlankOrError

La fonction *IsBlankOrError()* teste si une valeur est soit vide, soit une erreur.

Sa syntaxe est :

```
IsBlankOrError( Valeur )
```

Par exemple, la formule suivante renvoie *true* :

```
IsBlankOrError( Blank() )
```

Il est recommandé de remplacer *IsBlank()* par *IsBlankOrError()* pour maintenir le comportement initial de l'application. Avant l'intégration de la gestion des erreurs, une valeur vide (*blank*) servait à représenter à la fois des valeurs nulles issues des bases de données et des erreurs. Avec la gestion des erreurs, ces deux cas sont désormais différenciés, ce qui peut entraîner des changements dans le fonctionnement des applications qui utilisent encore *IsBlank()*.

AllErrors, FirstError

La table *AllErrors* contient les enregistrements d'informations sur les erreurs. Toutefois, en règle générale, *FirstError* est suffisant pour identifier et traiter une erreur. C'est un raccourci vers le premier enregistrement de la table *AllErrors*, qui renvoie la même valeur que *First(AllErrors)*.

Les propriétés de *AllErrors* et *FirstError* sont *Source, Observed, Message, Details, Kind*.

- *Kind* est un numéro qui indique la catégorie de l'erreur.
- *Message* est un message décrivant l'erreur, adapté pour être affiché à l'utilisateur final.
- *Source* est l'emplacement où l'erreur a été générée. Typiquement, pour une formule liée à une propriété de contrôle, cette valeur prend la forme *NomDuContrôle.NomDeLaPropriété*.
- *Observed* est l'emplacement où l'erreur est visible pour l'utilisateur. Par exemple, pour une formule liée à une propriété de contrôle, cette valeur prend la forme *NomDuContrôle.NomDeLaPropriété*.

- *Details.HttpStatusCode* est le code de statut http, pour les erreurs réseau.
- *Details.HttpResponse* est le contenu de la réponse provenant du connecteur ou du service (erreurs réseau).

Bien que *FirstError* suffise, certaines situations peuvent entraîner le renvoi de plusieurs erreurs, notamment lors de l'utilisation d'un opérateur permettant l'enchaînement de formules ou de la fonction Concurrent. Dans de tels cas, la table *AllErrors* peut être utilisée.

Le détail d'une erreur peut être accessible via la propriété *OnSelect* d'un bouton :

```
IfError( Age; Notify( "Erreur produite sur "
& FirstError.Source & ". Message " &
FirstError.Message))
```

Cette formule utilise la fonction *IfError()* pour détecter et gérer d'éventuelles erreurs liées à l'évaluation de la variable ou de l'expression *Age*. Si une erreur se produit, la fonction *Notify()* est exécutée pour afficher un message de notification personnalisé. Ce message inclut des informations détaillées sur l'erreur en exploitant les propriétés de l'objet *FirstError*. Plus précisément, *FirstError.Source* indique l'origine de l'erreur, comme le nom du contrôle ou de la propriété où elle s'est produite, tandis que *FirstError.Message* fournit un message descriptif conçu pour être compréhensible par l'utilisateur.

En l'absence d'erreur, la formule ne produit aucun effet, car aucune action ou valeur de remplacement n'est définie pour ce cas.

Par exemple, si une erreur survient pour *Age*, un bandeau de notification s'afficher avec un message comme : *"Erreur produite sur ControlêX.PropriétéY. Message Division par zéro".* En revanche, si aucune erreur n'est détectée, la formule reste sans effet visible.

Fonction Error()

Vous pouvez utiliser la fonction *Error()* pour générer des erreurs personnalisées.

Sa syntaxe est :

```
Error( EnregistrementErreur ), où
EnregistrementErreur est l'enregistrement
contenant des informations sur l'erreur :
Kind (obligatoire), Message et d'autres.
L'enregistrement FirstError peut être
transmis directement.
Error( TableErreurs ), où TableErreurs est la
table contenant des enregistrements
d'informations sur les erreurs. La table
AllErrors peut être transmise directement.
```

Par exemple, dans un contexte de validation d'une saisie utilisateur, la formule suivante peut être paramétrée via la propriété *OnSelect* d'un bouton :

```
If(DateFin.SelectedDate <
DateDebut.SelectedDate;
Error({Kind:ErrorKind.Validation; Message:"La
date de fin doit être postérieure à la date
de début."}))
```

Cette formule vérifie que la date de fin sélectionnée (*DateFin.SelectedDate*) est bien postérieure à la date de début sélectionnée (*DateDebut.SelectedDate*). Elle commence par évaluer la condition *DateFin.SelectedDate < DateDebut.SelectedDate*. Si cette condition est remplie, cela signifie que les dates choisies par l'utilisateur sont invalides, car la date de fin est antérieure à la date de début. Dans ce cas, la fonction *Error()* est déclenchée pour générer une erreur. Cette erreur est de type *Validation*, grâce à la propriété *Kind:ErrorKind.Validation*, et inclut un message explicite : "La date de fin doit être postérieure à la date de début.". Ce message est conçu pour être affiché à l'utilisateur.

En revanche, si la condition n'est pas satisfaite, c'est-à-dire si la date de fin est valide (postérieure ou égale à la date de début), la formule ne génère aucune erreur et n'effectue aucune autre action. Ainsi, elle ne produit d'effet visible que lorsque les dates sélectionnées sont incorrectes.

Errors()

Les erreurs peuvent survenir lorsqu'un enregistrement d'une source de données est modifié. Ces erreurs peuvent être provoquées par divers facteurs, tels qu'une panne de réseau, des permissions insuffisantes ou des conflits dus à des modifications concurrentes.

Les fonctions utilisées pour modifier les données, comme *Collect()*, *Patch()*, *Remove()*, *RemoveIf()*, *Update()*, *UpdateIf()* et *SubmitForm()*, gèrent les erreurs de deux manières.

D'une part, elles renvoient une valeur d'erreur à l'issue de l'opération. Ces erreurs peuvent être détectées grâce à la fonction *IsError()* et gérées ou remplacées à l'aide de *IfError()* ou *App.OnError*.

D'autre part, après chaque opération, la fonction *Errors()* retourne une liste des erreurs associées à cette opération ou à des opérations précédentes. Cela s'avère utile pour afficher des messages d'erreur directement sur un écran, sans avoir besoin de capturer ces erreurs dans une variable d'état.

Notez qu'il est possible d'éviter certaines erreurs avant qu'elles ne se produisent en utilisant les fonctions *Validate()* et *DataSourceInfo()*.

La fonction *Validate()* permet de s'assurer qu'une colonne ou un enregistrement entier respecte les critères de validité définis pour une source de données : si une colonne doit contenir une valeur, la longueur maximale autorisée pour une chaîne de texte, les limites minimale et maximale pour un nombre, les dates les plus précoces et les plus tardives autorisées.

De même, la fonction *DataSourceInfo()* permet de récupérer des informations sur une source de données, telles que le nom affiché d'une colonne, le nombre maximal de caractères qu'elle peut contenir, ses valeurs numériques minimale et maximale, ainsi que l'obligation ou non de fournir une valeur pour cette colonne.

En ce qui concerne la fonction *Errors()*, celle-ci renvoie une table contenant des informations spécifiques sur les erreurs. Cette table est structurée en plusieurs colonnes.

La colonne *Record* identifie l'enregistrement concerné par l'erreur. Si l'erreur s'est produite lors de la création d'un nouvel enregistrement, cette colonne reste vide.

La colonne *Column* indique, le cas échéant, la colonne responsable de l'erreur. Lorsqu'aucune colonne spécifique ne peut être identifiée, cette valeur reste vide.

La colonne *Message* fournit une description textuelle de l'erreur, qui peut être affichée à l'utilisateur final. Toutefois, ce message est souvent généré par la source de données et peut contenir des informations techniques ou non pertinentes pour l'utilisateur.

Enfin, la colonne *Error* contient un code d'erreur qui peut être utilisé dans des formules pour diagnostiquer ou résoudre le problème.

Les erreurs signalées par la fonction *Errors()* peuvent être classées selon différents types, définis par les codes d'erreur (*ErrorKind*) : voir ci-dessus la section *App.OnError* pour leurs explications.

La fonction *Errors()* peut aussi être utilisée pour récupérer des informations sur les erreurs liées à l'ensemble d'une source de données ou à un enregistrement précis. Si aucun enregistrement spécifique n'est précisé, la fonction retourne toutes les erreurs associées à la source de données. Cette flexibilité permet de gérer les erreurs de manière globale ou ciblée selon les besoins.

Cas d'usage

Dans un contexte pratique, **prenez** l'exemple d'une source de données appelée *Produits*. **Supposez** que l'article *Sac à dos* affiche une quantité disponible de 15. L'utilisateur de votre application souhaite modifier cette quantité pour la mettre à 24. Cependant, avant que cette modification ne soit enregistrée, un autre utilisateur change la quantité de cet article à 10 directement dans la source de données. Que se passera-t-il dans ce cas ?

L'enregistrement est lu dans la variable *glbStock* à l'aide de la commande suivante , paramétrée via la propriété *OnSelect* d'un bouton :

```
Set(glbStock; LookUp(Produits; Titre = "Sac à dos" ) )
```

Ensuite, pour appliquer la modification de la quantité, la fonction *Patch()* est utilisée comme suit via la propriété *OnSelect* d'un autre bouton :

```
Patch(Produits; glbStock; {'Quantité
disponible': 24}
```

Cependant, si un autre utilisateur modifie la quantité de *Sac à dos* à 10 avant l'exécution de cette commande, un conflit se produit. La fonction *Errors()* permet alors de détecter cette situation.

En effet, la commande suivante retournera *false*, indiquant qu'une erreur s'est produite :

```
IsEmpty(Errors(Produits; glbStock))
```

Pour informer l'utilisateur de l'erreur, il est possible d'afficher un message dans une étiquette. Pour cela, il suffit de configurer la propriété *Text* d'une étiquette avec la formule suivante qui renverra le message '*Des conflits existent avec les modifications apportées sur le serveur. Rechargez.*' :

```
First(Errors(Produits; glbStock)).Message
```

Il est également possible d'ajouter un bouton permettant de recharger les données en cas de conflit et d'effacer l'erreur. Dans ce scénario, ce bouton sera visible uniquement si un conflit est détecté. La propriété *Visible* du bouton peut donc être définie ainsi :

```
First(Errors(Produits; glbStock)).Error =
ErrorKind.Conflict
```

Enfin, pour annuler les modifications, la commande suivante peut être associée à la propriété *OnSelect* du bouton :

```
Revert(Produits; glbStock)
```

En effet, la fonction *Revert()* met à jour les données en reflétant les modifications effectuées par d'autres utilisateurs. Cette action supprime également toutes les erreurs associées à cet enregistrement dans la table renvoyée par la fonction *Errors()*.

Notamment, en cas de conflit signalé par la fonction *Errors()* après une opération telle que *Patch()* ou toute autre manipulation des données, il est possible d'utiliser *Revert()* pour restaurer l'enregistrement dans sa version en conflit, afin de réappliquer ensuite la modification.

Chapitre 11 : Créer une application connectée à SharePoint

Objectif général

Dans ce chapitre, vous allez créer automatiquement une application Power Apps à partir d'une liste SharePoint.

Notamment, vous apprendrez à générer une application en quelques clics depuis SharePoint.

Vous verrez comme ajouter de nouveaux éléments directement dans la liste via l'application.

Vous allez comprendre la structure à trois écrans de l'application générée.

Vous allez aussi adapter l'affichage des champs et personnaliser l'interface.

À la fin, vous saurez concevoir et modifier une application connectée à SharePoint, ce qui est très utile pour créer rapidement des formulaires, gérer un inventaire ou collaborer sur des données directement depuis Power Apps.

Pour cela, vous pouvez sélectionner une liste SharePoint quelconque dans votre organisation. Cependant, **veillez** à bien choisir une liste et non une bibliothèque. Celles-ci sont généralement représentées par une icône de dossier, tandis que les listes sont souvent symbolisées par un tableau. Par ailleurs, dans la section *Contenu du site*, le type d'une liste est clairement indiqué comme *Liste*.

Par exemple dans la Figure 293 ci-dessous, vous avez la liste SharePoint *Fruits*.

	Nom	Type
	Bibliothèque de styles	Bibliothèque de documents
	Documents	Bibliothèque de documents
	Inventaire	Bibliothèque de documents
	Modèles de formulaire	Bibliothèque de documents
	Pièces jointes	Bibliothèque de documents
	Fruits	Liste

Figure 293 Contenu du site

Créer une liste SharePoint

Comme déjà indiqué, ces manipulations peuvent se faire avec n'importe quelle liste SharePoint.

Toutefois, si vous souhaitez réaliser les manipulations avec exactement la même liste que celle que j'utilise, **référez-vous** à la page 519, où vous trouverez la méthode détaillée pour créer la liste *Fruits*.

Créer l'application à partir d'une liste

Tout d'abord, **ouvrez** le site web SharePoint de votre choix, où vous avez les autorisations nécessaires pour créer une application Power Apps. Dans la suite de ce livre, ce site sera désigné comme *le site SharePoint de travail*.

Ensuite, dans le volet de gauche de votre site SharePoint de travail, **cliquez** sur le lien *Contenu du site*. Si, par hasard, ce lien n'apparaît pas, vous pouvez le retrouver dans le sous-menu du menu *Paramètres* de SharePoint, identifiable par une icône en forme de roue dentée (voir Figure 294).

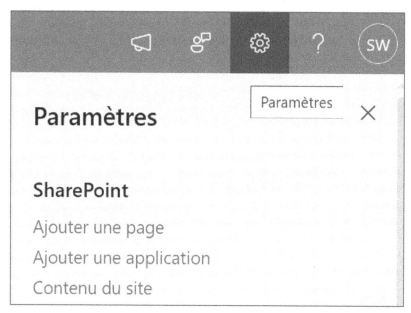

Figure 294 Menu Paramètres

Ensuite, dans la page *Contenu du site*, **cliquez** sur une liste SharePoint pour l'ouvrir. Dans ce scénario, la liste utilisée est la liste *Fruits*.

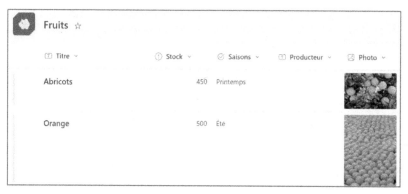

Figure 295 Liste SharePoint Fruits (extrait)

Puis, dans le menu horizontal, **cliquez** sur le choix *Intégrer*. Si vous ne voyez pas *Intégrer*, **cliquez** sur les 3 petits points (...) du menu horizontal.

Puis dans le menu *Intégrer*, **cliquez** sur Power Apps puis sur *Créer une application* : un nouvel onglet s'ouvre dans le navigateur sur votre nouvelle application.

L'application a été générée automatiquement et est entièrement fonctionnelle. Vous allez pouvoir le vérifier très prochainement.

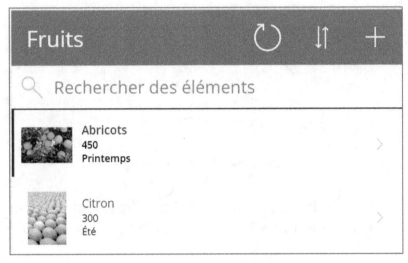

Figure 296 Application Power Apps Fruits

Toutefois, juste avant, vous allez l'enregistrer.

Pour enregistrer votre application la première fois, **cliquez** sur *l'icône en forme de disquette* qui se trouve en haut et à droite de l'écran, sous la roue dentée de Power Apps. Une méthode alternative consiste à *appuyer simultanément sur les touches Ctrl+S*.

Quel que soit la méthode, un pop-up apparait. Dans ce pop-up, **remplacez** le nom par défaut ('Application') par le nouveau nom comme *<vos initiales> Fruits*.

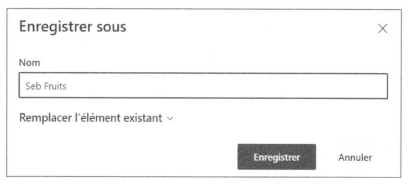

Figure 297 Enregistrement de l'application Fruits

Puis **cliquez** sur le bouton *Enregistrer*.

Ce que vous venez d'apprendre :

Comment intégrer Power Apps depuis une liste SharePoint via le menu Intégrer > Power Apps.

Comment enregistrer l'application générée sous un nouveau nom.

Que l'application est déjà fonctionnelle (insertion, affichage, modification) dès sa création.

Afficher l'aperçu

Pour afficher un aperçu de votre application, **cliquez** sur l'icône en forme de triangle située en haut à droite ou **appuyez** sur la touche *F5* de votre clavier.

Cette fonctionnalité vous permet de tester rapidement les interactions et de vérifier que tout fonctionne comme prévu.

Normalement, vous devriez voir un écran qui ressemble à celui-ci.

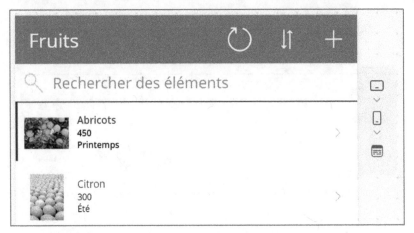

Figure 298 Aperçu de l'application Fruits (extrait)

Ajouter un élément dans la liste

Comme l'application est en cours d'exécution, vous allez pouvoir ajouter un nouvel élément dans la liste SharePoint en utilisant l'application Power Apps.

Pour ajouter un élément, **cliquez** sur la croix en forme de *plus* (+), en haut à droite de l'application, puis **renseignez** les informations demandées avec les valeurs suivantes :

- Titre: *Ananas*
- Stock: *40*
- Saisons: *Automne*
- Producteur: *(vide)*
- Photo : **Ajoutez** une image d'un ananas
- Pièce jointe: *(vide)*

Ensuite, **cliquez** sur la *coche de validation*, qui se trouve en haut à droite : le nouveau fruit est saisi.

Si nécessaire, **cliquez** sur l'icône en forme de cercle pour actualiser la liste.

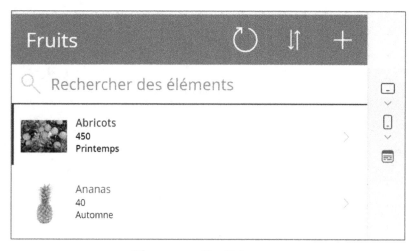

Figure 299 Fruit Ananas

Fermer l'aperçu

Enfin, **fermez** l'aperçu en cliquant sur la croix en haut et à droite.

Vérifier la liste sur SharePoint

Vous pouvez aussi vérifier que le fruit a bien été créé dans la liste *Fruits* sur votre site SharePoint de travail.

Pour cela, **revenez** sur l'onglet précédent du navigateur qui affiche la liste *Fruits*. Si, par hasard, cet onglet a été fermé, **ouvrez** un nouvel onglet sur votre site SharePoint de travail, puis **recherchez et affichez** la liste *Fruits*.

Puis, **actualisez** le navigateur en cliquant sur l'icône d'actualisation ou en appuyant sur la touche F5 du clavier.

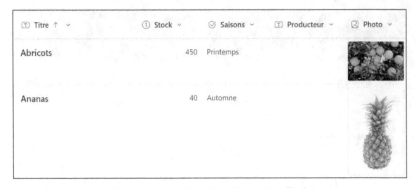

Figure 300 Liste Fruits actualisée

Ce que vous venez d'apprendre :

La navigation dans Power Apps (bouton "+" pour ajouter un élément).

L'utilisation d'un formulaire (EditScreen) pour saisir des données et les soumettre à SharePoint.

La vérification immédiate dans la liste SharePoint, confirmant la synchro entre l'application et la liste

Comprendre l'application

Ensuite, **revenez** sur l'onglet où l'application Power Apps *Fruits* est ouverte en modification.

Cette application vous aidera à approfondir votre compréhension des notions abordées dans les chapitres précédents, notamment sur les contrôles, la gestion des données et les fonctions.

Par ailleurs, ces connaissances vous fourniront les clés pour saisir pleinement le fonctionnement de l'application. En particulier, **prenez** le temps de vérifier les affirmations ci-dessous en ouvrant l'arborescence, en cliquant sur les contrôles concernés et sur leurs propriétés *OnSelect*, voire *Items*.

Dans le volet *Arborescence*, **réduisez** tous les éléments afin de n'afficher que les écrans et l'objet App.

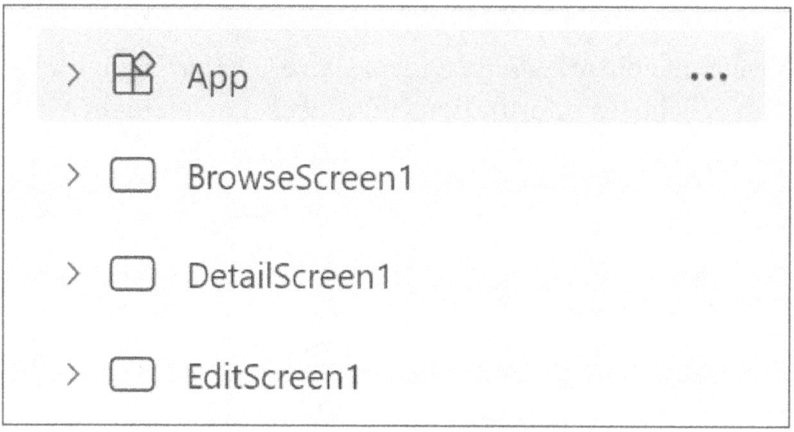

Figure 301 Écrans de l'application

Constatez la présence de trois écrans : *BrowseScreen1*, *DetailScreen1 et EditScreen1*. Le nom de ces écrans n'a absolument aucune importance. Ils pourraient tout aussi bien s'appeler *Riri*, *Fifi* et *Loulou*, cela ne changerait rien à leur fonctionnement.

Les écrans *BrowseScreen1*, *DetailScreen1*, *et EditScreen1* ont des rôles distincts qui facilitent la navigation et la gestion des données.

BrowseScreen1

Cet écran sert de page d'accueil.

Il contient un contrôle de type galerie (*BrowseGallery1*) qui liste les éléments de votre liste SharePoint, ainsi qu'un champ de recherche (*TextSearchBox1*) pour filtrer les résultats, et des boutons pour ajouter un nouvel élément, trier la liste ou la rafraîchir.

Il permet aussi de naviguer vers l'écran *DetailScreen1* pour afficher les détails d'un élément sélectionné.

Les actions sont déclenchées par des formules associées à la propriété *OnSelect* de tous ces contrôles.

DetailScreen1

Grâce à un contrôle de type formulaire (*DetailForm1*), cet écran affiche les informations détaillées d'un élément spécifique sélectionné sur l'écran *BrowseScreen1*.

Dans le formulaire, l'identification de l'élément sélectionné est transmise par la propriété *Selected* de la galerie à la propriété *Item* du formulaire.

Les champs sont présentés en lecture seule, permettant de consulter les données sans possibilité de modification. Les boutons présents permettent de revenir à l'écran précédent, d'accéder à l'écran de modification ou de supprimer l'élément en cours.

Les actions sont déclenchées par des formules associées à la propriété *OnSelect* de tous ces contrôles.

EditScreen1

Cet écran est conçu pour créer ou modifier les enregistrements de la liste SharePoint. Les contrôles présents, comme les zones de texte ou les listes déroulantes, sont liés aux colonnes de votre liste. Selon le contexte, il est préconfiguré pour insérer un nouvel élément ou pour modifier un élément existant, avec des boutons permettant d'enregistrer ou d'annuler les modifications.

Ces écrans sont interconnectés, et leur logique est gérée à l'aide des propriétés des contrôles, comme *OnSelect* et des formules, comme *Navigate()* pour garantir une navigation fluide, ou *SubmitForm()* pour une manipulation efficace des données.

Déplacer les colonnes

Afin de vous familiariser avec cette application, vous allez modifier l'ordre d'affichage des colonnes de l'écran d'édition de votre application Power Apps *Fruits*.

Notamment, dans l'écran *DetailScreen1*, **cliquez** sur le contrôle *DetailForm1*.

Ensuite, dans le volet de droite, **cliquez** sur le texte violet *5 sélectionné(s)*, à coté de *Champs*. Ce texte indique que 5 champs sont sélectionnés dans le formulaire.

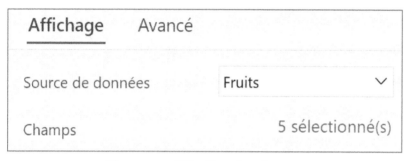

Figure 302 Sélection des champs

Le volet *Champs* s'ouvre.

Figure 303 Volet Champs

À l'aide de la souris, **déplacez** les colonnes du volet *Champs* afin qu'elles apparaissent dans l'ordre suivant :

- Titre
- Photo
- Saisons
- Stock
- Producteur

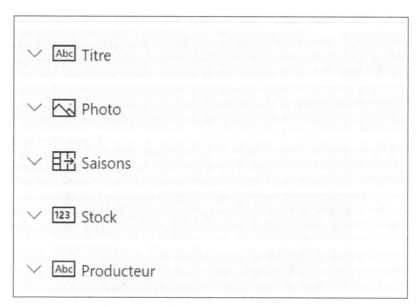

Figure 304 Nouvel ordre des colonnes

Puis, **fermez** le volet *Champs* en cliquant sur la croix du volet en haut et à droite.

Vous obtenez instantanément une nouvelle présentation de l'écran d'édition

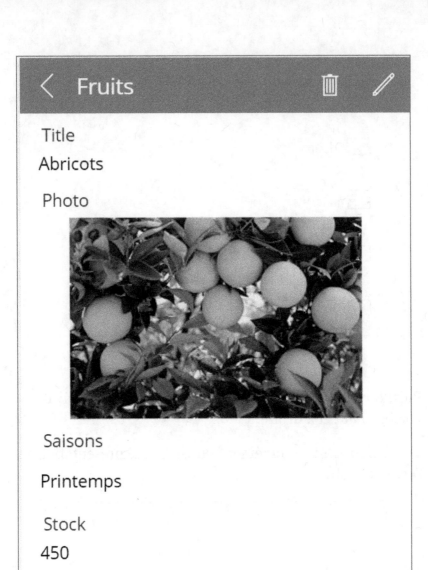

Figure 305 Nouvel écran

Ce que vous venez d'apprendre :

Gérer l'ordre d'affichage des colonnes via le volet Champs d'un formulaire.

Comprendre la répercussion en temps réel sur l'interface (instantanément visible dans Power Apps Studio).

Enregistrer et publier l'application

Pour enregistrer votre travail, **cliquez** sur l'icône en forme de disquette (*Enregistrer*) située en haut à droite de l'écran.

Ensuite, vous allez publier l'application afin de la rendre accessible aux utilisateurs autorisés. Pour cela, dans le menu horizontal, **cliquez** sur l'icône *Publier* en haut à droite, ou **utilisez** le raccourci clavier *Ctrl + Maj + P*.

Une boîte de dialogue s'affiche alors pour vous informer que la publication donne accès aux utilisateurs disposant des autorisations requises. Dans cette boîte de dialogue, **saisissez** le commentaire *Colonnes déplacées*, puis **cliquez** sur le bouton *Publier cette version*.

Quitter Power Apps Studio

Optionnellement, vous pouvez aussi quitter Power Apps Studio proprement.

Pour cela, **repérez** le choix *Précédent* en haut et à gauche de l'écran, dans le menu horizontal.

Figure 306 Précédent

Cliquez sur *Précédent* : un pop-up s'affiche et vous demande si vous êtes sûr de vouloir quitter.

Dans ce pop-up, **cliquez** sur le bouton *Quitter* : vous revenez sur le menu *Accueil* ou *Applications* de Power Apps.

Bilan des acquis

Vous avez vu à quel point Power Apps et SharePoint sont étroitement intégrés : générer une application depuis une liste est rapide et ne nécessite pas de code.

Vous savez maintenant afficher, ajouter, modifier et supprimer des éléments depuis l'application vers la liste SharePoint.

Vous avez compris la structure par défaut d'une application générée : *BrowseScreen* (liste), *DetailScreen* (vue détaillée), *EditScreen* (formulaire).

Vous savez réordonner les champs, personnaliser l'interface, et vous repérer dans l'arborescence (contrôles, *OnSelect*, etc.).

Vous êtes capable de vérifier la cohérence des données dans SharePoint et de tester l'application en mode aperçu.

Chapitre 12 : Formater, Filtrer et Trier

Objectif général

Dans ce cas pratique, vous allez procéder à plusieurs personnalisations d'une application créée précédemment.

Notamment, vous verrez comment appliquer un formatage conditionnel à une liste afin de faire apparaître en rouge, certains éléments.

Vous verrez aussi comment mettre en œuvre une liste déroulante à l'aide de la fonction *Filter()*. Cette fonction affiche les éléments sélectionnés selon le critère que vous avez indiqué.

Enfin, vous approfondirez le tri Power Apps, que vous mettrez aussi en œuvre.

Il s'agit d'un véritable exercice d'application, et les instructions détaillées, comme "cliquez ici" ou "faites cela", ne sont pas reprises ici. Ces éléments ont été traités dans les chapitres précédents.

Modifier une application existante

Premièrement, **ouvrez** le site web Power Apps.

Ensuite, dans le volet de gauche, **cliquez** sur *Applications*.

Puis, dans la liste des applications, **cliquez** sur les 3 petits points en face du nom de votre application *<votre prénom> Fruits*.

Cette application a été créée dans le Chapitre 11 : Créer une application connectée à SharePoint.

Ensuite, dans le menu qui apparaît, **cliquez** directement sur le choix *Modifier*.

Patientez quelques instants.

Appliquer un formatage conditionnel

Sur l'écran *BrowseScreen1*, vous souhaitez que le nom des fruits dont le stock est *inférieur ou égal à 40* s'affiche en *rouge*, tandis que celui des autres fruits reste en noir, qui est la couleur par défaut.

Dans l'arborescence, sur l'écran *BrowseScreen1*, **ouvrez** le contrôle galerie *BrowseGallery1* afin de faire apparaître ses contrôles enfants.

Ensuite, **cliquez** sur le contrôle *Title1*. Normalement, c'est le contrôle qui affiche le nom du fruit.

Définissez sa propriété *Color* avec la formule suivante (voir aussi Figure 307) :

```
If(ThisItem.Stock > 40; Color.Black;
Color.Red)
```

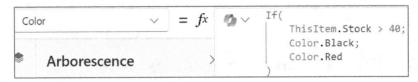

Figure 307 Formule pour la propriété Color de Title1

Le résultat est immédiat.

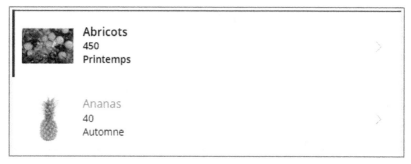

Figure 308 Liste avec un formatage conditionnel (extrait)

Filtrer avec une liste déroulante

Dans l'écran *BrowseScreen1*, vous souhaitez disposer d'une liste déroulante pour filtrer les fruits sur leur état de conservation.

Définissez la propriété *OnVisible* de l'écran *BrowseScreen1* avec la formule suivante :

```
ClearCollect( CollSaisons;
    { Saison: "Tous"};
    { Saison: "Printemps"};
    { Saison: "Été"};
    { Saison: "Automne"};
    { Saison: "Hiver"}
)
```

Dans cette formule, la fonction *ClearCollect()* crée une collection nommée *CollSaisons*. Cette collection énumère tous les saisons, ainsi que "Tous" qui permet d'afficher tous les fruits. La collection sera créée et provisionnée lorsque la propriété *OnVisible* de l'écran BrowseScreen1 sera appelée.

La propriété OnVisible définit le comportement de l'application lorsque l'utilisateur <u>accède à un écran</u>, c'est-à-dire lorsqu'une action de l'utilisateur entraîne l'affichage de cet écran. À noter qu'un simple aperçu avec F5 dans Power Apps ne suffit pas à déclencher cette action. Les manipulations pour afficher le contenu de la collection sont indiquées plus bas.

Vous allez insérer le contrôle de liste déroulante qui va afficher les valeurs de la collection *CollSaisons*.

Sur l'écran *BrowseScreen1*, **insérez** un contrôle *Liste déroulante*.

Puis, dans l'arborescence, **renommez-le** en *Saisons_liste*.

Vous allez recouvrir le contrôle *TextSearchBox1* par le nouveau contrôle et indiquer qu'il est alimenté par la collection *CollSaisons*.

Notamment, **définissez** le contrôle *Saisons_liste* avec les propriétés suivantes :

```
Height = 70
Items = CollSaisons
Width = App.DesignWidth
X = 0
Y = 88
```

Pour être clair, l'écriture Height = 70 signifie qu'il faut attribuer la valeur 70 à la propriété Height du contrôle.

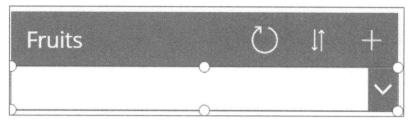

Figure 309 Liste déroulante positionnée

Maintenant, vous allez lier le contrôle *Saisons_liste* au contrôle galerie *BrowseGallery1* afin de filtrer les éléments.

Notamment, **remplacez** tout le contenu de la propriété *Items* du contrôle galerie *BrowseGallery1* avec la formule suivante (voir aussi Figure 310) :

```
Filter(Fruits;
Saisons_liste.Selected.Saison="Tous" ||
Saisons_liste.Selected.Saison=Saisons.Value)
```

```
Filter(
    Fruits;
    Saisons_liste.Selected.Saison = "Tous" ||
    Saisons_liste.Selected.Saison = Saisons.Value
)
```

Figure 310 Affichage à partir de la liste déroulante

Ne vous inquiétez pas si l'écran est vide. C'est normal car le paramétrage n'est pas totalement terminé.

Cette formule filtre la liste *Fruits* en fonction d'une condition liée à une sélection de saison. Si l'utilisateur sélectionne "Tous" dans le contrôle *Saisons_liste*, la formule inclut l'ensemble des éléments de *Fruits*, sans appliquer de filtre supplémentaire. En revanche, si une saison spécifique est sélectionnée, seuls les éléments de *Fruits* où la valeur du champ *Saisons.Value* correspond à la saison sélectionnée dans *Saisons_liste* seront inclus dans le résultat.

Déclencher OnVisible

Ensuite, il ne reste plus qu'une seule action à effectuer pour que tout fonctionne correctement. En effet, la collection *CollSaisons* se met à jour dès que l'écran *BrowseScreen1* est affiché, c'est-à-dire à chaque fois qu'une action de l'application en déclenche la visibilité.

Pour ce faire, **appuyez** sur la touche F5 : le mode aperçu se lance.

En mode aperçu, **cliquez** sur l'icône + (en haut, à droite), comme si vous alliez ajouter un nouveau fruit : le formulaire de saisie d'un nouveau fruit s'affiche.

Dans ce formulaire, **cliquez** sur l'icône X (en haut, à gauche) pour <u>annuler la saisie</u> : cette action affiche l'écran avec la liste.

Tester la liste déroulante

Ensuite, **sélectionnez** par exemple la saison *Printemps* dans la liste déroulante : les fruits de printemps s'affichent.

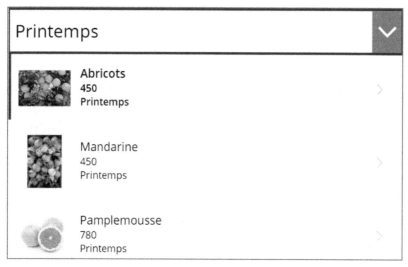

Figure 311 Liste filtrée sur Printemps

Puis, **changez** à plusieurs reprises la valeur de la liste déroulante pour vérifier que les fruits correspondants s'affichent correctement.

À la fin de vos tests, **revenez** sur la valeur "Tous" puis **fermez** l'application.

Filtrer sur les premières lettres

En plus du filtre précédent sur la liste déroulante, vous souhaitez filtrer les enregistrements de la colonne *Titre* en fonction des premières lettres de la zone de recherche.

Tout d'abord, vous allez faire réapparaître le contrôle *TextSearchBox1*.

Pour ce faire, vous allez abaisser le point haut du contrôle galerie *BrowseGallery1*.

Notamment, **cliquez** sur le contrôle galerie *BrowseGallery1*, puis, **modifiez** sa propriété Y avec cette formule :

413

```
TextSearchBox1.Y + TextSearchBox1.Height +
Saisons_liste.Height
```

Ensuite, vous allez déplacer vers le bas le contrôle *Saisons_liste*.

En particulier, **cliquez** sur le contrôle *Saisons_liste*, puis, **modifiez** sa propriété Y avec cette formule :

```
TextSearchBox1.Y + TextSearchBox1.Height
```

Maintenant, vous allez filtrer les enregistrements de la colonne *Titre* en fonction des premières lettres de la zone de recherche.

Pour cela, **remplacez** la propriété *Items* du contrôle galerie *BrowseGallery1* avec la formule suivante (voir aussi Figure 312) :

```
Filter(Fruits; (Saisons_liste.Selected.Saison
= "Tous" || Saisons_liste.Selected.Saison =
Saisons.Value) &&
StartsWith(Title;TextSearchBox1.Text))
```

```
Filter(
    Fruits;
    (Saisons_liste.Selected.Saison = "Tous" ||
     Saisons_liste.Selected.Saison = Saisons.Value) &&
     StartsWith(
        Title;
        TextSearchBox1.Text
     )
)
```

Figure 312 Nouvelle formule pour Items

Cette formule filtre la liste *Fruits* en combinant deux critères principaux : une sélection de saison et une recherche textuelle. La formule commence par vérifier si l'utilisateur a sélectionné "Tous" dans le contrôle *Saisons_liste*. Si c'est le cas, elle inclut tous les éléments de la liste *Fruits*. Si une saison spécifique est sélectionnée, elle inclut uniquement les éléments dont la valeur du champ *Saisons.Value* correspond à la saison sélectionnée. En parallèle, la formule applique un deuxième filtre basé sur la recherche textuelle. Elle conserve uniquement les éléments dont le champ *Title* commence par le texte saisi dans *TextSearchBox1*.

Tester le filtre

Appuyez sur *la touche F5* de votre clavier.

Ensuite, **saisissez** le caractère **a** dans la zone de recherche : les fruits *Abricots* et *Ananas* apparaissent.

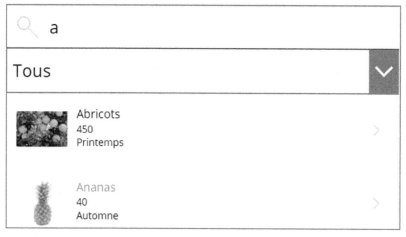

Figure 313 Sélection avec la recherche uniquement

Puis, **sélectionnez** par exemple la valeur *Printemps* dans la liste déroulante : seuls les *Abricots* subsistent.

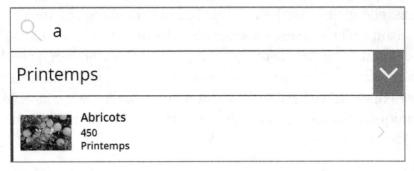

Figure 314 Double sélection

À la fin de vos tests, **effacez** le contenu de la zone de recherche et **revenez** sur la valeur "Tous" puis **fermez** l'application.

Trier sur une colonne

Maintenant, vos utilisateurs souhaitent que le résultat de la liste soit trié sur le titre du fruit.

Notamment, **remplacez** la propriété *Items* du contrôle galerie *BrowseGallery1* avec la formule suivante (voir aussi Figure 315) :

```
SortByColumns(Filter(Fruits;
(Saisons_liste.SelectedText.Saison = "Tous"
|| Saisons_liste.SelectedText.Saison =
Saisons.Value) &&
StartsWith(Title;TextSearchBox1.Text));
"Title";
If(SortDescending1;SortOrder.Descending;
SortOrder.Ascending))
```

```
SortByColumns(
    Filter(
        Fruits;
        (Saisons_liste.SelectedText.Saison = "Tous" ||
        Saisons_liste.SelectedText.Saison = Saisons.Value) &&
        StartsWith(
            Title;
            TextSearchBox1.Text
        )
    );
    "Title";
    If(
        SortDescending1;
        SortOrder.Descending;
        SortOrder.Ascending
    )
)
```

Figure 315 Ultime formule pour Items

Cette formule effectue deux opérations principales : filtrer et trier une liste appelée *Fruits*.

Le fonctionnement du filtre a été expliqué en détail précédemment.

Après le filtrage, la formule trie les fruits restants en fonction du champ *Title*. Le tri est effectué dans un ordre ascendant ou descendant, selon la valeur de la variable contextuelle *SortDescending1*. Cette variable a été créée lors de la génération de l'application.

Tester le tri

Appuyez sur *la touche F5* de votre clavier.

Effacez le contenu de la zone de recherche, si des caractères sont toujours présents.

Ensuite, **sélectionnez** par exemple la valeur *Printemps* dans la liste déroulante.

Cliquez sur *Trier* : c'est icône avec une flèche montante et descendante. L'ordre de tri est inversé.

Figure 316 Tri du résultat

À la fin de vos tests, **fermez** l'aperçu.

Enregistrer et publier l'application

Pour enregistrer votre travail, **cliquez** sur l'icône en forme de disquette (*Enregistrer*) située en haut à droite de l'écran.

Ensuite, vous allez publier l'application afin de la rendre accessible aux utilisateurs autorisés. Pour cela, dans le menu horizontal, **cliquez** sur l'icône *Publier* en haut à droite, ou **utilisez** le raccourci clavier *Ctrl + Maj + P*.

Une boîte de dialogue s'affiche alors pour vous informer que la publication donne accès aux utilisateurs disposant des autorisations requises. Dans cette boîte de dialogue, **saisissez** le commentaire *Formatage, Filtre et Tri*, puis **cliquez** sur le bouton *Publier cette version*.

Quitter Power Apps Studio

Ensuite, dans le menu horizontal, **cliquez** sur *Précédent* (à gauche) : un pop-up apparait.

Enfin, dans ce pop-up, **cliquez** sur le bouton *Quitter* : vous retrouvez votre application dans la liste des applications.

Bilan des acquis

Au cours de cet exercice, vous avez d'abord découvert le *formatage conditionnel*, qui consiste à modifier l'apparence d'une liste en fonction d'une condition précise. Par exemple, vous avez appris à faire apparaître en rouge les fruits dont le stock est inférieur ou égal à un certain seuil, tandis que les autres conservent une couleur noire. Cette approche permet de mettre en évidence les données critiques et de faciliter la lecture des informations dans votre application.

Ensuite, vous vous êtes familiarisé avec le *filtre basé sur un contrôle Liste déroulante*. Grâce à la création et l'alimentation d'une collection (via la fonction *ClearCollect*), vous pouvez maintenant afficher des valeurs dans un menu déroulant et restreindre les enregistrements visibles en appliquant la fonction *Filter()*. Cette technique vous a notamment permis de filtrer les fruits selon leur saison de conservation.

Parallèlement, vous avez mis en place un *filtre basé sur la recherche textuelle*. En utilisant un contrôle de zone de recherche (comme *TextSearchBox*) associé à la fonction *StartsWith()*, vous êtes en mesure de n'afficher que les enregistrements dont le titre commence par les lettres que l'utilisateur saisit. Cela enrichit considérablement l'expérience de navigation, en permettant de retrouver rapidement un élément précis.

Vous avez également appris à *combiner plusieurs critères de filtrage*, afin de rendre les résultats encore plus pertinents. Concrètement, il est possible de limiter l'affichage à la fois selon la saison sélectionnée et selon les premières lettres du nom d'un fruit. Cette combinaison offre un outil de recherche plus puissant et plus précis, adapté aux différents besoins de vos utilisateurs.

Par ailleurs, vous avez exploré la fonctionnalité de *tri dynamique*. La fonction *SortByColumns()* a été introduite pour organiser les éléments affichés en ordre croissant ou décroissant, selon la variable *SortDescending1*. Les utilisateurs peuvent ainsi cliquer sur un bouton ou une icône pour inverser l'ordre de tri, améliorant encore la convivialité de votre application.

Chapitre 13 : Intégration de données multi-sources

Objectif général

Ce nouveau cas pratique illustre comment travailler avec deux sources de données. Une première source contient des informations de base, tandis que l'autre source contient des informations complémentaires.

Prenons l'exemple de la liste *Fruits*, où vous souhaitez indiquer le producteur de chaque fruit. Pour simplifier la tâche des utilisateurs, vous prévoyez que cette information soit saisie à partir d'une liste existante, contenant déjà les noms des producteurs.

Dans cet exemple, des listes SharePoint sont utilisées, mais cette méthode peut être appliquée à d'autres sources de données. En effet, une fois que les connexions aux différentes sources de données sont établies dans l'application, le principe reste identique.

Modifier une application existante

Premièrement, **ouvrez** le site web Power Apps.

Ensuite, dans le volet de gauche, **cliquez** sur *Applications*.

Puis, dans la liste des applications, **cliquez** sur les 3 petits points en face du nom de votre application *<votre prénom> Fruits*.

Ensuite, dans le menu qui apparaît, **cliquez** directement sur le choix *Modifier*.

Patientez quelques instants.

DataCard

Ensuite, **localisez** le contrôle *Producteur_DataCard2*.

> *Pour gagner du temps, utilisez la zone Rechercher de l'Arborescence.*

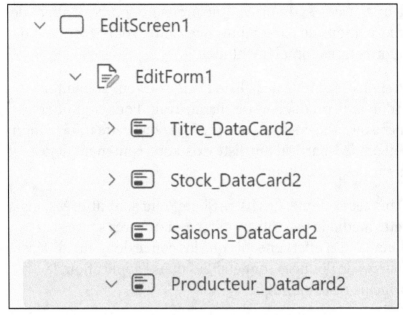

Figure 317 Contrôle "Producteur"

Ce contrôle est un contrôle de type *DataCard*. Un *DataCard* est un élément couramment utilisé dans les formulaires pour afficher et gérer des données. Ce *DataCard* regroupe plusieurs contrôles, chacun ayant une fonction précise.

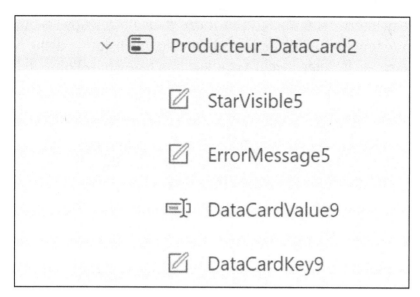

Figure 318 DataCard Producteur_DataCard2

Le contrôle *StarVisible5* correspond à un contrôle visuel indiquant si le champ est obligatoire. Lorsque la propriété *Visible* de cet élément est définie sur *true*, une astérisque apparaît à côté du champ pour signaler cette obligation.

Le contrôle *ErrorMessage5* est destiné à afficher un message d'erreur lorsqu'une validation échoue. Cela se produit, par exemple, si un utilisateur laisse un champ obligatoire vide ou entre une valeur incorrecte. Le message d'erreur s'affiche alors en fonction des règles de validation configurées pour ce champ.

Le contrôle principal du *DataCard*, nommé *DataCardValue9*, est utilisé pour saisir ou modifier la valeur associée au champ.

Enfin, *DataCardKey9* joue le rôle d'étiquette ou de titre du champ, indiquant à l'utilisateur la nature de l'information attendue, comme le nom du producteur dans ce cas précis.

De manière générale, un *DataCard* dans Power Apps est une unité fonctionnelle liée à un champ ou une colonne d'une source de données, qu'il s'agisse d'une liste SharePoint, d'un fichier Excel ou d'une base de données.

Ces *DataCards* sont dynamiquement connectés à une source de données via leur propriété *DataField*, ce qui permet d'assurer que les données affichées ou saisies dans l'application correspondent bien à celles de la source.

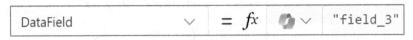

Figure 319 DataField

Étant donné que le comptage des colonnes commence à zéro, dans l'exemple de la Figure 319, *field_3* correspond à la quatrième colonne de la source de données, c'est-à-dire à la colonne *Producteur*.

Les fonctionnalités de validation, comme celles associées à la propriété *Required*, garantissent que certaines conditions soient respectées avant que le formulaire ne puisse être soumis. Cela permet de contrôler, par exemple, qu'un champ obligatoire ne soit pas laissé vide.

Préparer la nouvelle source de données

Il faut créer ou récupérer une nouvelle source de données qui contient la liste des producteurs.

Comme déjà indiqué, ces manipulations peuvent se faire avec n'importe quelle liste SharePoint, ou source de données.

Toutefois, si vous souhaitez réaliser les manipulations avec exactement la même liste que celle que j'utilise, **référez-vous** à la page 519, où vous trouverez la méthode détaillée pour créer la liste *Producteurs*.

T Titre ⌄	T Pays ⌄
Sapori di Vigna	Italie
Fruits Frais à gogo	France
Alea jacta est	Costa Rica

Figure 320 Liste Producteurs

Avec la méthode de votre choix, **ajoutez** une connexion à la source de données *Producteurs*.

Avant d'aller plus loin, **vérifiez** dans le volet *Données* que la connexion à votre liste a été ajoutée à votre application.

Figure 321 Connexion ajoutée à la liste Producteurs

Déverrouillage du DataCard

Une fois la liste ajoutée, vous devez configurer le contrôle DataCard *Producteur_DataCard2*, pour utiliser les données de la liste.

Toutefois, pour éviter les erreurs de manipulation, les *DataCards* sont verrouillées par défaut contre les modifications. Comme vous allez modifier le contrôle *Producteur_DataCard2*, il est nécessaire de le déverrouiller.

Pour cela, **cliquez** dessus avec le bouton droit, puis **sélectionnez** l'option *Déverrouiller*.

Paramétrage de la liste déroulante

Ensuite, dans les contrôles du *DataCard*, **identifiez** le contrôle principal responsable de la saisie. Normalement, il s'agit du contrôle nommé *DataCardValue9*.

Vous allez remplacer ce contrôle par une liste déroulante.

Pour cela, **insérez** un contrôle *Liste déroulante*, sous Producteur_DataCard2. Ce nouveau contrôle doit être au même niveau que les autres contrôles enfants du *DataCard*.

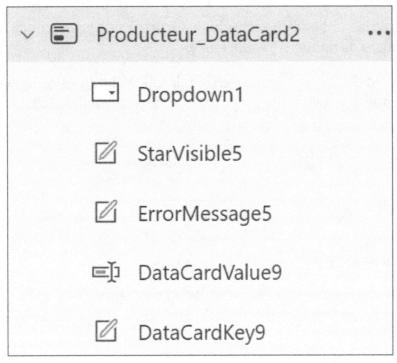

Figure 322 Insertion de la liste déroulante

Puis, **renommez-le** en *Producteurs_liste*.

Dans le canevas, **positionnez-le** afin qu'il recouvre parfaitement le contrôle *DataCardValue9*.

426

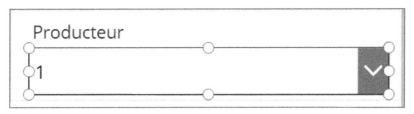

Figure 323 Recouvrement du contrôle

Pour la suite de la manipulation, il est plus simple d'utiliser au début le volet *Propriétés* à droite. Ensuite, ça sera l'inverse, vous utiliserez la barre de formule.

Dans le volet *Propriétés* du contrôle *Producteurs_liste*, **spécifiez** les éléments suivants :

- Éléments : *Producteurs*
- Value : *Nom*

Figure 324 Paramétrage de la liste déroulante

Une amélioration légère mais significative va être apportée à la liste déroulante. Actuellement, les producteurs y sont affichés selon l'ordre physique de stockage, ce qui pourrait dérouter vos utilisateurs. Pour une meilleure expérience, il est préférable de les afficher triés par ordre alphabétique.

Pour ce faire, <u>dans la barre de formule</u>, **modifiez** la propriété *Items* de la liste déroulante avec la formule :

```
Sort(Producteurs; Title; SortOrder.Ascending)
```

```
Sort(
     Producteurs;
     Title;
     SortOrder.Ascending
)
```

Figure 325 Tri Producteurs

Par ailleurs, si un producteur est déjà associé à un fruit, son nom doit s'afficher par défaut dans la liste déroulante, plutôt que le premier nom de la liste.

Notamment, **modifiez** la propriété *Default* de la liste déroulante avec la formule :

```
LookUp(Fruits;ID=BrowseGallery1.Selected.ID).
Producteur
```

```
LookUp(
     Fruits;
     ID = BrowseGallery1.Selected.ID
).Producteur
```

Figure 326 Valeur par défaut

Cette formule renvoie le producteur associé à l'élément actuellement sélectionné dans la galerie. Pour cela, elle récupère la valeur du champ *Producteur* d'un enregistrement spécifique dans la table *Fruits*. Elle identifie cet enregistrement en comparant l'*ID* de la table *Fruits* avec l'*ID* de l'élément sélectionné dans la galerie *BrowseGallery1*.

Dans une liste SharePoint, la colonne ID est un identifiant unique d'un élément de la liste.

Enfin, comme le formulaire principal est connecté à une autre liste, telle que la liste *Fruits*, vous devez lier la sélection du champ *Producteurs* à un champ correspondant dans cette liste.

Pour cela, **sélectionne**z le *DataCard* associé au champ *Producteur* de la liste principale (*Producteur_DataCard2*) et **configurez** sa propriété *Update* pour enregistrer la valeur sélectionnée dans la liste déroulante, avec la formule :

```
Producteurs_liste.SelectedText.Title
```

```
Producteurs_Liste.SelectedText.Title
```

Figure 327 Mise à jour de la liste

Dans cet exemple, *Producteurs_liste* représente le nom du contrôle liste déroulante connecté à la liste *Producteurs*. Cela garantit que la sélection faite par l'utilisateur est enregistrée dans le champ correspondant de la source de données principale lors de la soumission du formulaire.

Ensuite, vous allez désactiver le contrôle *DataCardValue9*, qui n'est plus nécessaire.

Bien qu'il soit possible de le supprimer en apportant quelques ajustements mineurs, l'objectif ici est également de découvrir de nouvelles fonctionnalités dans Power Apps.

Pour cela, **sélectionnez** le contrôle *DataCardValue9*, puis, dans la barre de formules, **modifiez** sa propriété *DisplayMode* en utilisant la formule suivante :

```
DisplayMode.Disabled
```

Figure 328 Désactivation du contrôle

Le paramétrage de la liste déroulante est maintenant terminé. Comme vous avez pu le constater, il n'est pas aussi simple qu'il n'y paraît, car il nécessite de prendre en compte plusieurs détails qui, bien que peu complexes, exigent une attention particulière.

Tester l'application

Dans l'arborescence, revenez sur l'écran *BrowseScreen1* qui affiche la liste des fruits.

Ensuite, **appuyez** sur *la touche F5*.

Sélectionnez un fruit quelconque.

Vérifiez que le fruit n'a pas de producteur associé, puis **modifiez-le**.

Vérifiez que la liste déroulante affiche bien les noms des producteurs à partir de la liste SharePoint, puis **sélectionnez** un producteur et **mettez à jour** le fruit avec la coche de validation en haut et à droite.

Ensuite, **testez** également que la sélection effectuée dans le formulaire est correctement enregistrée dans la source de données principale.

Enfin, **vérifiez** que le formulaire affiche par défaut un producteur déjà renseigné dans l'écran de modification.

À la fin de vos tests, **fermez** l'application.

Enregistrer et publier l'application

Pour enregistrer votre travail, **cliquez** sur l'icône en forme de disquette (*Enregistrer*) située en haut à droite de l'écran.

Ensuite, vous allez publier l'application afin de la rendre accessible aux utilisateurs autorisés. Pour cela, dans le menu horizontal, **cliquez** sur l'icône *Publier* en haut à droite, ou **utilisez** le raccourci clavier *Ctrl + Maj + P*.

Une boîte de dialogue s'affiche alors pour vous informer que la publication donne accès aux utilisateurs disposant des autorisations requises. Dans cette boîte de dialogue, **saisissez** le commentaire *Liste déroulante des producteurs*, puis **cliquez** sur le bouton *Publier cette version*.

Quitter Power Apps Studio

Ensuite, dans le menu horizontal, **cliquez** sur *Précédent* (à gauche) : un pop-up apparait.

Enfin, dans ce pop-up, **cliquez** sur le bouton *Quitter* : vous retrouvez votre application dans la liste des applications.

Bilan des acquis

Félicitations pour avoir complété cet exercice ! Vous avez maintenant une meilleure compréhension de la manière d'intégrer et de configurer plusieurs sources de données dans une application Power Apps.

Vous avez appris à créer des connexions dynamiques entre plusieurs sources de données, ici une liste principale et une liste complémentaire.

Vous savez aussi comment configurer un *DataCard* en l'adaptant aux besoins spécifiques de l'utilisateur, notamment en remplaçant un champ texte par une liste déroulante.

Vous avez découvert comment améliorer l'accessibilité des données en triant dynamiquement les options dans une liste déroulante et en définissant une sélection par défaut en fonction des données existantes.

Vous pouvez aussi garantir l'intégrité des données en liant correctement les choix de l'utilisateur à la source principale lors de la soumission du formulaire

En plus de maîtriser ces fonctionnalités, vous avez affiné vos compétences en manipulation des propriétés et des formules dans Power Apps, ce qui vous permettra de concevoir des applications encore plus performantes et adaptées aux besoins de vos utilisateurs.

Vous êtes désormais bien outillé pour étendre ces techniques à d'autres scénarios complexes. Bravo !

Chapitre 14 : Créer une application de A à Z

Objectif général

Dans ce chapitre, vous allez créer une application Power Apps complète qui permet de :

- Enregistrer des informations sur des stagiaires (prénom, âge, formation, date de début) ;

- Contrôler et valider la saisie utilisateur (notamment le format numérique et la cohérence des dates) ;

- Stocker et manipuler ces données dans une collection puis dans une source externe (SharePoint, SQL, ou Excel) ;

- Afficher la liste des stagiaires grâce à une galerie dynamique ;

- Gérer des notifications (succès ou erreurs) pour rendre l'application plus conviviale.

À la fin de ce chapitre, vous aurez conçu une application de bout en bout, de la saisie au stockage, en passant par l'affichage, la validation et l'enregistrement de données. Vous verrez à quel point les notions apprises précédemment (contrôles, fonctions Power Apps, collections, connecteurs, etc.) s'imbriquent pour former une solution opérationnelle.

Modifier une application existante

Premièrement, **ouvrez** le site web Power Apps.

Ensuite, dans le volet de gauche, **cliquez** sur *Applications*.

Puis, dans la liste des applications, **cliquez** sur les 3 petits points en face du nom de votre application *<votre prénom> Import*.

Cette application vierge a été créée dans le Chapitre 3 : Créer ses premières applications.

Ensuite, dans le menu qui apparaît, **cliquez** directement sur le choix *Modifier*.

Patientez quelques instants.

Saisie du prénom

Insérez un contrôle *Étiquette de texte*, qui affichera le texte *Prénom du stagiaire :*, sur une seule ligne.

Dans l'arborescence, **renommez-le** en *Prenom_label*.

Modifiez ses propriétés suivantes avec ces valeurs :

- X = 40 & Y = 170
- Largeur = 195 & Hauteur = 40

Pour être clair, l'écriture X = 40 & Y = 170 signifie qu'il faut attribuer la valeur 40 à la propriété X du contrôle, puis la valeur 170 à la propriété Y.

Puis, **insérez** un contrôle *Entrée de texte*, qui servira à saisir le prénom d'un stagiaire.

Dans l'arborescence, **renommez-le** en *Prenom_input*.

Modifiez ses propriétés suivantes avec ces valeurs :

- X = 240 & Y = 170
- Largeur = 320 & Hauteur = 40

Puis, **supprimez** le texte de sa propriété *Default*.

Ensuite, **ajoutez** le texte *Saisissez le prénom* dans sa propriété *Texte d'information (HintText)*.

Figure 329 Saisie du prénom

Saisie de l'âge

Ensuite, **insérez** un contrôle *Étiquette de texte*, qui affichera le texte *Âge du stagiaire :*, sur une seule ligne.

Dans l'arborescence, **renommez-le** en *Age_label*.

Modifiez ses propriétés suivantes avec ces valeurs :

- X = 40 & Y = 220
- Largeur = 195 & Hauteur = 40

Puis, **insérez** un contrôle *Entrée de texte*, qui servira à saisir l'âge d'un stagiaire.

Ensuite, **renommez-le** en *Age_input*.

Modifiez ses propriétés suivantes avec ces valeurs :

- X = 240 & Y = 220
- Largeur = 320 & Hauteur = 40

Puis, **supprimez** le texte de sa propriété *Default*.

Ensuite, **ajoutez** le texte *Saisissez l'âge* dans sa propriété *Texte d'information (HintText)*.

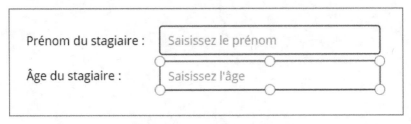

Figure 330 Saisie de l'âge

Sélection de la formation

Vous allez ajouter quelques contrôles supplémentaires afin de sélectionner une formation à partir d'une liste, ainsi qu'une date de début de la formation.

Insérez un contrôle *Étiquette de texte*, qui affichera le texte *Formation :*, sur une seule ligne.

Puis, **renommez-le** en *Formation_label*.

Modifiez ses propriétés suivantes avec ces valeurs :

- X = 40 & Y = 270
- Largeur = 195 & Hauteur = 40

Puis, **insérez** un contrôle *Liste déroulante*, qui servira à saisir la formation sélectionnée.

Puis, **renommez-le** en *Formation_liste*.

Modifiez ses propriétés suivantes avec ces valeurs :

- X = 240 & Y = 270
- Largeur = 320 & Hauteur = 40

Ensuite, modifiez sa propriété Items avec la table :

```
["Power Apps";"Power Automate";"Power BI"]
```

| Items | ∨ | = fx | 🐢 ∨ | ["Power Apps";"Power Automate";"Power BI"] |

Figure 331 Formation_liste.Items

Sélection de la date de début de la formation

Insérez un contrôle *Étiquette de texte*, qui affichera le texte *Date début :*, sur une seule ligne.

Puis, **renommez-le** en *Debut_label*.

Modifiez ses propriétés suivantes avec ces valeurs :

- X = 40 & Y = 320
- Largeur = 195 & Hauteur = 40

Puis, **insérez** un contrôle *Sélecteur de dates*, qui servira à saisir la date de début de la formation sélectionnée.

Puis, **renommez-le** en *Debut_date*.

Modifiez ses propriétés suivantes avec ces valeurs :

- X = 240 & Y = 320
- Largeur = 320 & Hauteur = 40

Figure 332 Sélection de la date de début

Enregistrer les stagiaires

L'objectif est d'enregistrer les informations sur les stagiaires dans une collection (*collStagiaires*). Celle-ci servira ensuite à alimenter une galerie.

Insérez un contrôle *Bouton*, qui affichera le texte *Enregistrer*, sur une seule ligne.

Ensuite, **renommez-le** en *Enregistrer_btn*.

Modifiez ses propriétés suivantes avec ces valeurs :

- X = 365 & Y = 370
- Largeur = 195 & Hauteur = 40

Figure 333 Bouton Enregistrer

Ensuite, dans la propriété *OnSelect*, **remplacez** la valeur existante avec la formule suivante :

```
Collect(collStagiaires; {Prénom:
Prenom_input.Text; Âge: Age_input.Text;
Formation: Formation_liste.SelectedText;
Date: Debut_date.SelectedDate});;
Notify("Stagiaire " & Prenom_input.Text & "
enregistré avec succès")
```

```
Collect(
    collStagiaires;
    {
        Prénom: Prenom_input.Text;
        Âge: Age_input.Text;
        Formation: Formation_liste.SelectedText;
        Date: Debut_date.SelectedDate
    }
);;
Notify("Stagiaire " & Prenom_input.Text & " enregistré avec succès")
```

Figure 334 Enregistrer_btn.OnSelect

Cette formule exécute deux actions distinctes, qui sont séparées par un double point-virgule (;;).

Notamment, elle ajoute un nouvel enregistrement à la collection *collStagiaires* avec les informations saisies (prénom, âge, formation et date de début), puis affiche une notification confirmant l'enregistrement du stagiaire avec son prénom.

Provisionner la collection

La collection a bien été créée par la commande précédente, sans même qu'il soit nécessaire de lancer l'application. Pour vous en assurer, **jetez** un œil au volet des variables (*{x}*), puis dans *Collections*.

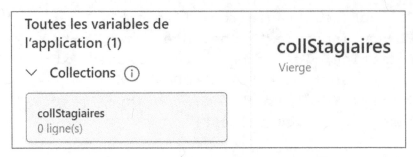

Figure 335 Collection collStagiaires vierge

Toutefois, la collection ne contient pas encore les champs *Prénom, Âge*, etc. Pour les ajouter, vous devez provisionner la collection en suivant les étapes ci-dessous.

Pour ce faire, **exécutez** l'application en mode aperçu avec la touche F5 du clavier.

Puis, **saisissez** les informations suivantes :

- Prénom du stagiaire : *Alice*
- Âge du stagiaire : *24*
- Formation : *Power Apps*
- Date : *la date de votre choix*

Puis **cliquez** une seule fois sur le bouton *Enregistrer*. Le bandeau vous confirme que les informations d'Alice ont bien été enregistrées dans la collection.

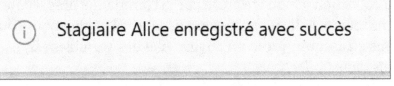

Figure 336 Bandeau de confirmation

Fermez le mode aperçu, en appuyant sur la touche *échap* de votre clavier, ou en cliquant sur la *croix en haut et à droite*.

Puis **affichez** à nouveau le contenu de la collection. Celle-ci est bien renseignée.

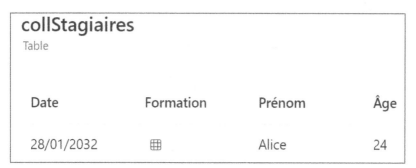

Figure 337 Collection collStagiaires avec ses colonnes

Ce que vous venez d'apprendre :

Comment rassembler des informations (prénom, âge, formation...) dans une collection Power Apps.

Comment afficher une notification après avoir inséré un nouvel enregistrement avec la fonction Notify().

L'importance du double point-virgule (;;) pour enchaîner les actions dans la même formule.

Afficher la liste des stagiaires

Maintenant, **insérez** un contrôle *Galerie verticale*, qui affichera la liste des stagiaires de la collection.

Ensuite, **renommez-le** en *Stagiaires_galerie*. En revanche, il n'est pas nécessaire de renommer ses contrôles enfants.

Modifiez ses propriétés suivantes avec ces valeurs :

- X = 680 & Y = 170
- Largeur = 640 & Hauteur = 520

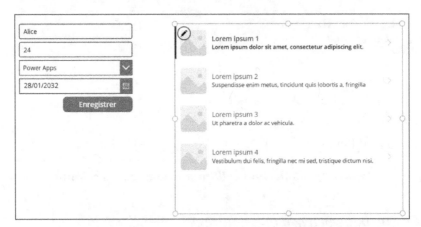

Figure 338 Écran en cours de construction

Ensuite, **changez** sa *Disposition* pour le modèle de liste *Titre et sous-titre*.

Puis, dans la propriété *Items*, **remplacez** *CustomGallerySample* par la valeur suivante, en respectant la casse (minuscules / majuscules) :

collStagiaires

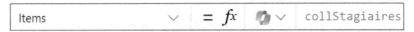

Figure 339 Stagiaires_galerie.Items

Ce que vous venez d'apprendre :

Vous savez maintenant afficher la collection collStagiaires *dans un contrôle galerie, grâce à la propriété Items.*

Vous pouvez personnaliser l'affichage de chaque champ et gérer la mise en page.

Tester l'application

Appuyez sur *la touche F5.*

Puis, **saisissez** les informations suivantes :

- Prénom du stagiaire : *Bob*
- Âge du stagiaire : *32*
- Formation : *Power Automate*
- Date : *la date de votre choix*

Puis **cliquez** une seule fois sur le bouton Enregistrer.

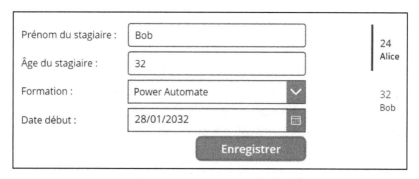

Figure 340 Enregistrement

Votre application fonctionne mais elle présente plusieurs soucis. Notamment, l'utilisateur est obligé de supprimer manuellement la saisie précédente du prénom et de l'âge, pour faire une nouvelle saisie.

Effacer les valeurs précédentes

Si votre application est toujours en cours d'exécution, **appuyez** sur la touche *échap* de votre clavier, ou **cliquez** sur la croix en haut et à droite, pour arrêter l'exécution en cours.

Dans le *Chapitre 10 : Fonctions à connaître*, vous avez découvert la fonction *Reset()* qui permet de réinitialiser un contrôle. Il suffit de l'ajouter à la fin de la propriété *OnSelect* du contrôle *Enregistrer_btn*, pour les deux contrôles d'entrée de texte.

Vous pourriez aussi le faire pour le choix de la formation et de la date, mais je pense que vous avez compris le principe ☺

En particulier, dans la propriété *OnSelect* du contrôle *Enregistrer_btn*, **remplacez** la formule existante avec la formule suivante :

```
Collect(collStagiaires; {Prénom:
Prenom_input.Text; Âge: Age_input.Text;
Formation: Formation_liste.SelectedText;
Date: Debut_date.SelectedDate});;
Notify("Stagiaire " & Prenom_input.Text & "
enregistré avec succès");;
Reset(Prenom_input);;
Reset(Age_input)
```

```
Collect(
    collStagiaires;
    {
        Prénom: Prenom_input.Text;
        Âge: Age_input.Text;
        Formation: Formation_liste.SelectedText;
        Date: Debut_date.SelectedDate
    }
);;
Notify("Stagiaire " & Prenom_input.Text & " enregistré avec succès");;
Reset(Prenom_input);;
Reset(Age_input)
```

Figure 341 Insertion du Reset()

Gardez à l'esprit que lors de l'exécution de l'application par un utilisateur, les champs apparaîtront vides. Il n'est donc pas nécessaire de les initialiser. En revanche, la situation est différente pour vous en mode conception□ : lorsque vous lancez le mode aperçu, Power Apps Studio conserve les valeurs saisies précédemment.

Tester à nouveau l'application

Appuyez sur *la touche F5* pour lancer le mode aperçu.

Comme mentionné précédemment, votre formulaire n'est pas vide en raison du mode aperçu. Cependant, vous pourrez tout de même vérifier si votre modification fonctionne correctement.

Notamment, **saisissez** les informations suivantes :

- Prénom du stagiaire : *Charles*
- Âge du stagiaire : *40*
- Formation : *Power BI*
- Date : *la date de votre choix*

Puis **cliquez** une seule fois sur le bouton *Enregistrer* : les contrôles d'entrée de texte sont vidés. La fonction *Reset()* a bien effectué son travail.

Quittez le mode aperçu.

Contrôler la saisie numérique

Durant le développement, il faut s'assurer que les données saisies sont valides. Notamment, une erreur de frappe pourrait conduire à saisir du texte dans le champ lié à l'âge. Pourtant, celui-ci ne doit contenir que des valeurs numériques.

En particulier, dans la propriété *Format* du contrôle *Age_input*, **remplacez** Texte (*TextFormat.Text*) par Nombre (*TextFormat.Number*).

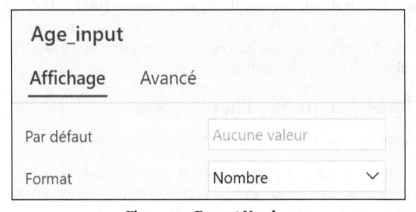

Figure 342 Format Nombre

Tester à nouveau l'application

Appuyez sur *la touche F5* pour lancer le mode aperçu.

Puis, **essayez** de saisir les informations suivantes :

- Prénom du stagiaire : *Dalila*
- Âge du stagiaire : *AAAA*
- Formation : *Power Apps*
- Date : *la date de votre choix*

Remarquez qu'il n'est pas possible de renseigner l'âge avec des lettres de l'alphabet.

Ne cliquez pas sur le bouton *Enregistrer*.

Quittez le mode aperçu.

Renforcer le contrôle de la saisie numérique

Le contrôle du format fonctionne, mais il présente une limite : des caractères comme le signe plus « □+□ » ou le signe moins « □−□ » sont acceptés, ce qui entraînerait un âge incorrect de 0 ans. Ce comportement mérite donc une amélioration pour éviter de telles incohérences.

Il faut donc tester si l'âge est supérieur à 0, voire supérieur ou égal à 18 afin de s'assurer que le stagiaire est majeur, et, dans le cas contraire afficher un message.

Aussi, dans la propriété *OnChange* du contrôle *Age_input*, **remplacez** la valeur *false* avec la formule suivante :

```
If(Value(Self.Text) < 18;
Set(glbMessage;"Merci de saisir un âge
supérieur ou égal à 18");
Set(glbMessage;Blank()));;
If(IsBlank(glbMessage); Set(glbErreur;false);
Set(glbErreur;true))
```

```
If(
    Value(Self.Text) < 18;
    Set(glbMessage; "Merci de saisir un âge supérieur ou égal à 18");
    Set(glbMessage; Blank()));;
If(
    IsBlank(glbMessage);
    Set(glbErreur; false);
    Set(glbErreur; true)
)
```

Figure 343 Age_Input.OnChange

447

Cette formule exécute deux actions distinctes, qui sont séparées par un double point-virgule (;;).

Cette formule sert à vérifier si un âge saisi est inférieur à 18 et, en fonction de cette vérification, elle met à jour deux variables globales qui gèrent l'affichage d'un message et l'état d'une erreur. Tout d'abord, elle contrôle la valeur entrée dans le champ texte (*Self.Text*). Si cette valeur est inférieure à 18, elle attribue à la variable globale glbMessage le texte : *"Merci de saisir un âge supérieur ou égal à 18"*. Dans le cas contraire, elle vide la variable glbMessage en lui assignant une valeur vide (*Blank()*).

Ensuite, la formule examine si glbMessage est vide ou non. Si la variable est vide, cela indique qu'il n'y a pas d'erreur, et glbErreur est définie sur *false*. En revanche, si glbMessage contient un message, cela signifie qu'une erreur est présente, et la variable glbErreur est mise à *true*.

Pour afficher ce message, vous pouvez utiliser la fonction *Notify()*. Toutefois, certains jugent que le bandeau de la fonction n'attire pas suffisamment le regard en cas d'erreur. Vous allez donc ajouter une zone spécifique directement dans l'application pour afficher le message.

Notamment, **insérez** un contrôle *Étiquette de texte*, qui affichera par défaut, la variable *glbMessage*, dans sa propriété Texte (ou *Text*).

Puis, **renommez-le** en *Message_label*.

Modifiez ses propriétés suivantes avec ces valeurs :

- X = 40 & Y = 60
- Largeur = 640 & Hauteur = 100

Ensuite, **modifiez** ses autres propriétés :

- Taille de police (*Size*) = 20
- Couleur (*Color*) = Rouge (*Color.Red*)

De plus, le bouton *"Enregistrer"* restera grisé tant que des erreurs seront présentes.

Notamment, **remplacez** la formule de la propriété *Mode d'affichage (DisplayMode)* du contrôle *Enregistrer_btn* avec la formule :

```
If(glbErreur; DisplayMode.Disabled;
DisplayMode.Edit)
```

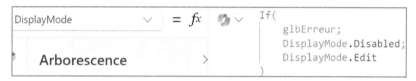

Figure 344 Enregistrer_btn.DisplayMode

Cette formule active le contrôle si aucune erreur n'est présente (*DisplayMode.Edit*) et le désactive en cas d'erreur (*DisplayMode.Disabled*).

Pour griser le bouton *"Enregistrer"* dès le lancement de l'application, **modifiez** la propriété *OnStart* de l'objet *App* en utilisant la formule suivante

```
Set(glbErreur; true)
```

Figure 345 App.OnStart

Ensuite, **effectuez** un clic droit sur *App* et **sélectionnez** *Exécuter OnStart*.

Comme vous pouviez vous y attendre, la gestion des erreurs ajoute une complexité significative au code de l'application. Cela reste néanmoins une démarche indispensable et bénéfique, car elle permet de prévenir de nombreux problèmes ultérieurs.

Tester à nouveau l'application

Appuyez sur *la touche F5* pour lancer le mode aperçu.

Puis, **saisissez** les informations suivantes :

- Prénom du stagiaire : *Dalila*
- Âge du stagiaire : ++++
- Formation : *Power BI*
- Date : *la date de votre choix*

Le message d'erreur s'affiche bien et le bouton "*Enregistrer*" reste grisé.

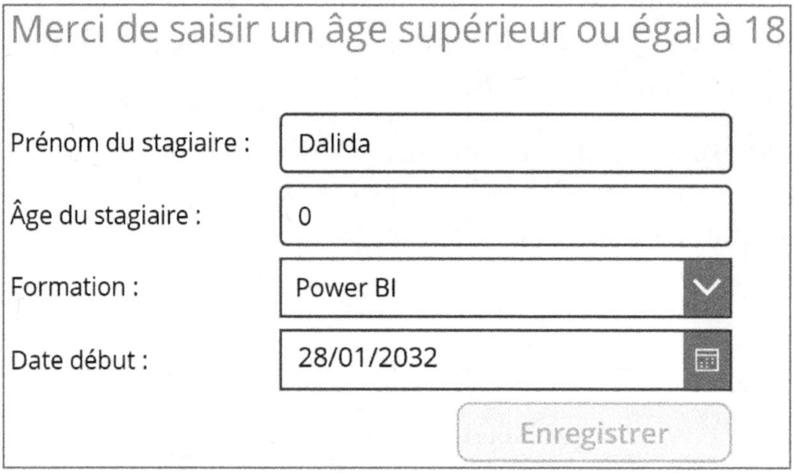

Figure 346 Message d'erreur

Puis, **saisissez** les informations suivantes :

- Prénom du stagiaire : *Dalila*

450

- Âge du stagiaire : *48*
- Formation : *Power Automate*
- Date : *la date de votre choix*

Le message d'erreur disparaît et le bouton "*Enregistrer*" redevient accessible.

Cliquez une seule fois sur le bouton Enregistrer : la saisie s'affiche dans la galerie.

Quittez le mode aperçu.

Ce que vous venez d'apprendre :

Vous avez appris à restreindre l'entrée utilisateur (âge = nombre uniquement).

Vous savez afficher un message d'erreur ou bloquer le bouton Enregistrement si la saisie est incorrecte.

Vous utilisez des variables globales (comme glbErreur) pour contrôler l'état de l'application.

Préparer la source de données

Maintenant, vous souhaiteriez conserver la liste des stagiaires dans une source de données durable. Vous avez désormais la possibilité de choisir pratiquement n'importe quelle source de données, comme Excel, SQL Server, Oracle, etc. Le choix de la source vous revient entièrement.

Pour ma part, j'utilise une simple liste SharePoint pour stocker ces informations. La création d'une telle liste est rapide, seulement quelques minutes, et elle comportera les colonnes suivantes :

- *Titre* : contient l'intitulé de la formation
- *Debut* : date de début de la formation

- *Prenom* : prénom du stagiaire
- *Age* : âge du stagiaire

Dans ce scénario, la liste s'appelle *Sessions*. **Notez** que les noms des colonnes sont volontairement sans accents pour simplifier leur utilisation.

Toutefois, si vous souhaitez réaliser les manipulations avec exactement la même liste que celle que j'utilise, **référez-vous** à la page 519, où vous trouverez la méthode détaillée pour créer la liste *Sessions*.

Avec la méthode de votre choix, **ajoutez** une connexion à votre source de données *Sessions*.

Avant d'aller plus loin, **vérifiez** dans le volet *Données* que la connexion à votre liste a été ajoutée à votre application.

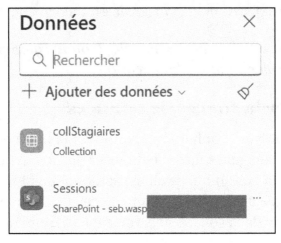

Figure 347 Connexion ajoutée à la liste Sessions

Stocker les données

Avec un copier-coller, **dupliquez** le bouton "*Enregistrer*".

Modifiez sa propriété *Texte* pour qu'il affiche *Stocker*

Ensuite, **renommez-le** en *Stocker_btn*.

Modifiez ses propriétés suivantes avec ces valeurs :

- X = 1125 & Y = 705
- Largeur = 195 & Hauteur = 40

Ensuite, dans la propriété *OnSelect*, **remplacez** la formule existante avec la formule suivante :

```
ForAll(collStagiaires;
Patch(Sessions;Defaults(Sessions);
{Title:ThisRecord.Formation.Value;
Debut:ThisRecord.Date;
Prenom:ThisRecord.Prénom;
Age:Value(ThisRecord.Âge)}));;
IfError(Sessions; Notify("Erreur produite sur
" & FirstError.Source & ". Message " &
FirstError.Message);;Set(glbErreur;true));;
If(!glbErreur;Clear(collStagiaires);;Set(glbM
essage;"Stockage réussi
!");Set(glbMessage;"Echec du stockage dans la
source de données"))
```

```
ForAll(
    collStagiaires;
    Patch(Sessions; Defaults(Sessions);
        {
            Title: ThisRecord.Formation.Value;
            Debut: ThisRecord.Date;
            Prenom: ThisRecord.Prénom;
            Age: Value(ThisRecord.Âge)
        }
    )
);;
IfError(Sessions;
    Notify("Erreur produite sur " & FirstError.Source & ". Message " & FirstError.Message);;
    Set(glbErreur;true)
);;
If(!glbErreur;
    Clear(collStagiaires);;
    Set(glbMessage;"Stockage réussi !");
    Set(glbMessage;"Echec du stockage dans la source de données")
)
```

Figure 348 Stocker_btn.OnSelect

Cette formule Power Apps effectue plusieurs actions en chaîne.

Tout d'abord, elle utilise la fonction ForAll pour parcourir chaque enregistrement de la collection collStagiaires. Pour chaque enregistrement, la fonction Patch est appelée afin d'ajouter un nouvel enregistrement à la source de données Sessions. Les champs Title, Debut, Prenom et Age sont renseignés à partir des valeurs présentes dans l'enregistrement courant de collStagiaires (ThisRecord). Les données de chaque stagiaire sont donc insérées dans la source Sessions avec les informations correspondantes.

Ensuite, la fonction IfError est utilisée pour gérer les éventuelles erreurs survenues lors de cette opération. Si une erreur est détectée, un message d'erreur est affiché à l'utilisateur via la fonction Notify. Par ailleurs, la variable globale glbErreur est définie sur true pour indiquer qu'un problème a été rencontré. Si aucune erreur n'est détectée, le traitement se poursuit normalement.

Enfin, en fonction de l'état de la variable glbErreur, la formule décide de la suite à donner. Si aucune erreur n'a eu lieu, la collection collStagiaires est effacée grâce à la fonction Clear. En revanche, si une erreur est survenue, la variable globale glbMessage est utilisée pour indiquer un échec de l'opération, tandis qu'en cas de succès, elle contient un message confirmant que le stockage des données a été effectué correctement.

Par ailleurs, la valeur du champ *Formation* étant issue d'une liste déroulante, la propriété secondaire *Value* est nécessaire. D'autre part, la colonne *Age* de SharePoint étant numérique, il est impératif de convertir le champ *Âge* de la collection en nombre avec la fonction *Value()*.

Amélioration possible

Pour conclure, un dernier point concerne l'affichage du message.

Contrairement au bandeau généré par la fonction *Notify()*, celui-ci reste affiché en permanence, ce qui peut être gênant si l'utilisateur doit enchaîner avec une autre saisie.

Pour résoudre ce problème, plusieurs solutions sont possibles. L'une d'elles consiste à utiliser un contrôle minuteur <u>invisible</u> qui, après 10 ou 15 secondes, effacerait automatiquement le contenu de la variable *glbMessage*. C'est exactement le mécanisme qui a été présenté pour illustrer la fonction *Refresh()*, page 360.

Tester à nouveau l'application

Appuyez sur *la touche F5* pour lancer le mode aperçu.

Normalement, la galerie affiche au moins quatre stagiaires. <u>Si ce n'est pas le cas</u>, **ajoutez** au moins 2 stagiaires avec des valeurs quelconques.

Cliquez une seule fois sur le bouton *Stocker* : le message de succès s'affiche et la galerie est vide.

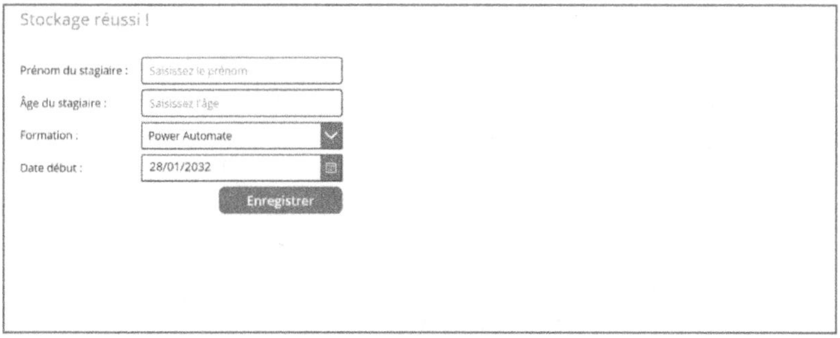

Figure 349 Succès

Quittez le mode aperçu.

Par ailleurs, la liste SharePoint est bien renseignée (voir Figure 350).

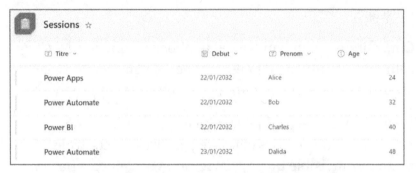

Figure 350 Données alimentées dans SharePoint

En cas d'erreur, vous auriez obtenu ce genre de message :

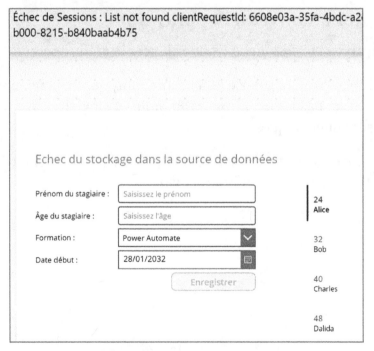

Figure 351 Message d'erreur

Enregistrer et publier l'application

Pour enregistrer votre travail, **cliquez** sur l'icône en forme de disquette (*Enregistrer*) située en haut à droite de l'écran.

Ensuite, vous allez publier l'application afin de la rendre accessible aux utilisateurs autorisés. Pour cela, dans le menu horizontal, **cliquez** sur l'icône *Publier* en haut à droite, ou **utilisez** le raccourci clavier *Ctrl + Maj + P*.

Une boîte de dialogue s'affiche alors pour vous informer que la publication donne accès aux utilisateurs disposant des autorisations requises. Dans cette boîte de dialogue, **saisissez** le commentaire *Gestion des erreurs*, puis **cliquez** sur le bouton *Publier cette version*.

Quitter Power Apps Studio

Ensuite, dans le menu horizontal, **cliquez** sur *Précédent* (à gauche) : un pop-up apparait.

Enfin, dans ce pop-up, **cliquez** sur le bouton *Quitter* : vous retrouvez votre application dans la liste des applications.

Bilan des acquis

Grâce à cette application, vous avez un outil capable de gérer des stagiaires de A à Z□ : saisie des informations, vérification, stockage et affichage.

Notamment, vous avez utilisé :

- des contrôles (Entrée de texte, Sélecteur de dates, Liste déroulante...)□ ;

- des fonctions Power Apps (Collect, Patch, IfError, Reset, Value...)□ ;

- des variables globales pour gérer l'état de l'app (erreurs, messages, etc.)□ ;

- des formules dans OnSelect, OnChange, OnStart...□ ;

- le connecteur à une source de données durable (SharePoint, Excel, etc.)..

Vous pouvez désormais adapter cette logique à d'autres scénarios : gestion d'inventaires, formulaires de demande, bases de données clients, etc.

En réalisant cette application de bout en bout, vous avez acquis un savoir-faire global : partir d'un besoin fonctionnel (saisir et valider des données), créer des interfaces (contrôles, galeries), mettre en place la logique (variables, fonctions) et gérer la persistance (stockage dans SharePoint). Vous êtes à présent en mesure de mener un petit projet Power Apps du début à la fin, et vous disposez de solides bases pour aborder des applications plus complexes.

PARTIE III : NIVEAU AVANCÉ

Chapitre 15 : Gérer l'application

Paramètres généraux

Mode Tablette ou Téléphone

A la création d'une application canevas vide, vous devez choisir entre un format Tablette ou un format Téléphone.

Figure 352 Tablette ou Téléphone

Dans Power Apps, le mode *Tablette* et le mode *Téléphone* se distinguent principalement par la manière dont l'interface utilisateur est disposée pour s'adapter aux différents formats d'appareils.

Le mode *Téléphone* est conçu spécifiquement pour des écrans étroits, généralement utilisés en orientation verticale (portrait). Dans ce mode, les éléments de l'application, tels que les boutons, les formulaires ou les galeries, sont disposés de manière compacte afin d'optimiser l'utilisation de l'espace limité d'un smartphone.

En revanche, le *mode Tablette* est pensé pour des écrans plus larges, comme ceux des ordinateurs, souvent utilisés en orientation horizontale (paysage). Ce mode offre davantage de flexibilité pour afficher des contenus complexes comme des tableaux, des graphiques ou des panneaux disposés côte à côte.

La taille de l'écran joue également un rôle clé dans ces deux modes. En *mode Téléphone*, les contrôles et les textes sont généralement agrandis pour garantir une lisibilité optimale sur des petits écrans. À l'inverse, le *mode Tablette* permet une répartition des contrôles sur une surface plus large, ce qui donne lieu à une mise en page plus élaborée et aérée.

L'expérience utilisateur est également adaptée à chaque mode. En *mode Téléphone*, la navigation est souvent linéaire et repose sur un défilement vertical, ce qui correspond aux habitudes des utilisateurs de smartphones. Pour le *mode Tablette*, l'interface peut être plus sophistiquée, avec des menus latéraux ou des zones interactives multiples affichées sur une même vue, exploitant pleinement la largeur de l'écran.

Enfin, le processus de conception diffère entre les deux modes. Lors de la création d'une application en *mode Téléphone*, le canevas est configuré pour des dimensions adaptées aux smartphones, ce qui impose certaines contraintes.

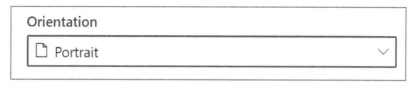

Figure 353 Paramètres d'affichage du mode Téléphone

En *mode Tablette*, le canevas plus large offre une plus grande liberté pour expérimenter avec des dispositions variées et des conceptions visuellement riches. En particulier, vous pouvez sélectionner une taille adaptée dans les paramètres d'affichage. Cette option n'est pas disponible en mode *Téléphone* (voir Figure 353).

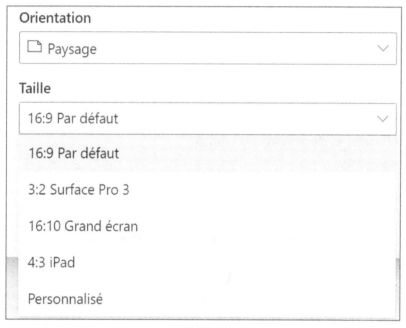

Figure 354 Paramètres d'affichage du mode Tablette

Principaux paramètres de base

Une fois votre application créée et ouverte dans *Power Apps Studio*, vous pouvez accéder à ses paramètres soit en cliquant sur la roue dentée située en bas du volet de gauche, soit en passant par le menu horizontal symbolisé par trois petits points («☐...☐») puis en sélectionnant *Paramètres*.

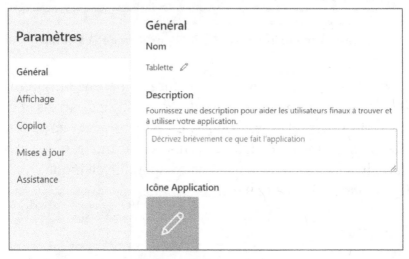

Figure 355 Paramètres

Ces paramètres comprennent le nom de l'application, sa description, le choix d'une icône, les couleurs de remplissage de l'icône et de son arrière-plan.

L'attribution d'une icône spécifique ou d'une couleur distincte à chaque domaine, comme la Comptabilité, le Marketing ou la Production, facilite à vos utilisateurs la compréhension de l'utilité d'une application métier.

L'enregistrement automatique toutes les 2 minutes peut être activé ou désactivé.

L'utilisation de l'application hors connexion réseau peut aussi être activée, à condition de stocker les données dans Dataverse.

Par défaut, le nombre de lignes récupérées d'une source de données est limité à 500. Toutefois, vous pouvez l'augmenter jusqu'à 2000 lignes maximum.

Paramètres de mises à jour

Les paramètres de mises à jour, souvent appelés *fonctionnalités*, sont classés dans quatre catégories principales : *Nouveau, Aperçu, Expérimental et Mis hors service*.

> À moins d'être un développeur expérimenté, il est recommandé d'agir avec prudence. Il est notamment préférable d'activer ces fonctionnalités sur une copie de l'application plutôt que sur la version originale.

Nouveau

Les fonctionnalités classées comme *Nouveau* sont celles qui viennent d'être ajoutées à Power Apps. Elles sont pleinement opérationnelles et prêtes à être utilisées pour les nouvelles applications.

Leur objectif principal est d'offrir des améliorations ou des capacités supplémentaires, souvent en réponse aux besoins des utilisateurs ou aux évolutions technologiques.

Par défaut, ces fonctionnalités ne sont pas activées dans les applications existantes. Il vous revient de décider, au cas par cas, si leur activation est pertinente pour une application donnée.

Toutefois, il est important de faire preuve de prudence, car leur activation peut parfois entraîner des effets secondaires imprévus

Aperçu

Celles marquées comme étant en *Aperçu* sont accessibles afin de permettre aux utilisateurs de tester leur utilité avant qu'elles ne soient officiellement publiées. Bien qu'elles soient généralement fonctionnelles, elles peuvent encore évoluer et ne sont pas totalement garanties pour un usage en production.

L'objectif principal de cette catégorie est de collecter des retours d'expérience et de résoudre d'éventuels problèmes avant la version finale.

Il est essentiel de faire preuve d'une grande prudence avec ces fonctionnalités.

Expérimental

Les fonctionnalités dites *Expérimentales* sont en phase de test interne ou de développement actif. Elles sont fournies à titre exploratoire, permettant aux utilisateurs de découvrir de nouvelles idées ou technologies.

Cependant, elles peuvent être instables, profondément modifiées ou même supprimées à tout moment. Elles ne sont pas adaptées à un usage en production et servent principalement à recueillir des avis sur des concepts ou des approches innovants.

J'imagine qu'il n'est pas nécessaire d'insister sur les risques qui y sont associés...

Mis hors service

Enfin, les fonctionnalités classées comme *Mis hors service* ne sont plus prises en charge et sont en cours de suppression. Bien qu'elles puissent encore fonctionner temporairement, il est fortement conseillé de migrer vers des alternatives ou de mettre à jour les applications concernées pour éviter de dépendre de ces fonctionnalités obsolètes.

Publication et enregistrement

La publication d'une application dans Power Apps correspond à l'action qui rend une version spécifique de l'application disponible pour les utilisateurs finaux.

Figure 356 Publication de l'application

Tant que vous travaillez sur une application dans Power Apps Studio, vos modifications sont enregistrées mais restent invisibles pour les utilisateurs. Ces modifications font partie de la version de travail, qui peut être sauvegardée et modifiée autant de fois que nécessaire, mais elles ne sont pas accessibles aux utilisateurs autorisés.

Lorsque vous décidez de publier une application, vous sélectionnez une version enregistrée (souvent la dernière en date) et la rendez officiellement disponible. Cette version publiée devient alors celle que les utilisateurs autorisés peuvent consulter et utiliser dans leur environnement Power Apps. Il est important de noter que les utilisateurs finaux n'ont pas accès aux modifications en cours ou aux versions précédentes, sauf si elles sont publiées explicitement. La seule exception concerne les copropriétaires éventuels de l'application : voir plus bas dans la section *Partager*.

La publication est donc un processus intentionnel, qui permet de contrôler les versions visibles par les utilisateurs autorisés. Cela offre une sécurité supplémentaire en évitant que des modifications non finalisées ou instables ne soient partagées accidentellement. Une fois une version publiée, elle reste accessible aux utilisateurs autorisés jusqu'à ce qu'une nouvelle version soit publiée pour la remplacer.

Lorsqu'un utilisateur utilise une version publiée de l'application et qu'une nouvelle version est publiée par la suite, un bandeau s'affiche pour lui proposer d'adopter cette nouvelle version. Cependant, l'utilisateur n'est pas contraint de le faire et peut continuer à utiliser la version actuelle s'il le préfère.

*Figure 357 **Message pour bénéficier de la nouvelle version***

Une fois que l'utilisateur ferme l'application, la prochaine fois qu'il la relancera, il accédera automatiquement à la nouvelle version publiée.

Une manipulation sur la publication vous est proposée plus bas.

Solution

Une *solution* est un conteneur utilisé pour regrouper, organiser et gérer les différents composants d'une application ou d'un projet. Elle joue un rôle essentiel dans les environnements professionnels, car elle permet de structurer les développements et de faciliter leur déploiement entre différents environnements, notamment lors du passage de la phase de développement à celle de production.

Le menu qui permet de créer ou d'accéder aux solutions est accessible sur l'écran d'accueil de Power Apps.

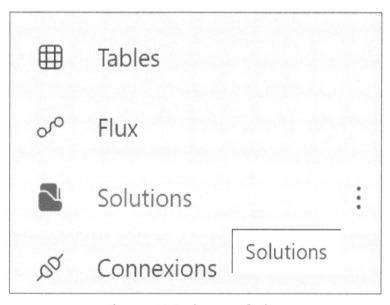

Figure 358 Accès aux solutions

Une solution peut inclure divers types de composants, tels que des applications Power Apps, des flux Power Automate, des tables Dataverse, des connecteurs personnalisés, des rôles de sécurité, ou encore des plugins et des extensions de code. Cela en fait un outil central pour rassembler tous les éléments nécessaires à un projet.

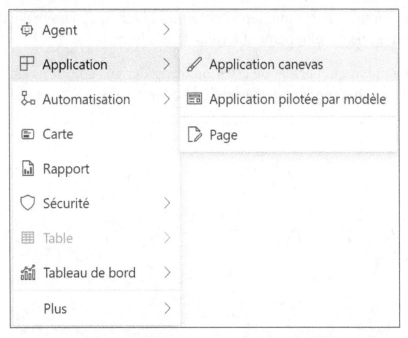

Figure 359 Principaux éléments intégrables dans une solution

Les solutions se divisent en deux grandes catégories : *solution non gérée, solution gérée.*

Solution non gérée

La première, la *solution non gérée*, est utilisée durant les phases de développement. Elle permet de modifier librement les composants, ce qui est pratique pour tester et affiner les fonctionnalités, bien qu'elle ne protège pas contre les modifications accidentelles.

Solution gérée

La seconde, la *solution gérée*, est destinée aux environnements de production. Elle verrouille les composants pour garantir l'intégrité du projet et éviter les altérations non autorisées.

Ajout à partir de Dataverse

Par ailleurs, l'ajout d'une application Power Apps dans une solution peut se faire à partir de Dataverse ou en dehors de Dataverse.

Lorsqu'une application canevas existante est ajoutée à partir de Dataverse, elle est étroitement liée aux tables et entités stockées dans Dataverse. Cela offre plusieurs avantages.

Tout d'abord, les applications basées sur Dataverse bénéficient d'une intégration native avec les tables, les rôles de sécurité et les relations définies dans Dataverse. Elles s'inscrivent également dans un système de gestion centralisée, ce qui permet de mieux contrôler les données, les permissions et les dépendances entre les composants.

De plus, lorsque ces applications sont intégrées à une solution Dataverse, elles peuvent être facilement packagées avec d'autres composants, comme des flux Power Automate, des plugins ou des extensions, simplifiant ainsi le déploiement dans différents environnements.

Enfin, elles profitent des fonctionnalités avancées de Dataverse, telles que le suivi des modifications, la gestion des versions et la conformité des données.

Ajout en dehors de Dataverse

En revanche, lorsqu'une application canevas existante est ajoutée en dehors de Dataverse, elle n'est pas liée aux tables ou aux fonctionnalités spécifiques de Dataverse.

Elle peut être connectée à d'autres sources de données, telles qu'Excel, SharePoint, SQL Server ou des API externes. Cette approche offre une grande flexibilité dans le choix des sources de données.

L'application est alors gérée de manière indépendante, ce qui peut être avantageux si vous ne souhaitez pas centraliser vos données ou vos composants dans Dataverse. Cependant, cela nécessite souvent plus d'efforts pour gérer le déploiement, car l'application et ses dépendances, comme les sources de données ou les flux, ne sont pas automatiquement regroupées. En outre, les fonctionnalités spécifiques à Dataverse, comme la gestion centralisée des rôles ou des relations complexes entre les données, ne sont pas disponibles, ce qui vous oblige à gérer ces aspects manuellement ou à trouver des solutions alternatives.

Gestion des dépendances

Enfin, les solutions dans Power Apps permettent également de gérer les dépendances entre les composants, de contrôler les versions et d'assurer un déploiement cohérent. Elles sont particulièrement indispensables pour les équipes collaborant sur des projets à grande échelle ou dans des environnements complexes de la Power Platform.

Menus pour gérer l'application

Quand vous êtes sur la page d'accueil de *Power Apps*, le volet de gauche vous propose un menu Applications.

Ouvrez le menu *Applications* : la liste de vos applications s'affiche par défaut.

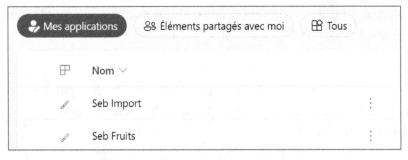

Figure 360 Liste de vos applications

Cliquez sur les 3 petits points verticaux en face d'une de vos applications : le menu de gestion de l'application s'ouvre.

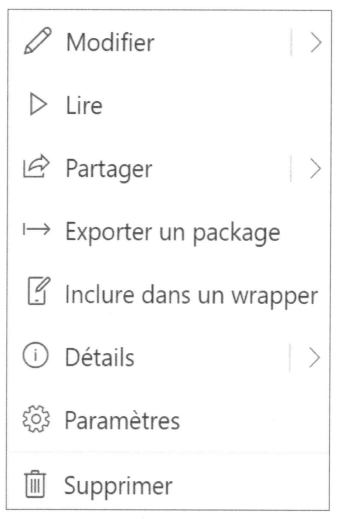

Figure 361 Gestion de l'application

Chaque option visible dans ce menu remplit une fonction spécifique liée à la gestion de l'application.

Modifier

L'option *Modifier* permet d'ouvrir l'application dans l'éditeur Power Apps afin d'y apporter des modifications.

Cela inclut l'ajustement de l'interface utilisateur, des fonctionnalités ou des connexions aux données.

Cette option propose deux choix : soit la modification se fait dans l'onglet en cours, soit elle se fait dans un nouvel onglet.

Lire

L'option *Lire* permet d'exécuter la dernière version publiée de l'application en mode utilisateur, offrant ainsi la possibilité de l'utiliser sans y apporter de modifications.

Comme indiqué précédemment, il existe une distinction entre l'enregistrement et la publication de l'application.

L'enregistrement correspond à une sauvegarde de votre travail, tandis que la publication consiste à rendre accessible une version de l'application aux utilisateurs autorisés à l'exécuter.

Partager

L'option *Partager* permet de donner des droits d'accès à d'autres utilisateurs ou groupes pour votre application, mais uniquement pour cette dernière.

Cela n'inclut pas l'accès aux données utilisées par les connexions, qui doit être accordé directement via la source de données concernée.

En d'autres termes, donner à un utilisateur l'accès à votre application *ne lui confère pas automatiquement un accès aux données associées*. Une application Power Apps s'exécute toujours avec le compte et les droits de l'utilisateur qui l'utilise. Ce qui signifie qu'elle accède aux données avec le compte de l'utilisateur qui exécute l'application.

Vous pouvez définir des niveaux d'autorisation spécifiques pour votre application, comme la lecture ou la modification.

En effet, lors du partage de l'application, vous devez définir
le rôle de la personne concernée : sera-t-elle uniquement
utilisatrice de l'application ou bénéficiera-t-elle, en tant que
copropriétaire, de la possibilité de la modifier et de la
partager à son tour ? Cependant, même avec le statut de
copropriétaire, elle ne pourra ni supprimer l'application ni
en changer le propriétaire.

Figure 362 Partager

Une manipulation sur le partage vous est proposée plus bas.

Exporter un package

Avec *Exporter un package*, il est possible de créer un fichier
contenant l'application pour le réutiliser ou l'importer dans
un autre environnement Power Apps.

Une fois l'application exportée, un fichier zip contient toute
la logique applicative et la configuration de l'application.

Une manipulation sur l'export / import d'un package vous
est proposée plus bas.

Inclure dans un wrapper

L'option *Inclure dans un wrapper*, pour sa part, renvoie vers une page web qui explique comment intégrer l'application dans une *solution* (voir plus haut) ou de faciliter son intégration avec d'autres systèmes.

Détails

La fonction *Détails* offre des informations sur l'application, telles que le nom de son auteur, la date de création, la dernière modification ou encore les flux ou les connexions aux données utilisées.

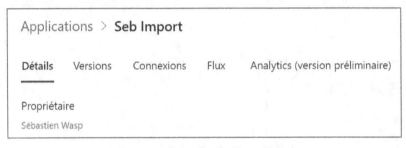

Figure 363 Détails de l'application

Elle indique aussi le lien web de l'application (= son URL), ainsi que l'identifiant de l'application (ID d'application), et le type de licence de l'application.

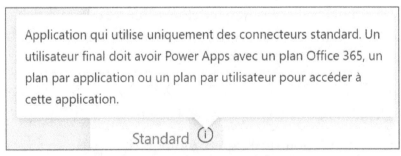

Figure 364 Désignation de la licence

Versions

La gestion des versions repose sur un système de sauvegardes automatiques et manuelles qui permet de conserver un historique des modifications apportées à vos applications.

Lorsque vous travaillez sur une application dans Power Apps Studio, les modifications sont automatiquement enregistrées toutes les deux minutes, si vous avez activé cette option dans les paramètres. Cela garantit que votre travail est sauvegardé, même en cas de fermeture inattendue ou d'incident technique.

Il est important de distinguer les applications en cours de modification des applications publiées. Chaque fois que vous enregistrez votre application, une nouvelle version est créée, mais cette version n'est pas immédiatement visible pour les utilisateurs finaux. Pour rendre une version accessible aux utilisateurs, il est nécessaire de la publier explicitement.

Power Apps conserve un historique des versions enregistrées sur six mois glissants. Cet historique permet de consulter les versions précédentes, de les différencier en leur attribuant des descriptions, et de restaurer une version antérieure si nécessaire. Cette fonctionnalité est particulièrement utile pour annuler des modifications ou revenir à une version stable de l'application en cas de problème.

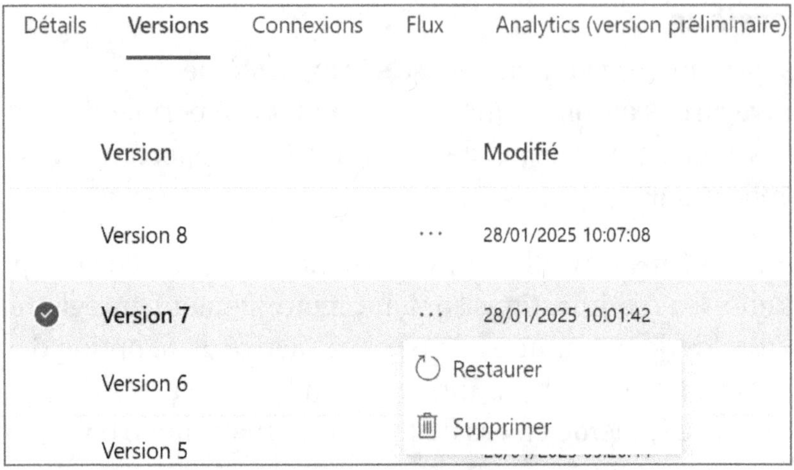

Figure 365 Versions (extrait)

Depuis cet historique des versions, il est possible de sélectionner une version spécifique pour la restaurer. Une fois restaurée, cette version peut être modifiée ou publiée selon vos besoins. Chaque version enregistrée est numérotée de manière incrémentielle, ce qui facilite le suivi de l'évolution de l'application et permet de comprendre l'ordre des modifications effectuées.

Analytics

La fonctionnalité *Analytics* permet de collecter et d'analyser des données sur l'utilisation de l'application. Cela offre aux créateurs d'applications une vue détaillée des performances, de l'engagement des utilisateurs et de l'efficacité des fonctionnalités, afin de mieux comprendre comment l'application est utilisée et d'identifier des opportunités d'amélioration.

L'*Analytics* dans Power Apps inclut plusieurs types de métriques importantes. Par exemple, il fournit des données sur le *nombre de sessions*, ce qui reflète la fréquence d'utilisation de l'application, ainsi que sur le *nombre d'utilisateurs actifs*, permettant de déterminer combien de personnes interagissent avec l'application. Il permet également de suivre des indicateurs liés aux performances, comme les temps de chargement, l'emplacement ou les éventuelles erreurs rencontrées par les utilisateurs.

Figure 366 Emplacement

Ces données sont présentées sous forme de vignettes Power BI dans des tableaux de bord. Les tableaux de bord offrent des graphiques et des rapports qui aident à visualiser les tendances d'utilisation au fil du temps. Par exemple, il est possible d'identifier les appareils ou systèmes d'exploitation les plus courants parmi les utilisateurs, ou encore de détecter les éventuels goulots d'étranglement.

Surveillance en direct

La *Surveillance en direct*, est un outil de diagnostic et de débogage intégré à Power Apps qui permet aux créateurs et aux développeurs de comprendre le comportement de leur application en temps réel.

Il est accessible à travers les outils avancés de l'application dans *Power Apps Studio*, ou sous *Détails* du menu des applications de *Power Apps*.

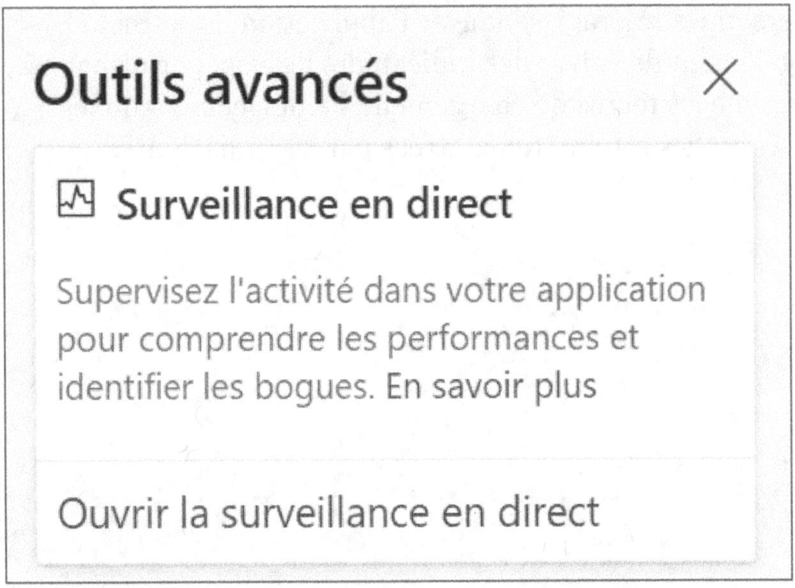

Figure 367 Surveillance en direct à partir de Power Apps Studio

Il fournit une vue détaillée de ce qui se passe lors de l'exécution de l'application. Bien que la vue soit technique, elle facilite l'identification des problèmes de performances, des erreurs logiques ou des appels de données problématiques (voir Figure 368).

Son rôle est de permettre un débogage en direct, en offrant la possibilité de visualiser chaque événement déclenché par l'utilisateur ou par l'application elle-même. Plutôt que de se limiter à des messages d'erreur génériques, les concepteurs peuvent ainsi observer pas à pas l'enchaînement des actions, l'impact sur les contrôles à l'écran et la nature exacte des données envoyées ou reçues.

La *Surveillance en direct* aide également à analyser les performances, en mettant en évidence les éventuels goulots d'étranglement, qu'il s'agisse d'un appel à une source de données particulièrement lent ou d'une formule entraînant une utilisation intensive des ressources. Il offre par ailleurs un diagnostic plus précis des erreurs en enregistrant les événements, avertissements et problèmes, ce qui facilite considérablement la correction des bugs. Cet outil encourage en outre une collaboration plus simple au sein d'une équipe : les journaux de la *Surveillance en direct* peuvent être partagés afin de garantir une compréhension commune et une résolution plus rapide des difficultés rencontrées.

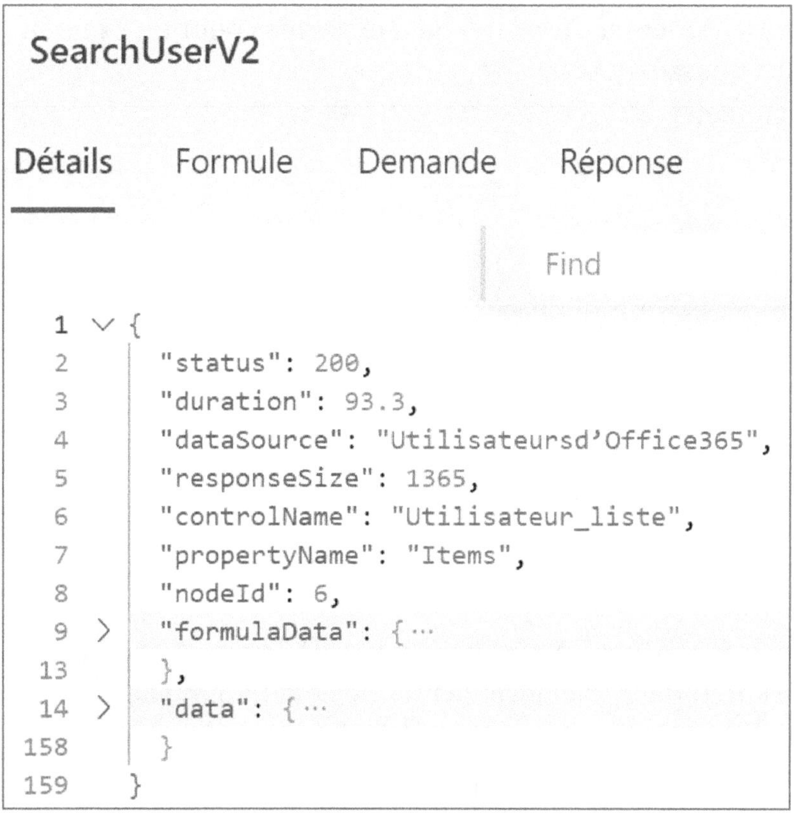

```
SearchUserV2

Détails      Formule      Demande       Réponse
──────────

                                  Find

  1  ∨ {
  2       "status": 200,
  3       "duration": 93.3,
  4       "dataSource": "Utilisateursd'Office365",
  5       "responseSize": 1365,
  6       "controlName": "Utilisateur_liste",
  7       "propertyName": "Items",
  8       "nodeId": 6,
  9  >    "formulaData": { ⋯
 13       },
 14  >    "data": { ⋯
158       }
159  }
```

Figure 368 Détails d'une requête http

Pour utiliser la *Surveillance en direct,* il suffit de l'activer depuis la page de *Power Apps Studio,* ou à partir de *Power Apps.* Une fois cette opération effectuée, la *Surveillance en direct* s'ouvre dans une fenêtre séparée et fonctionne en parallèle de l'application en cours de conception ou de test. Lorsqu'on exécute l'application en mode prévisualisation, la *Surveillance en direct* enregistre automatiquement tous les événements déclenchés. Chaque action de l'utilisateur, chaque chargement de données, chaque exécution de formule ou appel HTTP est immédiatement capturé et affiché à l'écran. Il est alors possible de filtrer, trier et rechercher parmi ces événements afin de se concentrer sur la partie la plus pertinente. Les données ainsi collectées peuvent être analysées directement dans l'interface de la *Surveillance en direct*, ou bien exportées pour un examen plus poussé ou pour être partagées avec d'autres membres de l'équipe.

ID ⌄	Heure ⌄	Catégorie ⌄	Opération ⌄	Résultat ⌄
1	18:44:31.623	UserAction	Select	Succès
2	18:44:32.437	UserAction	Select	Succès
3	18:44:35.981	UserAction	SetProperty	Succès
4	18:44:37.141	Network	SearchUserV2	Succès
5	18:44:41.989	UserAction	SetProperty	Succès
6	18:44:42.084	UserAction	Select	Succès
7	18:44:47.792	UserAction	Select	Succès
8	18:44:49.664	UserAction	Select	Succès
9	18:46:02.055	UserAction	Select	Succès

Figure 369 Listes des requêtes http

La *Surveillance en direct* dans Power Apps est un outil essentiel pour améliorer la qualité et la fiabilité des applications. Il offre une fenêtre transparente sur les processus internes et permet ainsi d'identifier rapidement les problèmes, de les résoudre plus efficacement et d'optimiser les performances globales.

Supprimer

Enfin, et comme on pouvait s'y attendre, l'option *Supprimer* permet de supprimer définitivement l'application.

Cette action est accompagnée d'une confirmation pour éviter toute suppression accidentelle.

Supprimer l'application ?

Si vous supprimez cette application, celle-ci est désinstallée pour tous les utilisateurs. L'application est supprimée, mais les composants et les données associées sont conservés. Cette action sera irréversible. Voulez-vous continuer ?

Supprimer   Annuler

Figure 370 Supprimer l'application

Comme la suppression est irréversible, je vous suggère de toujours *exporter le package* (voir plus haut), afin d'avoir une sauvegarde de secours.

Lecture seule

Lors de l'ouverture de votre application en mode modification, il est possible qu'un message vous signale que l'application est en mode lecture seule.

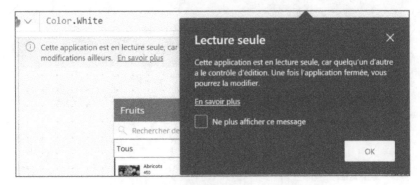

Figure 371 Application en Lecture seule

Cela se produit généralement lorsque quelqu'un d'autre est en train de modifier l'application. Pour retrouver la possibilité de la modifier, il vous faudra attendre que l'autre utilisateur termine ses modifications et ferme l'application. Une fois cette opération effectuée, le mode lecture seule sera désactivé, et vous pourrez apporter vos changements.

Cependant, si vous êtes certain d'être le seul à travailler sur cette application, **cliquez** simplement sur le bouton *OK*. Un bandeau jaune apparaîtra alors, accompagné d'un bouton *Remplacer*. Avant d'utiliser cette option, vérifiez que vous n'avez pas ouvert la même application en mode modification dans un autre onglet ou navigateur.

Pour éviter toute interférence, **fermez** tous les onglets Power Apps ouverts dans vos navigateurs. Une fois cela fait, **cliquez** sur le bouton *Remplacer*, ce qui vous permettra d'accéder à nouveau à l'application en mode modification.

Passage de paramètres

Il est possible de passer des paramètres à une application Power Apps via son URL.

Notamment, lorsqu'une application canevas est lancée à travers un lien, vous pouvez ajouter des paramètres directement à l'URL avec la syntaxe :

```
?NomduParamètre=ValeurduParamètre
```

Un exemple typique serait l'adresse (URL) de votre application avec l'ajout de deux paramètres :

```
https://apps.powerapps.com/play/IDApp?Prenom=
Alice&Formation="Power Apps"
```

Dans ce lien, deux paramètres sont passés :

- *Prenom* avec la valeur Alice
- *Formation* avec la valeur "Power Apps"

Une fois l'application lancée, vous pouvez récupérer la valeur de ces paramètres grâce à la fonction *Param("NomduParamètre")*.

Ainsi, par exemple, *Param("Prenom")* renverra *Alice*, et *Param("Formation")* renverra *"Power Apps"*.

Ensuite, dans la propriété *OnStart* de l'application, on peut choisir de stocker les valeurs reçues dans des variables en utilisant la fonction *Set()*.

Par exemple, vous pouvez écrire :

```
Set(glbStagiaire; Param("Prenom"));;
Set(glbFormation; Param("Formation"));;
```

Le premier Set affecte *Alice* à la variable *glbStagiaire*, et le second affecte *"Power Apps"* à la variable *glbFormation*.

Ce qui donnera par exemple :

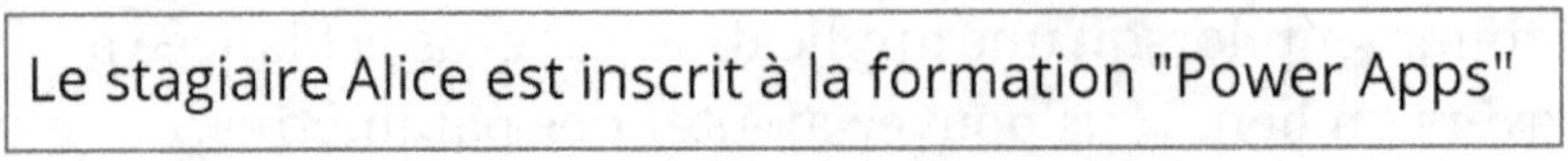

Figure 372 Affichage des valeurs des paramètres

Cette méthode permet de personnaliser le comportement de l'application en fonction du contexte et de rendre l'application plus dynamique.

Masquer la barre Power Apps

Lorsque vous exécutez une application Power Apps via un navigateur web, une barre de navigation violette apparaît automatiquement en haut de l'écran. Bien qu'utile dans certains cas, il est possible de masquer cette barre. Le principe est de disposer d'une application qui lance l'application cible, en lui transmettant un paramètre spécifique. L'application cible est celle dont la barre sera masquée.

Afin d'y parvenir, **récupérez** l'ID de l'application cible, grâce au menu *Détails*. Dans ce scénario, l'ID est *a5f0b7cd-b7e1-41d6-bdf2-ac4b1b13b0d8*.

Une fois cet identifiant récupéré, **modifiez** l'application chargée de lancer l'application cible.

Puis, **ajoutez** par exemple un bouton.

Ensuite, **modifiez** sa propriété *OnSelect* avec la formule :

```
Launch("/providers/Microsoft.PowerApps/apps/a
5f0b7cd-b7e1-41d6-bdf2-ac4b1b13b0d8"; {
hidenavbar: "true"}; LaunchTarget.Replace)
```

Le premier paramètre, *"/providers/Microsoft.PowerApps/apps/a5f0b7cd-b7e1-41d6-bdf2-ac4b1b13b0d8"*, indique à Power Apps quelle application ouvrir.

Le second paramètre *{ hidenavbar: "true" }*, ajoute automatiquement le paramètre qui masque la barre de navigation.

Enfin, le troisième paramètre, *LaunchTarget.Replace*, précise que l'application remplacera l'onglet actuellement ouvert.

Après avoir saisi cette formule, **enregistrez** votre application et **publiez-la**.

Patientez 50 à 60 secondes, le temps que la nouvelle version publiée remplace la version actuelle.

Une fois que vous aurez quitté la modification, vous pourrez vérifier que l'application se lance bien sans la barre violette.

Pour ce faire, dans la liste de vos applications, exécutez l'application lanceuse de l'application cible. Celle-ci s'ouvre sans afficher la barre Power Apps, remplaçant ainsi l'application en cours.

Figure 373 Application sans la barre Power Apps

Place à quelques manipulations avancées supplémentaires.

Chapitre 16 : Créer un pop-up

Objectif général

Lors d'une suppression d'un élément, il est souhaitable d'afficher une demande de confirmation à l'utilisateur de l'application Power Apps. Cette demande de confirmation permet de s'assurer notamment que l'utilisateur n'a pas cliqué par erreur sur le bouton de suppression.

La demande de confirmation se présente souvent d'un pop-up. Celui-ci affiche généralement un message avec un bouton pour confirmer et un bouton pour revenir en arrière.

L'objet de cette manipulation est de voir comment implémenter ce pop-up. Il permet aussi de découvrir le regroupement de contrôles dans un nouveau contrôle.

Modifier une application existante

Premièrement, **ouvrez** le site web Power Apps.

Ensuite, dans le volet de gauche, **cliquez** sur *Applications*.

Puis, dans la liste des applications, **cliquez** sur les 3 petits points en face du nom de votre application *<votre prénom> Fruits*.

Ensuite, dans le menu qui apparaît, **cliquez** directement sur le choix *Modifier*.

Patientez quelques instants.

Tester l'absence de confirmation

Cette application n'affiche pas de pop-up de confirmation quand l'utilisateur clique sur la corbeille de l'écran *DetailScreen1*.

Pour le vérifier, **exécutez** l'application en mode aperçu en appuyant sur la touche F5, puis **cliquez** sur un fruit quelconque : le détail du fruit apparaît.

Puis, **cliquez** sur l'icône corbeille : le fruit est aussitôt supprimé.

Dans la liste des fruits, **sélectionnez** à nouveau un fruit au hasard. Cette action permet d'afficher les valeurs associées à ce fruit lors des manipulations qui suivront.

Quittez le mode aperçu.

Gérer l'affichage du pop-up

Vous allez utiliser une variable de contexte pour gérer l'affichage du pop-up. L'intérêt d'avoir une variable de contexte est qu'elle reste locale à l'écran.

Recherchez le contrôle *IconDelete1*. C'est celui de la corbeille.

Puis, **cliquez** sur le contrôle corbeille pour le sélectionner.

Ensuite, **remplacez** <u>complètement</u> la formule de sa propriété *OnSelect*, avec cette nouvelle formule :

```
UpdateContext({locSuppression: true})
```

Figure 374 IconDelete1.OnSelect

Cette formule permet de créer une variable locale qui s'intitule *locSuppression*. Elle définit sa valeur à *true* (vraie). Elle permettra de décider plus loin, s'il faut afficher ou non, la fenêtre de confirmation.

Opacification

Afin de simuler la superposition du pop-up sur l'écran en cours, il est d'usage d'opacifier légèrement l'arrière-plan avec un rectangle semi-transparent.

Notamment, dans l'écran *DetailScreen1*, **insérez** un contrôle *Rectangle*.

Ensuite, **renommez-le** en *Confirmation_rect*.

Puis, **définissez** ses propriétés suivantes :

```
Fill = RGBA(219; 219; 219; 0,50)
Height = App.DesignHeight
Width = App.DesignWidth
X = 0
Y = 0
```

Ces propriétés définissent essentiellement l'aspect du rectangle.

En se superposant complètement, le rectangle empêche aussi que l'utilisateur clic par inadvertance sur un contrôle. L'autre solution consisterait à rendre inactif les autres contrôles.

Demande de suppression

Ensuite, toujours dans l'écran *DetailScreen1*, **insérez** un contrôle *Étiquette de texte*.

Puis, **renommez-le** en *Confirmation_label*.

Puis, **définissez** ses propriétés suivantes :

```
Align = Align.Center
BorderThickness = 5
Fill = RGBA(215; 223; 240; 1)
Height = 140
```

```
Size = 26
Text = "Confirmez-vous la suppression ?"
Y = 400
```

Ces propriétés définissent essentiellement l'aspect de l'étiquette.

Bouton de suppression

Ensuite, toujours dans l'écran *DetailScreen1*, **insérez** un contrôle *Bouton*.

Ensuite, **renommez-le** en *Supprimer_btn*.

Puis, **définissez** ses propriétés suivantes :

```
BorderThickness = 5
Text = "Oui"
Width = 260
X = 340
Y = 540
```

Ces propriétés définissent essentiellement l'aspect de l'étiquette.

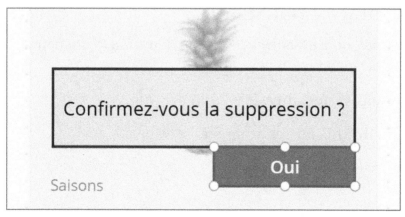

Figure 375 Pop-up en construction

Puis, **modifiez** sa propriété *OnSelect* avec la formule :

```
Remove(Fruits; BrowseGallery1.Selected);;
UpdateContext({locSuppression: false});;
If (IsEmpty(Errors(Fruits;
BrowseGallery1.Selected));
Navigate(BrowseScreen1))
```

```
Remove(Fruits; BrowseGallery1.Selected);;
UpdateContext({locSuppression: false});;
If (IsEmpty(Errors(Fruits; BrowseGallery1.Selected));
    Navigate(BrowseScreen1)
)
```

Figure 376 Supprimer_btn.OnSelect

Cette formule supprime le fruit sélectionné de la liste *Fruits*,
met à jour la variable *locSuppression* à *false* pour signifier
que l'action est terminée, et affiche l'écran *BrowseScreen1*,
en l'absence d'erreurs.

*Si la fonction Remove() échoue, vous pourriez aussi afficher
un message d'erreur personnalisé indiquant à l'utilisateur
que la suppression n'a pas abouti. Dans ce scénario, ce n'est
pas demandé.*

Bouton d'annulation

Ensuite, **copiez-coller** le bouton *Supprimer_btn* pour
obtenir un nouveau bouton.

Ensuite, **renommez-le** en *Annuler_btn*.

Puis, **définissez** ses propriétés suivantes :

```
Text = "Non"
X = 40
Y = 540
```

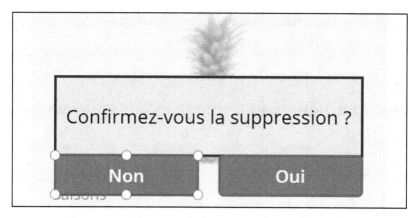

Figure 377 Message de demande de confirmation

Puis, **modifiez** sa propriété *OnSelect* avec la formule :

```
UpdateContext({locSuppression: false})
```

```
UpdateContext({locSuppression: false})
```

Figure 378 Annuler_btn.OnSelect

Cette formule met à jour la variable *locSuppression* à *false* pour signifier que l'action est terminée. En revanche, le fruit n'est évidemment pas supprimé.

Grouper les contrôles

Ensuite, dans cette section, vous allez regrouper les contrôles liés à la demande de suppression. L'intérêt d'avoir un groupe est de pouvoir faire apparaître ou disparaître les 4 contrôles simultanément. Comme un groupe est un contrôle, il possède des propriétés. Notamment, la propriété *Visible* du groupe va servir à l'afficher ou pas.

Sélectionnez les 4 contrôles suivants en gardant la touche Ctrl de votre clavier appuyée : *Annuler_btn, Supprimer_btn , Confirmation_label, Confirmation_rect.*

Puis **faites un clic droit** et **sélectionnez** l'option *Groupe* : le nouveau contrôle *Group1* est créé.

Ensuite, **renommez-le** en *Confirmation_grp*.

Maintenant, **définissez** la propriété *Visible* du groupe avec la valeur :

```
locSuppression
```

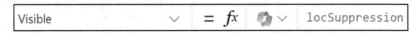

Figure 379 Confirmation_grp.Visible

La propriété *Visible* indique s'il faut afficher ou non le groupe. Maintenant, cet affichage dépend de la valeur de la variable *locSuppression*.

Enregistrer et publier l'application

Enregistrez l'application avec Ctrl + S.

Publiez l'application avec Ctrl + Maj +P.

Dans cette boîte de dialogue, **ajoutez** le commentaire *Pop-up de confirmation pour la suppression*, puis **cliquez** sur le bouton *Publier cette version*.

Tester l'application

Appuyez sur *la touche F5*.

Puis **cliquez** sur un fruit quelconque : le détail du fruit apparaît.

Puis, **cliquez** sur l'icône corbeille : le fruit pop-up s'affiche.

Dans un premier temps, **cliquez** sur *Non* : le pop-up disparaît et le fruit n'est pas supprimé.

Ensuite **cliquez** à nouveau sur l'icône corbeille, et **cliquez** sur *Oui* : le pop-up disparaît, la liste des fruits s'affiche et vous pouvez constater que le fruit sélectionné a disparu.

Quittez le mode aperçu.

Quitter Power Apps Studio

Ensuite, dans le menu horizontal, **cliquez** sur *Précédent* (à gauche) : un pop-up apparait.

Enfin, dans ce pop-up, **cliquez** sur le bouton *Quitter* : vous retrouvez votre application dans la liste des applications.

Bilan des acquis

Vous avez appris à gérer la visibilité d'un ensemble de contrôles via une variable, afin d'afficher ou masquer le pop-up.

Vous avez découvert comment implémenter une demande de confirmation avant une action critique : la suppression.

Vous avez exploré la création de groupes de contrôles pour faciliter l'administration de ces contrôles (apparition et disparition simultanées).

Vous avez testé et validé le processus de suppression et la navigation dans l'application, en vérifiant que le pop-up s'affiche correctement et que la suppression aboutit.

Pour aller un peu plus loin (car il y a toujours moyen de perfectionner les choses), vous pourriez créer des composants réutilisables encapsulant une logique spécifique, comme ce pop-up de confirmation.

Si vous envisagez d'utiliser ce pop-up sur plusieurs écrans ou dans différentes applications, transformer ce dernier en un composant avec des propriétés personnalisées serait une excellente idée. Par exemple, vous pourriez définir des propriétés d'entrée (le message à afficher) et des propriétés de sortie (le résultat du clic sur Oui ou Non).

Cette approche permet d'éviter la duplication du même groupe de contrôles et de la même logique dans chaque écran. En outre, en intégrant ce composant dans une bibliothèque de composants, il devient accessible pour toutes vos applications, offrant ainsi une solution centralisée et cohérente

Chapitre 17 : Partager et autoriser

Objectif général

Ce cas pratique vous explique comment partager une application Power Apps, grâce à une série d'autorisations.

Partager une application Power Apps

Premièrement, **ouvrez** le site web Power Apps.

Ensuite, dans le volet de navigation, **cliquez** sur *Applications*.

Ensuite, dans volet central, **cochez** la case en face d'une application déjà <u>publiée</u>, afin de la sélectionner. Dans ce scénario, il s'agit de l'application qui s'intitule *<vos initiales> Fruits*.

Ensuite, dans le menu horizontal, **cliquez** sur **Partager** : un pop-up s'ouvre.

Un message vous prévient qu'il vous appartient de vous assurer que les utilisateurs disposent des autorisations suffisantes pour accéder aux données de l'application.

Ensuite, **saisissez** le nom d'un collègue ou d'une collègue que vous avez informé(e) au préalable.

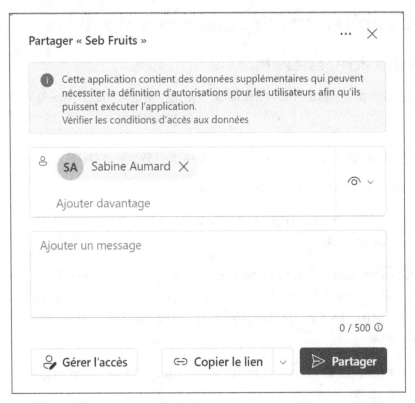

Figure 380 Partage en cours

Définir les autorisations

À droite du nom du collègue, vous avez un œil.

Cliquez sur l'œil : vous avez le choix entre simple *Utilisateur*, qui peut seulement exécuter l'application, ou *Copropriétaire*, qui peut en plus modifier et partager l'application.

Gardez le choix Utilisateur.

Éventuellement, vous pouvez ajouter un message aux utilisateurs autorisés.

Au bas du panneau de partage, **cliquez** sur le bouton *Gérer l'accès* : le pop-up ouvre une nouvelle page.

Cette page présente deux onglets : *Personnes + groupes* et *Accès aux données supplémentaires*. **Sélectionnez** l'onglet *Accès aux données supplémentaires* pour afficher la liste des connexions de données. **Veillez** à ne pas cliquer sur la connexion *Fruits*, car cela interromprait le processus de partage.

Au contraire, **cliquez** sur le chevron à gauche de *Gérer l'accès* pour revenir sur la première page du pop-up.

En bas, vous pouvez éventuellement copier un lien pour ouvrir l'application, ou pour modifier l'application. Ensuite, vous transmettez ultérieurement par courrier électronique ce lien.

Pour l'instant, **cliquez** simplement sur le bouton *Partager*. Votre collègue va recevoir un courrier électronique avec un lien pour accéder directement à votre application.

Figure 381 Partage de l'application réussi

Tester le partage

Vous n'avez pas besoin de copier le lien et de lui envoyer manuellement. De plus, elle recevra une notification la prévenant que l'application a été partagée avec elle.

*Avant de faire le test, **assurez-vous** que votre collègue a bien les droits pour accéder à la liste Fruits (ou équivalent).*

Demandez à votre collègue d'ouvrir *Power Apps* et d'afficher les *Éléments partagés avec moi* (dans le volet du milieu).

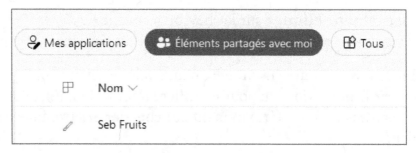

Figure 382 Éléments partagés avec moi

Si l'application ne s'affiche pas immédiatement, **invitez** la personne à patienter jusqu'à 4 minutes.

Une fois que l'application est visible, **demandez-lui** de l'exécuter et de réaliser des tests d'ajout, de modification et de suppression de fruits.

Enfin, **invitez-la** à fermer l'onglet de l'application une fois les tests terminés

Bilan des acquis

Cette manipulation vous a permis de développer plusieurs compétences essentielles liées au partage et à la gestion des autorisations dans Power Apps.

Vous avez appris à sélectionner une application publiée et à utiliser l'option Partager pour initier le processus de partage.

Vous avez découvert les rôles disponibles pour un utilisateur partagé :

- Le rôle Utilisateur, qui permet uniquement d'exécuter l'application.

- Le rôle Copropriétaire, qui permet de modifier et de partager l'application.

Vous savez ajuster ces autorisations en fonction des besoins et du niveau d'accès requis par les utilisateurs.

Chapitre 18 : Publier et versionner

Objectif général

Cet exemple vous explique comment publier et restaurer une version d'une application Power Apps.

Publier une application vous permet de déployer les modifications faites dans une application Microsoft Power Apps.

Les versions d'une application Power Apps permettent de revenir à une version précédente de votre application.

Modifier une application existante

Premièrement, **ouvrez** le site web Power Apps.

Ensuite, dans le volet de gauche, **cliquez** sur *Applications*.

Puis, dans la liste des applications, **cliquez** sur les 3 petits points en face du nom de votre application *<votre prénom> Fruits*.

Vous pouvez choisir une autre application, à condition qu'elle ait déjà été publiée et partagée avec un collègue.

Ensuite, dans le menu qui apparaît, **cliquez** directement sur le choix *Modifier*.

Patientez quelques instants.

Personnaliser une application Power Apps

Vous allez changer l'alignement du stock pour le mettre à droite.

Ouvrez le site web Power Apps. :

Ensuite, dans l'arborescence, **cherchez** et **cliquez** sur le contrôle *Subtitle1* qui affiche normalement le stock.

Puis, dans le volet Propriétés, **cliquez** sur l'icône *Aligner à droite* dans *Alignement du texte*.

Figure 383 Alignement à droite

Enregistrer l'application

Enregistrez l'application avec Ctrl + S.

Ne la publiez pas.

Ne fermez pas le navigateur.

Tester la version

Pour vérifier que votre modification n'est pas encore visible, **invitez** votre collègue, avec qui l'application a déjà été partagée, à l'exécuter.

Si vous travaillez seul, vous pouvez effectuer les tests de manière autonome en ouvrant un autre onglet sur Power Apps.

Notamment, **demandez** à votre collègue d'ouvrir *Power Apps* et d'afficher les *Éléments partagés avec moi* (dans le volet du milieu).

Ensuite, **demandez-lui** de l'exécuter.

Vous constatez immédiatement avec elle que les valeurs du stock (780, 40, etc.) sont toujours alignées à *gauche*.

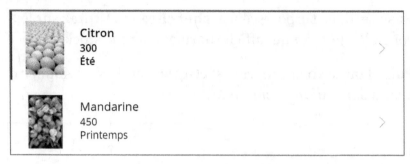

Figure 384 Stock à gauche

C'est tout à fait normal, car vous n'avez pas encore publié votre application. Votre collègue exécute donc la dernière version publiée, où le stock est aligné à gauche.

Demandez à votre collègue de fermer l'application.

Publier l'application

Revenez sur votre application dans Power Apps Studio.

Publiez l'application avec Ctrl + Maj +P.

Dans cette boîte de dialogue, **ajoutez** le commentaire *Stock à droite*, puis **cliquez** sur le bouton *Publier cette version*.

Quitter Power Apps Studio

Ensuite, dans le menu horizontal, **cliquez** sur *Précédent* (à gauche) : un pop-up apparait.

Enfin, dans ce pop-up, **cliquez** sur le bouton *Quitter* : vous retrouvez votre application dans la liste des applications.

Tester la publication

Pour vous assurer que votre modification est visible, **demandez** à votre collègue d'exécuter votre application.

Si un bandeau prévient votre collègue qu'elle utilise une ancienne version de l'application, **demandez-lui** de cliquer sur le bouton *Actualiser* pour utiliser la version la plus récente.

Vous constatez immédiatement que les valeurs du stock sont alignées à *droite*. Les modifications ont bien été publiées.

Figure 385 Stock à droite

Demandez à votre collègue de fermer l'application.

Versionner l'application

Revenez sur votre version de Power Apps.

Puis, **affichez** la liste des applications Power Apps.

Ensuite, **allez** dans la vue *Détails* de l'application.

Ensuite, **cliquez** sur l'onglet *Versions* (à droite de *Détails*) : la liste des versions apparaît.

Version		Modifié
Version 17	· · ·	28/01/2025 17:37:56
Version 16	· · ·	28/01/2025 17:36:23

Figure 386 Liste des versions (extrait)

Dans la Figure 386, la toute dernière version (Version 17 dans ce scénario) est celle qui vient d'être publiée. En l'occurrence, elle est dans un état *Actif*, sous la colonne *Publié*.

Version Power Apps	Publié	Note de version
3.25012.14	Actif	Save app with description
3.25012.14		

Figure 387 Version publiée avec une description

Vous allez restaurer la version précédente (Version 16 dans ce scénario).

Notamment, **cochez** la case à gauche de la version *précédente*.

Ensuite, dans le menu horizontal, **cliquez** sur *Restaurer* : un pop-up vous demande de confirmer la restauration.

Dans ce pop-up, **cliquez** sur le bouton *Restaurer* : la version 18 est créée.

Si un message vous indique que l'application est verrouillée, fermez les autres onglets Power Apps et recommencez.

Version		Modifié
Version 18	...	28/01/2025 17:44:31
Version 17	...	28/01/2025 17:37:56
✓ Version 16	...	28/01/2025 17:36:23

Figure 388 Version restaurée

Faites attention que la version a bien été restaurée mais *qu'elle n'est pas encore publiée*. Pour revenir à la version précédente en production, vous devez la publier.

Notamment, **cliquez** sur les 3 petits points ("...") en face de la dernière version (Version 18 dans ce scénario), puis, dans le menu horizontal, **cliquez** sur *Publier cette version* : un volet s'ouvre.

Figure 389 Volet de publication

Ensuite, tout en bas de ce volet, **cliquez** sur le bouton *Publier cette version*.

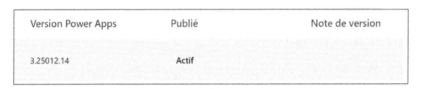

Figure 390 Version publiée avec une description

Vous avez peut-être aperçu la mention Test pour la version précédente (Version 17). Ce message, qui disparaît automatiquement, sert uniquement à indiquer que la version publiée précédemment n'est plus la plus récente. Si vous ne l'avez pas remarqué, ce n'est pas grave.

Tester la restauration

Pour vérifier que la restauration de la version précédente a bien été prise en compte, demandez à votre collègue d'exécuter l'application.

Si un bandeau prévient votre collègue qu'elle utilise une ancienne version de l'application, **demandez-lui** de cliquer sur le bouton *Actualiser* pour utiliser la version la plus récente. Vous remarquez immédiatement que les valeurs du stock sont à nouveau alignées à gauche, confirmant que la restauration de la version précédente a été effectuée avec succès.

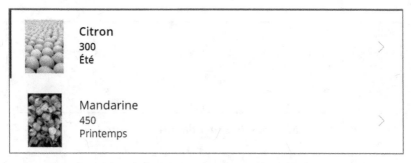

Figure 391 Stock à nouveau à gauche

Demandez à votre collègue de fermer l'application.

Bilan des acquis

Au terme de cette manipulation, vous avez acquis ou renforcé les plusieurs compétences.

Notamment, vous a découvert la différence entre Enregistrer et Publier : l'enregistrement conserve vos modifications en tant que brouillon, tandis que la publication rend vos changements visibles à tous les utilisateurs.

Vous avez pu vérifier qu'une version d'une application non publiée n'est pas visible par les autres utilisateurs.

Vous avez aussi appris à visualiser l'historique des versions d'une application dans l'onglet Versions, ainsi qu'à restaurer une version antérieure et comprendre que cette restauration génère automatiquement une nouvelle version (ce qui facilite le suivi).

Chapitre 19 : Export / Import d'une application

Objectif général

Cette manipulation vous explique comment exporter une application Power Apps existante.

Cette application sera ensuite importée comme nouvelle application.

À la fin de l'exercice, vous aurez donc une copie de la première application.

Exporter une application existante

Premièrement, **ouvrez** le site web Power Apps.

Ensuite, dans le volet de gauche, **cliquez** sur *Applications* (et non pas Accueil). Toutes les options pour les applications ne sont pas disponibles dans Accueil.

Puis, dans la liste des applications, **cliquez** sur les 3 petits points en face du nom d'une application canevas quelconque, déjà publiée.

Dans la liste qui apparaît, **cliquez** sur *Exporter un package* : un grand volet s'ouvre.

Dans ce volet, **saisissez** le nom du package, par exemple *Formation*. Dans ce cas précis, *Formation* sera utilisé comme nom du package. Ce nom sera également attribué au fichier zip qui sera généré. Vous avez la possibilité de choisir un autre nom, comme celui de l'application, même si ce dernier sera automatiquement intégré au package final.

Puis, **ajoutez** une description afin de clarifier le contenu du package. Cela est particulièrement important, car vous pourriez être amené à créer plusieurs packages au fil des évolutions significatives de votre application. Pour éviter toute confusion, il est préférable d'inclure une brève description qui résume le contenu de chaque package de manière explicite.

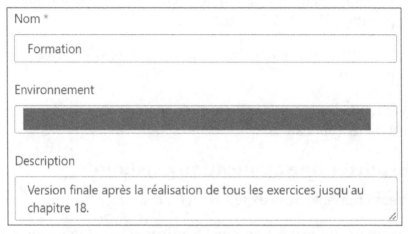

Figure 392 Package en cours de création

Laissez tous les autres paramètres par défaut.

Puis **cliquez** sur le bouton *Exporter*, en bas, à droite.

Patientez quelques instants car un fichier ZIP va être généré.

Selon votre navigateur et son paramétrage, une boite de dialogue peut apparaître et vous proposer d'ouvrir ou d'enregistrer le fichier ZIP qui a été généré.

Par défaut, le fichier ZIP est enregistré dans le dossier Téléchargements.

Figure 393 Fichier zip exporté

Import de l'application

À présent, vous allez effectuer l'opération inverse : importer le package dans votre environnement Microsoft 365.

Si vous disposez d'un <u>autre environnement</u> Microsoft 365, vous pouvez également y importer le package, à condition que les connexions aux données de l'application soient autorisées dans ce nouvel environnement.

Souvenez-vous que les seules données incluses dans un environnement sont celles des tables Dataverse. Toutes les autres sources de données, telles qu'Excel, SharePoint, SQL Server, etc. ne font pas partie d'un environnement Microsoft 365.

Par ailleurs, il est important de noter que vous avez la possibilité d'importer des packages Power Apps que vous n'avez pas créés vous-même. Par exemple, cela peut être un package fourni par un collègue. En général, ce type de situation est relativement simple à gérer, car les éventuels problèmes sont souvent prévisibles.

Cependant, lorsqu'il s'agit de packages partagés par la communauté Power Apps sur Internet, la prudence est de mise. Outre les précautions habituelles en matière de sécurité sur Internet, l'importation de ces packages peut se révéler complexe, notamment en présence d'accès à des données. Par exemple, si le package utilise des listes

SharePoint, il est impératif que vous disposiez de listes portant exactement les mêmes noms et ayant une structure strictement identique à celle prévue dans l'application d'origine. Ces exigences rendent l'importation de ces packages particulièrement délicate, sauf dans des cas spécifiques où les conditions sont parfaitement maîtrisées.

Importer l'application comme nouvelle

Dans le volet de gauche, **cliquez** à nouveau sur *Applications*.

Ne sélectionnez aucune application.

Ensuite, dans le menu horizontal du haut, **repérez** l'option *Importer une application*.

+ Nouvelle application ∨ →| Importer une application ∨

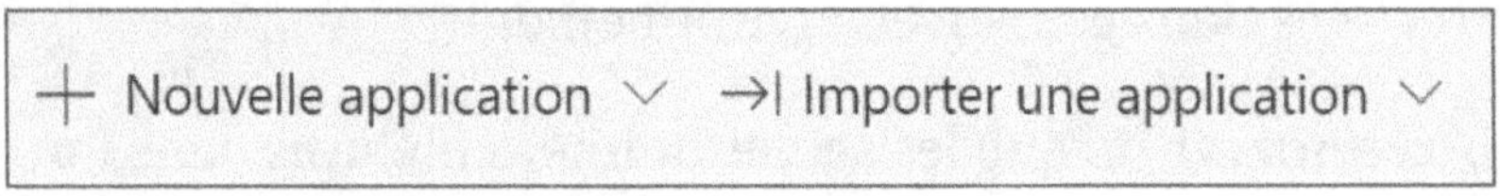

Figure 394 Importer une application

Puis, **cliquez** sur le petit chevron à droite de l'option *Importer une application*.

→| Importer une application ∨

À partir du fichier (.msapp)

À partir du package (.zip)

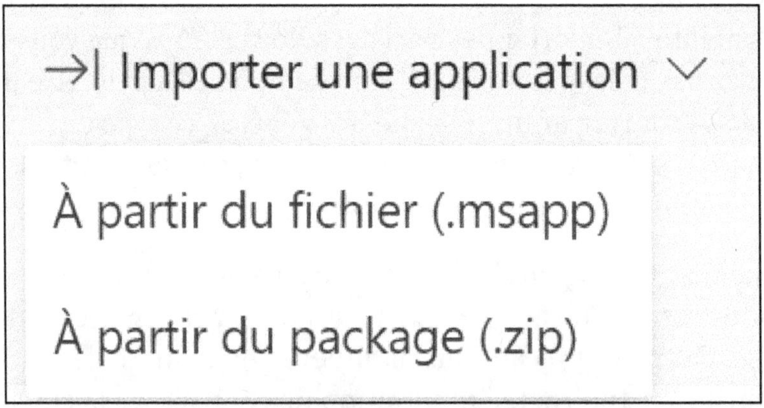

Figure 395 À partir du package (.zip)

Puis **sélectionnez** l'option *À partir du package (.zip)* : le volet central vous propose de charger un package.

Dans ce volet, **cliquez** sur le bouton *Charger* puis **sélectionnez** le fichier ZIP exporté, en double-cliquant dessus.

Patientez quelques instants : le package est en cours d'analyse.

Ensuite, le détail du package s'affiche. En particulier, la partie basse vous invite à passer en revue le package.

Figure 396 Passer en revue le package

Lors de l'import du package, vous avez deux solutions : soit *mettre à jour* une application déjà présente, soit *créer une nouvelle application*. Vous allez choisir cette seconde option.

Notamment, **cliquez** sur le lien *Mettre à jour* : un autre volet s'ouvre.

Par défaut, la liste déroulante de Configurer indique Mettre à jour. Si vous aviez voulu mettre à jour une application existante, il aurait fallu la sélectionner dans la liste des applications existantes

Puis, **cliquez** sur la liste déroulante *Configurer* et **sélectionnez** le choix *Créer en tant que nouveau*.

Saisissez le nom de la ressource en veillant à ne pas saisir le nom d'une application déjà existante dans l'environnement.

Par exemple, vous pouvez ajouter -*Copie* au nom proposé par défaut.

Nom de la ressource *

Seb Fruits -Copie

Figure 397 Nom de l'application

Puis, **cliquez** sur le bouton *Enregistrer* : vous revenez sur le volet précédent.

Dans ce volet, **cliquez** sur le bouton *Importer*.

Patientez quelques instants : le package est en cours d'importation. Une fois l'importation réussie, vous obtenez une icône verte et l'absence de messages d'erreurs ou d'avertissements.

Passer en revue le contenu du package

Choisissez vos options d'importation.

NOM

⊘ Seb Fruits -Copie

Figure 398 Importation réussie

Dans le volet de gauche, **cliquez** sur *Applications* pour voir votre nouvelle application.

Attention. Il est parfois nécessaire d'attendre 3 à 5 minutes avant de voir l'application : patientez.

Ne vous inquiétez pas : elle va apparaître. Appuyez de temps en temps sur la touche F5.

Figure 399 Application importée

Vous disposez maintenant d'une copie de l'application initiale. Les deux applications sont indépendantes.

Tester l'import

Pour tester l'importation, **lancez** l'application importée (la copie). Étant donné que cette application accède à des données, un message s'affiche pour demander des autorisations d'accès. Les données sont accessibles via le compte utilisé pour exécuter l'application.

L'autorisation consiste à valider l'utilisation de la connexion proposée avec votre compte. Si vous souhaitez utiliser un autre compte, cliquez sur les trois petits points ('...') situés à côté du compte affiché pour créer une nouvelle connexion. Ce processus nécessitera une authentification et suppose que le compte choisi dispose des droits appropriés.

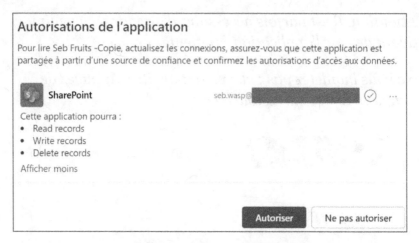

Figure 400 Autorisations de l'application

Dans ce pop-up, si les informations vous conviennent, **cliquez** sur le bouton *Autoriser*. Une fois l'autorisation accordée, la connexion est établie, et la demande d'accès ne sera plus affichée.

L'application s'affiche normalement.

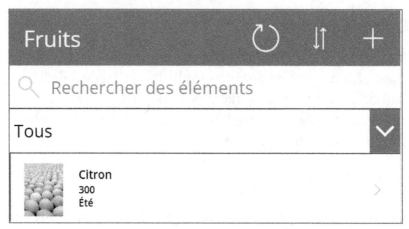

Figure 401 Copie en cours d'exécution

Bilan des acquis

Vous avez terminé ce chapitre consacré à l'exportation et à l'importation d'une application Power Apps. Ce processus vous permet de gérer efficacement vos applications en créant des copies pour divers besoins, comme le partage, la sauvegarde ou l'utilisation dans différents environnements.

Vous avez découvert les étapes nécessaires pour exporter une application Power Apps, notamment la création d'un package et l'ajout d'une description pour en clarifier le contenu.

Maintenant, vous connaissez les mécanismes d'importation d'une application à partir d'un package, en tenant compte des exigences spécifiques, comme les connexions aux sources de données et la configuration des ressources.

Vous avez appris la distinction entre la mise à jour d'une application existante et la création d'une nouvelle application lors de l'importation.

Vous connaissez mieux les contraintes liées à l'importation de packages externes, avec une vigilance particulière pour les sources de données comme SharePoint ou les listes ayant des structures spécifiques

Grâce à ces acquis, vous êtes désormais en mesure de dupliquer et de transférer vos applications Power Apps de manière fiable, tout en garantissant leur bon fonctionnement dans différents environnements.

Bravo pour cette avancée significative dans votre maîtrise de Power Apps !

Mot de la fin

Synthèse des acquis

Vous voici arrivé au terme de cet ouvrage consacré à *Power Apps*. En parcourant ses chapitres, vous avez suivi une progression méthodique qui vous a permis d'acquérir une véritable autonomie dans la conception d'applications métier adaptées à votre environnement professionnel.

Vous maîtrisez désormais les *fondamentaux de Power Apps*, depuis l'exploration de l'interface et la gestion des écrans jusqu'à l'intégration de données et l'automatisation de processus. Vous savez *structurer vos applications* en combinant des contrôles interactifs, des formules dynamiques et des connecteurs, tout en appliquant de bonnes pratiques pour optimiser l'expérience utilisateur.

En approfondissant des notions plus avancées, vous avez découvert comment *gérer efficacement les sources de données*, manipuler des *variables, collections et formules nommées*, et exploiter *les connecteurs externes* pour rendre vos applications plus puissantes. Vous avez également appris à *tester et déboguer* vos applications pour garantir leur fiabilité, tout en tenant compte des aspects liés aux licences et au déploiement.

Plus qu'un simple guide technique, ce livre vous a fourni *une méthode* et des *réflexes* qui vous permettront d'évoluer en toute confiance dans l'écosystème Power Apps. Vous savez maintenant structurer vos projets, éviter les pièges courants et concevoir des solutions performantes, adaptées aux besoins de votre entreprise.

Bien sûr, la *Power Platform évolue sans cesse*, et de nouvelles fonctionnalités continueront d'enrichir Power Apps. Mais grâce aux bases solides que vous avez acquises, vous pourrez les intégrer progressivement et adapter vos applications en fonction des innovations à venir.

Et maintenant ? Peut-être souhaitez-vous perfectionner vos applications existantes, explorer l'automatisation avec Power Automate, ou encore approfondir l'utilisation de Dataverse. Quel que soit votre prochain objectif, gardez en tête l'essentiel : *Power Apps est un outil puissant à condition d'être utilisé avec méthode, rigueur et créativité.*

Bravo pour votre progression et bon développement !

Remerciements et encouragements

Merci à vous, chers lecteurs, d'avoir entrepris ce voyage à travers ce livre. Votre envie d'apprendre, d'expérimenter et de progresser est une véritable source d'inspiration. Continuez à explorer, à poser des questions et à partager vos réussites. La communauté Power Apps est là pour vous soutenir et vous accompagner dans tous vos projets. N'oubliez pas : chaque grande innovation commence par une idée. Alors, osez transformer vos idées en réalité grâce à Power Apps !

En tant qu'auteur indépendant, je m'occupe de toutes les étapes de création de mes livres : l'écriture, l'illustration, la correction, la publication et même la promotion. Si ce livre vous a plu, vous pouvez m'aider à le faire connaître en laissant un commentaire. Pour cela, il vous suffit de scanner le QR code ci-dessous avec votre téléphone. Votre soutien est précieux et grandement apprécié !

https://qrco.de/bfieyi

ANNEXES

Création des listes SharePoint

Ce chapitre décrit comment créer rapidement plusieurs listes SharePoint à partir de classeurs Excel. Trois d'entre elles (*Fruits, Producteurs et Sessions*) sont indispensables pour les cas d'usage de ce livre, tandis que les quatre autres (*Clients, Commandes, Produits, Utilisateurs*) sont simplement fournies à titre d'exemple.

Procédure générale pour créer une liste SharePoint à partir d'Excel

Téléchargement et extraction des fichiers

Premièrement, **téléchargez** les classeurs Excel qui vont permettre de créer les listes SharePoint correspondantes, grâce à ce lien :

```
https://drive.google.com/file/d/1oClNDx62AcXV
gmNGIMq_tZRLMDmfQI_3/
```

Si vous préférez, **utilisez** ce lien raccourci :

```
https://tinyurl.com/4hzx2psm
```

Vous obtiendrez un fichier sharepoint.zip : **décompressez-le** dans un dossier de votre choix.

Vous verrez alors plusieurs classeurs Excel (Fruits.xlsx, Producteurs.xlsx, Sessions.xlsx, etc.).

Accès à la page de création de liste SharePoint

Ouvrez votre site SharePoint.

Cliquez sur l'icône *Paramètres* (engrenage en haut à droite) puis sur *Contenu du site*.

Sur la page de contenu, **cliquez** sur *Nouveau* puis sur *Liste*.

Création de la liste à partir d'Excel

Dans la fenêtre qui apparaît, **choisissez** l'option *À partir d'Excel*.

Cliquez ensuite sur *Charger le fichier* et **sélectionnez** le classeur Excel souhaité (par exemple, Fruits.xlsx).

SharePoint détecte automatiquement les colonnes du tableau Excel et leur attribue un type par défaut (Une seule ligne de texte, Nombre, etc.).

Validation du schéma de la liste

Vérifiez que les types de colonnes correspondent à votre besoin.

Si nécessaire, **modifiez-les** (par exemple en *Choix*, *Devise*, *Date et heure*, etc.).

Cliquez ensuite sur *Suivant* pour valider.

Dans le pop-up final, **conservez** le nom de la liste, puis **cliquez** sur *Créer* pour valider.

Ajout éventuel de colonnes supplémentaires

Après la création de la liste, vous pouvez ajouter manuellement d'autres colonnes (par exemple, une colonne *Image* pour illustrer un produit ou un fruit).

Pour cela, cliquez sur + *Ajouter une colonne* et sélectionnez le type souhaité.

Vous avez ainsi une procédure pour créer vos listes SharePoint depuis n'importe quel classeur Excel. Pour les quelques ajustements nécessaires à chaque liste (choix du type de colonnes, ajouts particuliers, etc.), référez-vous au tableau ci-dessous.

Paramètres spécifiques de chaque liste

Le tableau suivant récapitule les modifications de type de colonnes ou les ajouts à effectuer pour chaque liste. Si rien n'est mentionné, c'est que SharePoint détecte correctement tous les champs et qu'aucune colonne supplémentaire n'est à créer.

Le nom de la liste correspond au nom du classeur Excel à sélectionner.

Listes	Colonnes à ajuster (ou à ajouter)
Fruits	**Saisons** : Choix **Producteur** : Une seule ligne de texte Après la création de la liste, **ajoutez** : • Les quatre saisons à la colonne **Saisons** • La colonne **Photo** : Image • Des images aux fruits de la liste
Producteurs	Aucune modification
Sessions	**Debut** : Date et heure Après la création de la liste, **supprimez** les trois lignes présentes
Clients	Aucune modification
Commandes	**Date** : Date et heure **Produit** : Choix **Prix unitaire (€)** : Devise **Prix total (€)** : Devise **Statut** : Choix
Produits	**Prix TTC (€)** : Devise
Utilisateurs	Aucune modification

Exemple de création d'une liste (Fruits)

Pour illustrer la démarche, voici les étapes de création de la liste *Fruits*, en suivant la procédure générale décrite précédemment.

Ouvrir l'assistant de création

Paramètres > Contenu du site > Nouveau > Liste > À partir d'Excel.

Charger le fichier

Sélectionnez *Fruits.xlsx*.

Vérifier et ajuster les colonnes détectées

Transformez la colonne Saisons en type *Choix*.

Transformez la colonne Producteur en type *Une seule ligne de texte*.

Créer la liste

Cliquez sur *Suivant*, puis *Créer*.

Ajouter la colonne "Photo"

Dans la liste créée, cliquez sur + *Ajouter une colonne* > Image.

Ajoutez une image pour chaque fruit, si vous le souhaitez.

Mettre à jour la colonne "Saisons"

Dans les paramètres de la colonne Saisons, ajoutez les quatre saisons :

- Printemps
- Été
- Automne
- Hiver

La liste *Fruits* est prête à l'emploi□ !

En synthèse

Les trois listes *Fruits, Producteurs et Sessions* sont utilisées dans les exemples concrets de ce livre.

Les quatre autres listes (*Clients, Commandes, Produits, Utilisateurs*) sont optionnelles et servent uniquement à illustrer des concepts.

N'hésitez pas à utiliser vos propres sources de données (Excel, SharePoint, etc.) pour personnaliser vos projets Power Apps.

TABLE DES MATIÈRES